Yr Enw Mwyaf mawr

Gwasanaethau cyflawn
yn canolbwyntio ar
enwau gwahanol ar Iesu

GAN

Huw John Hughes

CYHOEDDIADAU'R
GAIR

ⓗ Cyhoeddiadau'r Gair 2007

Testun gwreiddiol: Huw John Hughes

Dymuna'r cyhoeddwyr gydnabod cymorth
Adrannau Cyngor Llyfrau Cymru.

Golygydd Cyffredinol: Aled Davies

ISBN 1 85994 572 4
Argraffwyd ym Mhrydain.

**Cyhoeddwyd gan
Cyhoeddiadau'r Gair, Cyngor Ysgolion Sul Cymru,
Ael y Bryn, Chwilog, Pwllheli, Gwynedd LL53 6SH.**

CYNNWYS

Cyflwynedig
i
Gwenda

am flynyddoedd o gymorth
a chyfeillgarwch

CYFLWYNIAD

"Hebom ni wna Duw a hebddo Ef ni allwn ni", Awstin o Hippo.
Da o beth fyddai darllen y cyflwyniad cyn mynd ati i ymdrin â'r oedfaon.
Rhaid gofyn ar y dechrau beth yw ein nod wrth arwain addoliad?
Arwain pobl i bresenoldeb Duw. Nid gofyn iddo fod yn bresennol
sylwer. Mae efo ni bob amser ymhob man. Gwneud pobl yn ymwybodol
o'r presenoldeb hwnnw yw nod pob rhan o addoliad, boed gyhoeddus
neu bersonol. Mae hyn yn golygu nifer o adnabyddiaethau o Dduw.
Credwn fod Duw yn malio, yn gwrando ac yn barod i helpu. Anodd ydi
ymweld ag aelwyd lle gwyddom nad oes croeso yno. Credwn hefyd ei
fod yn Dduw sy'n ein caru. Ni fyddai unrhyw un yn mynd i ofyn am
gymorth at un y gwyddom na fuasai'n codi bys bach i'n helpu. Credwn
hefyd yn ei ddoethineb. Pan fo'r peiriant wedi torri awn ag ef at y
gwneuthurwr, yr hwn sy'n gwybod dirgelion y peirianwaith – ef sy'n
gwybod orau, ef yw'r arbenigwr. Duw yw'r arbenigwr ar fywyd a
marwolaeth. Yr hyn sy'n ein harwain i addoli a phlygu yw y gwyddom
am y nerth sy'n deillio o Dduw. Ein methiannau a'n rhwystredigaethau
yn aml sy'n ein hanfon ar ein gliniau. Gosodwn y nod yn glir a diamwys
felly.

Mae'n rhaid i'r eglwys fod yn barod i ddysgu.
Yn llyfr Actau cawn nodweddion yr eglwys gynnar yn Jerwsalem, "Yr
oeddent yn dyfalbarhau yn nysgeidiaeth yr apostolion ac yn y
gymdeithas, yn y torri bara ac yn y gweddïau." Actau 2: 42. Cofiwn
nad oedd adeiladau pwrpasol i addoli bryd hynny na threfniadaeth fel
y gwyddom ni amdani. Yr hyn oedd yn digwydd oedd bod un yn cerdded
ar y stryd ac yn gweld criw o bobl yn gwrando'n eiddgar ar unigolyn.
Os byddai â diddordeb byddai'n aros i wrando ac os byddai â diddordeb
i glywed mwy byddai'n cael ei annog i ymweld ag un o'r cartrefi, lle
roedd y dilynwyr yn dysgu, trafod a gweddïo ymhlith ei gilydd. Yr awch
i glywed mwy am Grist oedd yn ei annog i ymuno â'r credinwyr. Dyma'r
awch a ddylai fod yn llenwi'n bywydau ninnau wrth i ni ymuno i addoli.
Y perygl ydi ein bod yn stopio dysgu'n rhy gynnar o lawer. Cwestiwn,

ar bapur y cyfrifiad, sy'n peri poendod i lawer yw hwnnw sy'n gofyn, "pa oedran ddaeth eich addysg i ben?" Dydi'r Cristion byth yn gorffen dysgu. "Rhyw newydd wyrth ... a ddaw o hyd i'r golau."

O gofio hyn, y cam nesaf yw paratoi'n drylwyr ar gyfer addoliad. Nid digon yw edrych ar y dasg rai munudau cyn dechrau, neu hyd yn oed droi'r tudalennau yn ystod y gwasanaeth ei hun. Mae'n rhaid paratoi, gyda phawb sy'n cymryd rhan yn gwybod yn union beth yw eu tasg. Rhaid creu awyrgylch addolgar pwrpasol a hynny'n ysbrydol yn ogystal ag yn ymarferol. Dylai'r arweinydd, o'i adnabyddiaeth o'r gynulleidfa a'i bobl, strwythuro pob oedfa yn ofalus trwy bennu tasgau fydd o fewn cyrraedd yr unigolion. Nid cyfyngu ar yr Ysbryd fydd hyn ond agor y drws led y pen i'r Ysbryd gyniwair ymhlith yr addolwyr. Dylai'r tasgau gael eu dosbarthu ddyddiau cyn y traddodi er mwyn i bob un baratoi ei ran yn drylwyr gan wybod yn union pwy sydd yn dilyn pwy. Mae trefn a dilyniant yn anhepgor. Mae tair o elfennau gwahanol i'r arfer yn digwydd ymhob gwasanaeth. Trafodwn y rhain i ddechrau:

Cyfnodau o ddistawrwydd:
Pur anaml, y dyddiau hyn, y ceir munudau o dawelwch yn ein hoedfaon – mae rhaeadru geiriau wedi dod yn ffasiynol iawn heddiw – dweud ein dweud ag ati! Bydd yr arweinydd yn cyflwyno'r munudau o dawelwch gan ddweud hynny ar goedd. Ar y dechrau, efallai, bydd pobl yn anesmwytho ac yn aflonyddu, ond o'i arfer yn gyson fe ddônt i arfer â hyn. Dyfal donc yw hi! Yn y cyfnodau distaw dylid myfyrio ar yr hyn sydd wedi'i ddweud ac agor y meddwl i wrando ar Dduw. Dysgu gwrando – elfen hanfodol arall mewn addoliad. Os ydi'r distawrwydd yn mynd yn ormod o dreth gellir chwarae miwsig addas ond mae'n rhaid peidio â gwneud hyn bob tro! Da o beth yw ymlonyddu ac ymlacio a dysgu gwrando.

Pwyslais Beiblaidd:
Gan fod y gwasanaethau hyn wedi eu llunio ar ddeg ar hugain o wahanol deitlau ar Iesu yn y Testament Newydd o reidrwydd mae'r gyfeiriadaeth Feiblaidd yn lleng. Ond mae rheswm arall hefyd. Gan ein bod heddiw, fel petaen ni wedi cefnu ar y Beibl a'i neges ac efallai'n

tybio nad yw ei neges yn berthnasol i'n cyfnod ni, mae'r gwasanaethau hyn wedi eu trochi yng ngeiriau'r Beibl. Mae pob adnod wedi ei chyflwyno â chyfeiriadaeth Feiblaidd fel y gallwn droi ati yn y Beibl a darllen yn ehangach. Un o ffyrdd Duw o gyfathrebu â'i bobl yw trwy eiriau'r Beibl – ceisiwn weld beth yw ei neges ar ein cyfer a'n cyfnod ni heddiw.

Cwestiynau i'w trafod:

Pur anaml y byddwn yn trin a thrafod mewn oedfa – gwaith yr ysgol Sul a'r Seiat neu'r Gyfeillach yw hynny. Ond yn y Gymru sydd ohoni sawl ysgol Sul a Seiat a gynhelir heddiw? Felly, o fewn fframwaith addoliad, dyma godi pum cwestiwn ymhob oedfa. Does dim rhaid gwyntyllu'r cwestiynau i gyd; gellir canolbwyntio ar un neu ddau fydd yn nes at ddant yr Arweinydd. Ar y cychwyn, efallai, y bydd y drafodaeth yn wan a phawb yn dawedog ac ni ddylid ar unrhyw gyfri orfodi neb i drafod. Dylai godi yn naturiol o naws ac awyrgylch yr addoliad. Yn yr adran hon mae'n bwysig clywed am brofiadau'r addolwyr. Fel Cristnogion rydym yn swil ac amharod i rannu'n profiadau ysbrydol. Hyn yn y pen draw sy'n mynd i argyhoeddi a thanio. Mae'r elfennau eraill yn y gwasanaethau yn gyfarwydd i'r addolwyr.

Y Gweddïau:

Cawn groestoriad o weddïau traddodiadol, gweddïau enwog a gweddïau modern ymhob gwasanaeth. Mae'n bwysig fod y gynulleidfa yn cydganu neu'n cydadrodd Gweddi'r Arglwydd ymhob addoliad. Dyma batrwm y Meistr ar ein cyfer.

Yr Emynau:

Mae'r rhain i gyd yn dod o *Caneuon Ffydd*. Bydd croeso i'r arweinydd newid yr emynau yn ôl y galw. Gellir cyd-ddarllen yr emynau os dymunir.

Myfyrdod:

Mae'r mwyafrif o'r rhain wedi'u cymryd o waith pobl eraill ac fe nodir hynny o dan bob myfyrdod. Mae'r gweddill, am eu gwerth, yn eiddo i'r awdur.

Anerchiad:

Nid pregethau sydd yma fel y cyfryw, ond anerchiadau wedi'u sylfaenu ar gefndir y teitl. Yma eto mae pwyslais Beiblaidd. Os ydych yn chwilio am y cymhwysiad fe ddaw hynny yn y trafodaethau ar y cwestiynau. Dyna geisio esbonio cefndir pob gwasanaeth. Gofynnaf eto beth yw addoliad? Ni allaf feddwl am well esboniad na geiriau'r Archesgob William Temple:

> "dwysbigo'r gydwybod â sancteiddrwydd Duw
> porthi'r meddwl ar wirionedd Duw
> puro'r dychymyg gan brydferthwch Duw
> agor y galon i gariad Duw
> plygu'r ewyllys i bwrpas Duw."

ac ychwanegaf:

"Cychwyn addoli yw ymchwilio, ymholi, rhodio a darganfod ffordd newydd. Coron addoliad yw canfod fod y Dwyfol wedi'i eni ynom ac yn tyfu."

Boed bendith ar y paratoi, y cyflwyno, yr ias a'r cyffro o ddod at ein gilydd i blygu, y peth mwyaf y gallwn ei wneud, gerbron Duw yn Iesu Grist.

Huw John Hughes
Medi 10, 2006
Dydd Gŵyl Sant Deiniol.

IESU

Adnod agoriadol:
"Bydd yn esgor ar fab, a gelwi ef Iesu, am mai ef a wareda ei bobl oddi wrth eu pechodau". (Mathew 1:21)
Dyma neges yr angel Gabriel mewn breuddwyd i Joseff.

Gweddi agoriadol:
"Iesu, difyrrwch f'enaid drud
Yw edrych ar dy wedd,
ac mae llythrennau d'enw pur
yn fywyd ac yn hedd." Amen.

Caneuon Ffydd 294

Cefndir:
Iesu yw'r teitl mwyaf cyffredin ar ein Harglwydd yn y Testament Newydd. Mae'n ymddangos oddeutu chwe chant o weithiau! Dim ond pedair o weithiau mae ei enw llawn, 'Iesu Grist', yn ymddangos a'r 'Arglwydd Iesu' yn ymddangos ddwywaith.

Iesu ydi'r ffurf Roegaidd ar ddau enw Hebreig sy'n ymddangos yn yr Hen Destament, sef Josua a Jesua. Roedd yr enw Iesu yn cael ei ddefnyddio'n helaeth. Yn llyfr Ecclesiasticus, yn yr Apocrypha, cyfeirir at yr awdur fel Iesu fab Sirach. Yn y Testament Newydd, yn llyfr yr Actau mae cyfeiriad eto at yr enw Iesu, "gau broffwyd o Iddew, o'r enw Bar-Iesu" (Actau 13: 6). Ceir yr awgrym yn yr efengylau mai Iesu oedd enw cyntaf Barabbas, y gŵr a gafodd ei ryddhau o'r carchar dros ŵyl y Pasg. Roedd o leiaf bump o'r Archoffeiriaid yn dwyn yr enw Iesu.

Erbyn yr ail ganrif roedd yr enw 'Iesu' yn graddol ddiflannu a hynny am ddau reswm. I'r Iddewon roedd yn enw i'w gasáu oherwydd ei gysylltiadau â Iesu. Roedd y Cristnogion yn amharod i'w ddefnyddio am ei fod yn enw sanctaidd.

Beth mae'r enw yn ei gyfleu? Dengys yn glir ddynoliaeth Iesu. Roedd y rhai a oedd wedi'i gyfarfod a chydgerdded rhan o daith bywyd yn ei gwmni yn ei adnabod fel Iesu'r dyn, Roedd yn berson o gig a gwaed ymhlith aelodau eraill o ddynolryw.

9

Gweddi:

Iesu,
diolch i ti
am yr hyn fuost ti ac a wnaethost yn nyddiau dy gnawd.
Cofiwn i ti gael dy ddwyn i fyny ar aelwyd yn Nasareth,
am y gofal fu arnat
ac am y cariad a ddangoswyd tuag atat;
profaist gariad tad a mam
brawd a chwaer
a theulu.
Bendithia heddiw, aelwydydd a theuluoedd
a rho iddyn nhw dy gariad di
yn eu hymwneud â'i gilydd.
Buost yn trin crefft y saer yn y gweithdy.
Dysgaist grefft dy dad
a throi dy law i greu a thrwsio.
Bendithia, heddiw, waith a masnach
fel bo'r defnydd gorau o'n doniau yn cael eu hamlygu.

Buost yn ffrind i bawb.
Ti oedd yn barod i estyn dy law
i'r gwrthodedig a'r pechadurus,
a gwelaist werth yn y gwaelaf.
Bendithia, heddiw, aelodau o'n cymdeithas,
yn enwedig y rhai rydyn ni mor barod
i edrych lawr ein trwynau arnyn nhw.

Buost yn feddyg i'r claf.
Cofiwn amdanat yn mynd o gwmpas
yn iacháu'r cleifion a'u codi ar eu traed.
Bendithia, heddiw, bawb sy'n wael ac yn dioddef
mewn cartref neu ysbyty,
a rho dy law i'w cysuro a'u gwella.

Buost yn was bach.
Gwnaethost hynny trwy olchi traed dy ddisgyblion

a gweini ar y gwan.
Bendithia, heddiw, bawb sy'n cael eu gormesu a'u dirmygu
a dangos dy fod wedidod i'n byd,
nid i *gael* dy wasanaethu ond *i* wasanaethu.

Daethost i'n plith, yn waredwr.
Cofiwn am dy ddioddefaint a'th ing ar y groes
am y boen 'wrth achub enaid'.
Bendithia, heddiw, bawb sy'n ymddiried ynot ti
a'u dwyn o dywyllwch eu hanobaith
i oleuni dy efengyl Di.   Amen.

Cydadrodd neu gydganu Gweddi'r Arglwydd:

Emyn: *Caneuon Ffydd* 393

Cerdd:
Crist
Brodor o gyfanheddau Duw ydyw hwn;
Etifedd tangnefedd a chariad y wlad ddirgel hon.
Yntau yn troi, o'i wirfodd, yn gyson ohoni
I bedlera'i grasau i gethern ein huffern ni.

Daw'n egr, o hyd, i'm poeni, y Sipsi swil;
dod ag addfwynder dygn, yn gardotyn at f'enaid swel
i gynnig Ei Wynfydau, Ei radau echrydus,
yn wirion Ei feiddgarwch, ac yn ddwyfol Ei flys.

Fe ŵyr am y geriach, gŵyr Ef am y sgrap
sydd yn fy meddiant, ac sy'n tagu fy seler fel tip
o sbwriel. A thaer yw Crist, y Begerwr distaw
am y gwaddol diwerth sy'n fy llethu ar bob llaw.

Ond, gwell gennyf lynu wrth f'eilunod di-rif
na mentro'u cyfnewid am Ei rodd anodd Ef.
Donald Evans

11

Anerchiad:

Nid Crist y credoau na Christ y diwinyddion sy'n cael y lle blaenaf yn yr oedfa hon ond Iesu hanes, y dyn Iesu oedd yn cerdded ffyrdd Palestina yn nyddiau'i gnawd. Ceisio rhoi gwyneb i'r Iesu hwnnw a wnawn ni. Mae llawer yn dweud mai'r Iesu heb wyneb a gawn ni yn llythyrau Paul, ond i'r gwrthwyneb yn yr Efengylau. Yno cawn ddarlun y medrwn ei adnabod, person y gallwn uniaethu ag ef gyda chariad a chynhesrwydd neu wrthwynebiad rhonc.

Beth am ein hadnabyddiaeth ni ohono? Tybed a ydyn ni wedi cynefino gormod â'i enw? Iesu yr ysgol Sul a Iesu'r oedfaon. Iesu'r preseb, Iesu'r dyn caredig oedd yn derbyn plant bach a dyna i gyd, heblaw efallai, Iesu ar y Groes ar gadwyn o gwmpas ein gyddfau. Ai dyna Iesu ein hadnabyddiaeth? Ond, efallai eich bod yn dweud, 'Sut y gallwn wybod mwy amdano? Does gennym na ffotograff na phictiwr ohono?' Onid oes gennym 'gameos' ohono yn yr Efengylau – storïau sy'n dweud cyfrolau amdano, mwy nag y buasai unrhyw lun neu ffotograff? Ond pethau marw, difywyd ydi'r rheiny.

Dowch i ni geisio ail-greu rhai o'r darluniau sydd ohono yn y Testament Newydd.

Darllen: Mathew 8: 5-13

Cyfnod o ddistawrwydd i fyfyrio:

Roedd trigain o'n teip ni mewn lleng o chwe mil o filwyr. Hogia caled, yn ymylu ar fod yn greulon pob un ohonon ni. Ni oedd yn cadw trefn ar y milwyr. Nid job hawdd ydi cadw trefn ar lafnau cry', cyhyrog, ifanc, byrlymus, a phenchwiban rai ohonyn nhw. Ond mi oedden ni'n llwyddo'n eithaf da. Ond am ambell un ! Mae yna un felly ymhob man, ym mhob byddin onid oes? Dyna lle byddwn i, bob dydd, yn cerdded o amgylch Capernaum â ngwialen oedd wedi'i gwneud o'r goeden winwydden yn fy llaw. Roedd y wialen yn symbol o'm swydd fel canwriad. Doeddwn i ddim yn cael llawer o barch gan y brodorion; chwerthin am fy mhen i roedden nhw, yn fy sgidiau hoelion mawr yn gorymdeithio o gwmpas y dref i gadw llygad ar y trigolion a threfn ar y milwyr. Ers misoedd roeddwn i wedi sylwi ar un o'r enw 'Iesu' a chriw o hogia, rai ohonyn nhw'n edrych yn ddigon blêr, fel finna. Mi fues i'n eu gwylio nhw'n ofalus. Doeddwn i ddim yn gwybod beth oedd yn digwydd hanner yr amser. Pobl yn tyrru ar eu holau o bob cwr a chornel o Galilea yma. A rhyw ddiwrnod mi ddois innau wyneb yn wyneb â fo – Iesu.

Fel hyn oedd hi. Mi oedd fy ngwas yn ddifrifol wael, mewn poenau erchyll. Mi gofiais i'n sydyn am Iesu ac mi es i'n syth i'w weld. Mi wnes i ryw fath o ymddiheuro mod i yn ei boeni fo. Mi ddechreuais ddweud mai dyn o dan awdurdod oeddwn innau, rhyw fath o fwli mawr yn rhoi gorchmynion i hwn a'r llall. Cyn i mi orffen dweud fy nweud roedd o wedi ymateb. Dynion felly y bydda i'n eu hoffi. Nid tin-droi i bwyso a mesur ond gweithredu ar ei union. Dyn oedd hwn a wnâi rywbeth ar ei ben i chi, pwy bynnag oeddech chi. Mi welais i o'r cychwyn ei fod o'n ddyn o awdurdod, fel finna, ond heb y sgidia hoelion mawr a'r wialen winwydd. Beth bynnag roedd hwn yn ei ddweud rhaid oedd ufuddhau.

Cyfnod o ddistawrwydd i fyfyrio:

Dyna un pictiwr ohono. Dowch i ni dynnu darlun neu ddau arall ohono:

Darllen: Luc 5: 1-6

Cyfnod o ddistawrwydd i fyfyrio:

Darllen: Marc 2: 3 -5

Cyfnod o ddistawrwydd i fyfyrio:

Dau bictiwr gwahanol y tro hwn, un wedi'i dynnu ar lan môr Galilea a'r llall ar aelwyd yng Nghapernaum. Dau ddarlun o gyfnod cynnar ei weinidogaeth. Golygfeydd tebyg iawn i gartwnau sydd yma.

Yn y darlun cyntaf, mae dau bysgotwr cyhyrog â wynebau hirion yn gorfod wynebu noson o fethiant. Dyna lle roedd y rhwydau'n weigion; dim pysgodyn i'w weld yn unman. Awr ar ôl awr dyna lle roedden nhw wedi bod wrthi'n halio'r rhwydau yn ôl a blaen ond i ddim pwrpas a hynny yn oriau meithion y tywyllwch. Mae'r nos yn gallu bod yn hir. Ar ôl cael benthyg pulpud go wahanol, cwch Seimon Pedr, dyma fo'n troi at yr hogia, "gollyngwch eich rhwydau am ddalfa". Y fath hyfdra! Mae'n siŵr fod hyn wedi brifo'r hogia. Noson o fethiant llwyr a hwn, o bawb, yn mynnu'r fath ddigywileidd-dra. Unwaith eto efo wynebau fel ffidil dyma nhw'n gollwng y rhwydau! A dyna lle roedd pysgod am a welech chi'n tasgu ar hyd ac ar led. Mi ydw i'n ei glywed yn dweud, "Mi oeddech chi eisiau dalfa. Wel, dyma nhw." Edrychwch ar wynebau'r pysgotwyr. Edrychwch ar wyneb Iesu. Dwi'n siŵr ei fod o'n chwerthin o'i hochr hi. Ac mi ymunodd y pysgotwyr yn yr hwyl yn y diwedd.

Un digri ydi'r darlun nesaf yma hefyd. Roedd y cymdogion wedi clywed ei fod wedi cyrraedd adref i Gapernaum. A dyma lenwi'r tŷ; pawb eisiau gwrando arno, cyffwrdd ynddo, rywbeth i gael bod yn ei gwmni. Doedd yna ddim lle i neb; roedd pobl yn sefyllian yn y stryd hyd yn oed. Tu allan, mae ffrindiau, pedwar ohonyn nhw, yn cario ffrind oedd wedi ei barlysu, er mwyn cael gweld Iesu. Ond doedd yna ddim gobaith! A fedra fo ddim cerdded. Felly, beth amdani, twll yn y to a'i ollwng ar ei fatras wrth draed yr Iesu. Dyna i chi ffordd wahanol i fynd i weld y meddyg! Trwy'r to! A beth welai o'n llygadrythu arno fo o'r to ond pedwar o wynebau, digon diniwed, mae'n siŵr. Peidiwch â dweud nad oedd gwên ar wyneb Iesu pan welodd yr olygfa ddigri hon! Dyna stori ddoniol i'w hadrodd yn y parti tro nesaf. O, oedd, mi roedd Iesu yn mynychu partïon ac nid eistedd yn llonydd a fyddai chwaithond ymuno yn yr hwyl a'r rhialtwch.

Yn y darlun cyntaf cawsom ddarlun o Iesu, y gŵr o awdurdod, yn peri i'r canwriad cyhyrog hyd yn oed ryfeddu ato. Ac yn y ddau ddarlun olaf yma cawn ddarluniau cwbl wahanol ohono gan weld yr ochr, ysgafn, ddigri ac yn chwerthin a chael hwyl. Dau ddarlun go wahanol.

Emyn: *Caneuon Ffydd* 394

Cwestiynau i'w trafod:

1. Pa mor bwysig yw ailddarganfod Iesu Hanes, Iesu'r dyn? A oes gormod o bwyslais yn cael ei roi heddiw ar Grist y credoau a Christ y diwinyddion?

2. Pa nodweddion y byddech chi'n eu rhestru am gymeriad Iesu? Yn yr anerchiad clywsom sôn am ei awdurdod a'i ddigrifwch.

3. Ydi'r ffaith nad oes gennym ffotograff ohono na chyfrol o'i eiddo yn rhwystr i ni ddod i adnabod Iesu?

4. Beth am rai o'r darluniau a dynnir ohono heddiw. Darluniau ohono fel y clown a'r Iesu merchetaidd. Oes yna le i'r delweddau hyn yn ein horiel o'r gwahanol luniau ohono?

5. O roi'r holl ddarluniau a gawn yn y Testament Newydd gyda'i gilydd onid darlun o Iesu 'y dyn er mwyn eraill' sy'n dod yn amlwg? Beth yn union yw ystyr hyn i ni heddiw?

Cyfle i fyfyrio:

Munud i feddwl:

Pregeth radio y bu sôn amdani trwy Gymru benbaladr oedd honno gan Idwal Jones. Ei destun y bore hwnnw oedd, "Eithr Tomos, un o'r deuddeg, yr hwn a elwir Didymus, nid oedd gyda hwy pan ddaeth Iesu."

Yn hytrach na phregethu yn ôl yr arfer, yr hyn a wnaeth y pregethwr oedd siarad yn bersonol efo Tomos, oedd yn ei gartref yn darllen y papur Sul. Ar ddiwedd yr anerchiad soniodd y pregethwr am gae sioe a hwyl y ffair nes i feddwyn ddod heibio a neidio ar y ceffylau pren, cael gafael ar y lifar gan yrru'r ceffylau bach yn wyllt. Bellach roedd chwerthin iach y cae sioe wedi troi'n hunllef.

Diwedd y stori oedd fod hogyn ifanc wedi dod heibio, a thra oedd y mamau a'r plant yn gweiddi a sgrechian, mentrodd hwn ei fywyd a neidio ar y ceffylau pren. Gwthiodd ei hun i ganol y peiriant a chael gafael ar y lifar a dod â'r peiriant yn ôl ato'i hun. Mi gafodd yr hogyn ifanc ei frifo'n ofnadwy ond fe orchfygodd ef y meddwyn oedd yn gyrru'r peiriant i wallgofrwydd. Yn ôl y pregethwr y bore hwnnw, yr hogyn ifanc hwnnw oedd Iesu. Yr un mentrus, yn barod i roi ei fywyd dros eraill. A dyna wedd arall ar Iesu Hanes.

Emyn: *Caneuon Ffydd* 807

Myfyrdod:

"Daw atom fel un anadnabyddus i ni, un na wyddom mo'i enw, yn union fel y daeth gynt, ar lannau'r llyn, at y dynion hynny na wyddent pwy ydoedd. Yr un geiriau'n union sydd ganddo i'w llefaru wrthym ni: 'Dilyn di fi', a gesyd i ni'r tasgau y mae'n rhaid iddo ef ei hun eu cyflawni ar gyfer ein cyfnod ni. Y mae ef yn gorchymyn. Ac i'r rhai hynny sy'n ufuddhau iddo, y dysgedig a'r annysgedig, bydd ef yn ei ddatguddio'i hun yn y llafur, yr ymdrechion a'r dioddefiadau a brofant yn ei gymdeithas ef. A thrwy ryw ryfeddol a dirgelwch anhraethadwy, dônt i wybod yn eu profiad personol pwy yw ef."

Albert Schweitzer

Emyn: *Caneuon Ffydd* 400

Y Fendith:
Gweddi Geltaidd

O Fab Duw, gwna wyrth drosof fi, a newid fy nghalon;
yr oedd hi'n fwy anodd i ti wisgo cnawd i'm gwaredu
na thrawsnewid fy nrygioni i.
A gras ein Harglwydd Iesu Grist, a chariad Duw a
chymdeithas yr Ysbryd Glân a fyddo gyda ni.   Amen.

MAB Y DYN

Adnod agoriadol:
"Daeth Mab y Dyn i geisio ac i achub y colledig." (Luc 19:10)

Mae'r teitl 'Mab y Dyn' yn ymddangos oddeutu wyth deg dau o weithiau yn y Testament Newydd a'r rhain i gyd, ond un, yn ymddangos yn y pedair efengyl. Yr eithriad yw geiriau Steffan, yn Llyfr yr Actau, "Edrychwch, rwy'n gweld y nefoedd yn agored, a Mab y Dyn yn sefyll ar ddeheulaw Duw" (Actau 7:56). Yn yr efengylau mae'r teitlau i gyd ond un yn dod o enau Iesu ei hun, sef cwestiwn y dyrfa yn Jerwsalem yn ystod y dyddiau olaf cyn ei groeshoelio, "Yr ydym ni wedi dysgu o'r Gyfraith fod y Meseia i aros am byth. Sut yr wyt ti'n dweud, felly, bod yn rhaid i Fab y Dyn gael ei ddyrchafu? Pwy yw'r Mab y Dyn yma? (Ioan 12:34) Felly, yn ôl tystiolaeth yr Efengylau, dyma deitl y mae Iesu ei hun wedi'i ddewis i ddisgrifio ei genhadaeth. Hwn yw hunan-deitl Iesu.

Gweddi agoriadol:
O, Fab y Dyn,
yn llonyddwch y munudau hyn
arwain ni i'th bresenoldeb,
a phan fydd geiriau yn methu cyfleu ein teimladau
a phob awydd i addoli yn mynd yn drech na ni,
bryd hynny,
tyrd i'n bywydau
a llanw'n bywydau ni
â chyfoeth dy fywyd di.   Amen.

Emyn: *Caneuon Ffydd* 299

Gweddi:
O, Fab y Dyn,

17

yr wyt ti, heddiw, yn galw arnom.
Boed i ni wrando ar dy lais.
Rwyt ti yn galw arnom,
yn y newynog,
yn y tlawd,
yn y digartref,
yn y diymadferth,
yn y llesg a'r gwan,
ac ym mhawb sydd mewn angen.
Rwyt ti yn galw arnom
yn y dieithryn,
y dioddefwr,
yn y gorthrymydd,
ac ym mhawb sydd mewn angen.
Fab y Dyn, rydym eisiau dy ddilyn
ond mae yna gymaint o rwystrau a rhwydau.
Fab y Dyn, rydym eisiau dy ddilyn
ond mae'n anodd distewi i wrando ar dy lais.
Fab y Dyn, rydym eisiau dy ddilyn
ond, bob tro, mae yna ryw 'os' neu 'ond' yn codi.
Fab y Dyn, rhyddha ni o afael ein hunain
er mwyn i ni roi ein hunain yn llwyr
i dy wasanaethu Di yn y byd.   Amen.

Cydganu neu gydadrodd Gweddi'r Arglwydd:

Cefndir:

Iaith bob dydd Iesu oedd Aramaeg ac yn yr iaith honno y geiriau am Fab y Dyn yw *bar nasha*. Nid teitl mohono, ond y ffordd Aramaeg o gyfeirio at 'ddyn', aelod o'r natur ddynol. Petai rhywun yn dechrau dweud stori am ryw ddyn byddai'n dechrau yn ddigon naturiol fel hyn, "Un tro roedd *bar nasha* ar ei ffordd ..." Yn yr Hebraeg, sef iaith yr Hen Destament, cawn *ben adam* sy'n golygu dyn neu fod dynol. Yng nghyfieithiad William Morgan o Salm 8 cawn yr adnod hon, "Pan edrychwyf ar y nefoedd, gwaith dy fysedd y lloer a'r sêr, y rhai a ordeiniaist, pa beth yw dyn, i ti i'w gofio? a mab dyn, i ti ymweled ag ef?" (Salm 8: 3, 4). Mae'r teitl yn ymddangos yn gyson yn llyfr Eseciel a phob tro y mae'n ymadrodd y mae Duw yn ei ddefnyddio i gyfarch y proffwyd, "Wedi imi weld, syrthiais ar fy wyneb, a chlywais lais yn siarad, ac yn dweud wrthyf, 'Fab dyn, saf ar dy draed, ac fe siaradaf â thi'" (Eseciel 2:1). Yn achos Eseciel, mae'r dywediad yn dynodi dynoliaeth y proffwyd gyda'i holl ffaeleddau, o'i gymharu â chadernid a gogoniant Duw.

Darllen: Luc 9: 57–62

Cyfnod o ddistawrwydd i fyfyrio:

Darllen: Luc 6: 20–23

Cyfnod o ddistawrwydd i fyfyrio:

Emyn: *Caneuon Ffydd* 381

Anerchiad:
Ar ba achlysuron mae Iesu'n defnyddio'r teitl hwn amdano'i hun? Yn y ddau ddarlleniad a glywsom mae'n defnyddio'r teitl yn lle 'fi' neu 'myfi' pan ddywed ' ond gan Fab y Dyn nid oes lle i roi ei ben i lawr' (Luc 9: 58). Hawdd iawn fyddai iddo ddweud, 'does gen i ddim lle i roi fy mhen i lawr'. Pan oedd Iesu a'i ddisgyblion wedi cyrraedd y man mwyaf gogleddol yr aeth yn ystod ei Weinidogaeth, sef Cesarea Philipi, mae'n gofyn cwestiwn iddyn nhw, "Pwy y mae pobl yn dweud yw Mab y Dyn?" (Mathew 16:13). Ymhellach ymlaen yn yr hanes mae'n ailofyn y cwestiwn, "A chwithau," meddai wrthynt, "pwy meddwch chwi ydwyf fi?" (Mathew 16:15). Gwelwn yma enghraifft o gyfnewid rhwng y rhagenw 'fi' a 'Mab y Dyn'. Mae rhai ysgolheigion yn amau tybed ydi ysgrifenwyr yr Efengylau wedi newid y 'fi' pan oedd Iesu'n siarad i gynnwys 'Mab y Dyn' yn ei le. Yn yr ail ddarlleniad, o efengyl Luc, mor hawdd fyddai aralleirio'r cymal, "Gwyn eich byd pan fydd pobl yn eich casáu, yn eich ysgymuno a'ch gwaradwyddo, ac yn dirmygu eich enw fel peth drwg, o achos Mab y Dyn", i gynnwys 'o'm hachos i' yn hytrach nag 'o achos Mab y Dyn'.

Darllen: Mathew 20: 20–28

Cyfnod o ddistawrwydd i fyfyrio:

Darllen: Marc 13: 24–26

Cyfnod o ddistawrwydd i fyfyrio:

Mae'n defnyddio'r teitl pan fo'n cyhoeddi neges sydd o dragwyddol bwys. Mae'n gwneud hynny yn yr adnod a glywsom ar ddechrau'r oedfa. Yn yr adran o efengyl Mathew, ar ôl i fam Iago ac Ioan blagio Iesu gan ofyn am ffafriaeth i'w meibion, mae'n mynd rhagddo i gyhoeddi fod Mab y Dyn wedi dod i wasanaethu ac "i roi ei einioes yn bridwerth dros lawer" (Mathew 20: 28). Tybed ai teitl oedd hwn ar gyfer achlysuron dyrchafol?

Yn yr ail ddarlleniad mae Iesu yn defnyddio'r teitl pan mae'n sôn am y dyddiau sydd i ddod yn y dyfodol. Dyddiau yw'r rhain fydd yn creu arswyd ac ofn, dyddiau o wae a dinistr, "Tywyllir yr haul, ni rydd y lloer eu llewyrch, syrth y sêr o'r nef, ac ysgydwir y nerthoedd sydd yn y nefoedd." (Marc 13:24, 25)

Darllen: Luc 18: 31–34

Cyfarfod o ddistawrwydd i fyfyrio:

Mae'r adran hon o efengyl Luc yn cynrychioli sawl adran yn yr Efengylau lle mae Iesu'n sôn yn benodol am ei farwolaeth a'i ddioddefaint. Roedd y syniad y byddai Mab y Dyn yn dioddef yn elfen cwbl wrthun i'w wrandawyr. Beth oedd gan y gogoniant dwyfol, aruchel oedd yn perthyn i Fab y Dyn i'w wneud â chael ei wrthod a'i gondemnio? Yn y cyfnod rhwng y ddau Destament ymddangosodd llyfr Enoc, oddeutu 70 CC. Cawn ddarlun o Fab y Dyn yn y llyfr hwn sy'n barod i ymddangos ar y ddaear yn ei holl rwysg a'i nerth:
"Bydd Mab y Dyn yr hwn wyt wedi'i weld

yn dymchwel brenhinoedd o'u seddau
a'r cryfion o'u gorseddfeinciau.
Bydd yn llacio ffrwynau'r cedyrn
ac yn torri dannedd y pechaduriaid.

Tywyllwch fydd eu hanneddle
a chysgant ar wely o fwydod.
Ni fydd gobaith iddynt godi o'u gwelyau,
gan nad ydynt wedi dyrchafu enw Arglwydd yr Ysbrydion.

Enoc 46:4–6

Yn llyfr Enoc mae'r darlun yn glir; darlun o nerth fydd yn dinistrio'r
pechaduriaid, gan roi goruchafiaeth i Fab y Dyn a bydd y ffyddlon yn
ymuno yn y llwyddiant. Hwn oedd y darlun a fyddai ym meddyliau'r
gwrandawyr. Beth oedd gan oruchafiaeth Mab y Dyn i'w wneud â marw
ar y Groes? Ai dyma pam nad oedd y disgyblion yn barod i weld Iesu
yn marw ar y Groes, am fod hyn yn gwbl groes i'w cred ym Mab y Dyn
ar sail yr hyn a geid yn llyfr Enoc?

Emyn: *Caneuon Ffydd* 286

Cwestiynau i'w trafod:
1. Pam, yn eich tyb chi, fod Iesu wedi defnyddio'r teitl hwn amdano'i
hun?
2. Beth oedd arwyddocâd sôn am y groes a'r dioddefaint ar ôl cwestiwn
Pedr yng Nghaeserea Philipi?
3. Beth oedd ystyr ymateb Iesu i eiriau Pedr, "Dos ymaith o'm golwg,
Satan"? (Mathew 16:23) Tybed a oedd Iesu wedi cael ei demtio i ddilyn
llwybr Mab y Dyn yn llyfr Enoc?
4. Oni fyddai'n well petai Iesu wedi arfer y teitl 'Meseia' neu 'Fab Duw'
amdano'i hun yn unig? Oni fyddai hyn wedi sefydlu ar y cychwyn mai
ef oedd y mab ymgnawdoledig?
5. Pam ydych chi'n credu fod Duw a'i Fab yn mynnu cuddio'u hunain.
Onid y Crist cuddiedig yw Iesu?

Myfyrdod:
Pa le?

Ar ôl pwysleisio bod teyrnas Dduw wrth law fe gododd y cwestiwn, ym mha le yn hollol? Ac a oedd rhywbeth ychwanegol i edrych ymlaen ato? Er fod grymusterau'r deyrnas ar waith yn barod, roedd Iesu am i'w ddisgyblion wybod bod rhagor i gael ei ddadlennu. Ni fynnai iddynt gredu bod holl drefn y cadw wedi digwydd. Roedd pethau ar droed oedd heb eu cwblhau, neu yn ôl ieithwedd yr ysgolheigion, 'eschatoleg a gychwynnwyd', ac nid 'eschatoleg a wireddwyd' oedd ei ddysgeidiaeth ef. I osgoi'r cysylltiadau â grym a oedd yn ymhlyg yn y term 'teyrnas', fe fabwysiadodd Iesu ddelwedd 'Mab y Dyn' i gyfleu ei ailddyfodiad mewn gogoniant i achub ac i farnu'r byd. Nid yn ddirgel y digwyddai hynny ond 'fel y fellten sy'n fflachio o'r naill gwr o'r nef hyd y llall, felly y bydd Mab y Dyn yn ei ddydd ef' (Luc 17:24). Fodd bynnag, cyn hynny 'y mae'n rhaid iddo ddioddef llawer, a chael ei wrthod gan y genhedlaeth hon' (Luc 17:25). Trwy ddweud hyn fe ddangosodd Iesu nad oedd digwyddiadau arswydus y dyddiau diwethaf yn Jerwsalem y tu hwnt i bwrpas achubiaeth Duw. Yn wir, roedd parodrwydd i ddioddef ac i farw yn rhan o'r drefn.

Er fod pethau mor dyngedfennol yn digwydd o'u cwmpas, yr eironi oedd fod pobl yn bwyta ac yn yfed, yn prynu ac yn gwerthu, yn bwrw ymlaen â'u gweithgareddau beunyddiol yn gwbl ddidaro, yn union fel y bu hi yn nyddiau Noa a Lot (Luc 17: 26–28). Yng nghanol y difrawder hwn câi Mab y Dyn ei ddatguddio (Luc 17:30). Diwrnod o waredigaeth ac o farn fyddai hwnnw. Rhybuddiwyd y disgyblion i beidio â rhoi'u bryd ar feddiannau ac ar 'bethau' (Luc 17:31). 'Pwy bynnag a gais gadw ei fywyd ei hun, fe'i cyll, a phwy bynnag a'i cyll, fe'i ceidw yn fyw' (Luc 17:33). Yn ôl yr egwyddor hon y bu Iesu fyw a marw. Fe'i gweithredodd hyd yr eithaf gan brofi bod bywyd ar gael y tu hwnt i angau. Dyma'r ffordd o fyw a gynigiodd i'w ddisgyblion: llwybr ffydd (Luc 18:8) a fentrai'r cyfan gan ddibynnu ar Dduw, rhoddwr bywyd. Rhennid teuluoedd (Luc 17:34) a chyd-weithwyr (Luc 17:35) pan ddatguddid Mab y Dyn ar sail hyn. Câi'r sawl a fu byw trwy ffydd yn Nuw eu cadw, tra byddai'r sawl a geisiodd ei waredu ei hun yn ei nerth ei hun yn cael ei adael ar ôl a'i golli (Luc 17: 33–36). Dyma wirionedd a oedd mor amlwg â haul canol dydd. Afraid holi, 'Ble, Arglwydd?' Fel yr adwaenai'r adar ysglyfaethus y gelain o bell, byddai Mab y Dyn yn adnabod y sawl a roes eu hymddiriedaeth a'u ffydd ynddo ef, a deuai canlyniadau hynny yn amlwg i bawb.   *Saunders Davies*

Cyfnod o ddistawrwydd i fyfyrio:

Emyn: *Caneuon Ffydd* 382

Y Fendith:
Gras ein Harglwydd Iesu Grist a chariad Duw a chymdeithas yr Ysbryd Glân a fyddo gyda ni.   Amen.

DRWS Y DEFAID

Gweddi agoriadol:
O Dduw,
dydyn ni ddim yn gwybod beth i'w ofyn,
dim ond ti sy'n gwybod ein hanghenion.
Rwyt ti yn ein caru yn well nag yr ydym yn caru ein hunain.
Rho i ni heddiw, dy bobl,
yr hyn na wyddom sut i ofyn amdano
fel bo'n bywydau yn llawn. Amen.

Myfyrdod:
Mae'n meddyliau heddiw yn troi o gwmpas adran o'r Ysgrythurau sydd, ar yr olwg gyntaf, yn edrych yn od ac yn ddieithr i ni. Iesu yn sôn amdano'i hun fel 'drws y defaid'. Gallwn ddeall yr ystyr pan fo'n sôn am 'fugail' a 'defaid' ond pan sonia am "ddrws" mae'n ddarlun cwbl wahanol.

Gofynnwn i Ti, o Dduw, a wnei di arwain ein meddyliau felly, i geisio deall beth oedd ym meddwl Iesu pan mae'n sôn amdano'i hun fel 'drws y defaid'.

Emyn: *Caneuon Ffydd* 757

Darllen o'r Ysgrythur: Ioan 10:1–10

Gwrando ar gerddoriaeth:
Record neu organ i chwarae'n ddistaw

Darllen:
Addoli
Rhin fel perl ar felfed
a'r distawrwydd yn hyglyw;
sancteiddrwydd yng ngraen y pîn
ac yng ngherfiad y paneli.

24

Seiniau'r organ yn dringo'n dawel
a chryndod y nodau yn ostyngeiddrwydd;
yna'r mawl yn llifo
fel afon ddofn yn torri'r rhaeadr,
a llanw'r emyn
yn agor ffenestri.

Y Gair yn disgyn
ar feddyliau braenar
a'r cynhesrwydd yn deffro'r bwthyn
a fydd yfory'n blaguro
yn obaith byw.

Gweddi'n diferu gras
ac yn golchi glannau'r oedfa
nes tynnu meddyliau'n rhydd
o gadwynau atgofion anniddig
ac ofnau llwm.

Cyhoeddiad y gwirionedd
fel dyfod golau gwawr
i ymlid cysgod nos.
Ffydd yn ysgogi'r enaid
i ymborthi ar fara'r bywyd.

Cael pont i groesi
o ynys unig
i gyfandir cadarn,
lle mae'r gweld yn achub
a'r gwybod yn iacháu.
Eneiniad yn rhwymo doluriau
a'r Iesu trugarog yn llanw'r cwrdd.

W. Rhys Nicholas

Emyn: *Caneuon Ffydd* 221

Gweddi:
Arglwydd, mi rydyn ni wrth ein boddau yn cloi'r drws.
Bryd hynny, byddwn yn teimlo'n saff a diogel,
yn enwedig ar nosweithiau tywyll a stormus gefn gaeaf.
Y gwynt yn chwyrlïo.
Y glaw yn diasbedain,
a'r hin yn oer a digysur
a ninnau wedi cloi'r drws
yn glyd a saff.
Ac mi fyddan ni'n teimlo fod
yr aelwyd yn lapio amdanom.
Glöyn byw yn y chwiler,
y baban yn y groth,
a'r cyfan sy'n rhaid i ni ei wneud
ydi swatio yn ein nefoedd fach gyffyrddus.

Ydyn, Arglwydd, mi rydyn yn gweld y perygl.
Cael ein hudo i ryw dawelwch
yng nghanol moethusrwydd,
ym mhlanced ein digonolrwydd,
yn suo ein hunain i gysgu'n braf,
gan anghofio pawb a phopeth,
y byd a'i broblemau,
ein cyd-ddynion,
ein cymdogion,
a ni ein hunain.

Os gweli di'n dda, Arglwydd,
paid â'n gwneud yn rhy saff a diogel.
Yn y mentro mae'r wefr,
yn y risg mae'r gyfaredd.
Ond heddiw, mae'r fenter wedi chwythu'i phlwc.
Chwarae'n saff ydi'r ffordd bellach.
Chwarae'n saff o fewn pedair wal,

gan wrando
a dweud
a chanu
yn yr un hen drefn,
yn yr un hen lais
yn yr un hen ystum
yn yr un hen bethau,
gan anghofio dy fod ti'n Dduw
sy'n gwneud 'popeth o'r newydd'.

Atgoffa ni, beunydd, Arglwydd,
fod yna waith i'w wneud,
dy waith di.
Gwaith yn y gymuned.
Gwaith yn y gymdeithas.
Gwaith yn y byd.
Atgoffa ni, beunydd, Arglwydd,
fod eisiau cloi
a datgloi'r drws. Amen.

Cyfnod o ddistawrwydd:

Cydadrodd neu gydganu Gweddi'r Arglwydd:

Anerchiad:
Pan fyddwch chi'n mynd allan o'r tŷ ac yn cloi, beth fydd yn mynd drwy'ch meddwl? Yr un modd pan fyddwch chi'n dychwelyd a datgloi'r drws, sut feddyliau fydd yna tybed? Yr aelwyd yw eich cysegr. Ar yr aelwyd y byddwch yn teimlo'n ddiogel, yn glyd a chael gwneud fel y mynnoch. Y drws ydi'r peth rhwng dau fyd hollol wahanol. Byd o sicrwydd a diogelwch a byd o ansicrwydd a theimladau bregus. Cyfeiriodd Iesu ato'i hun fel 'drws y defaid'. Mae'r darlun yn mynd â ni'n union i fyd y bugail a'i gorlan ar y mynydd-dir. Corlan syml iawn oedd hon. Cylch wedi ei hamgylchu â llwyn o ddrain oedd hon. Doedd yna ddim drws fel y cyfryw - dim ond agoriad, lle byddai'r bugail yn

gorwedd yn ystod oriau'r nos. Yn llythrennol, y bugail oedd y drws lle nad oedd dafad yn gallu mynd allan na gelyn yn gallu dod i mewn.

Gyda'r nos, byddai'r bugail yn arwain ei braidd i'r gorlan gan sefyll yn yr agoriad ac archwilio pob dafad fesul un rhag ofn bod anafiadau neu ambell ddafad yn glaf. Yn dilyn yr archwiliad byddai'r defaid yn mynd i mewn i ddiogelwch y gorlan dros oriau'r nos. Pe bai anifeiliaid rheibus yn barod i reibio'r defaid byddai'n rhaid iddyn nhw ymosod ar y bugail cyn cael mynediad at y defaid. Mae'r defaid yn ddiogel ac yn cael eu diogelu rhag unrhyw niwed.

Yn Iesu mae'n sicrwydd. Drwy'r bugail mae'r defaid i 'fynd i mewn ac allan a dod o hyd i borfa'. Ymadrodd Hebreig yw "mynd i mewn ac allan" sy'n golygu symudiad di-dor heb ddim rhwystr o gwbl. Yn ôl Deuteronomium yr addewid yw, "Bydd bendith arnat wrth ddod i mewn ac wrth fynd allan" (Deuteronomium 22:6). Mae'r un addewid yn ymddangos yn llyfr y Salmau, "Bydd yr Arglwydd yn gwylio dy fynd a'th ddod yn awr a hyd byth" (Salm 121:8). Mae'r addewidion yn amlwg yn y ddwy adnod, sef diogelwch bywyd ac ni all unrhyw dreialon, peryglon na digalondid ddwyn ymaith y tangnefedd sy'n dod oddi wrth Dduw.

Mae'r Cristion yn mynd allan o'i dŷ gyda Christ ac yn dychwelyd gyda Christ. Y dyddiau hyn clywir llawer o sôn am yr hunan fomwyr, yn Israel ac yn Irac, ac ar y 7fed o Orffennaf 2004 gwelsom eu bwriadau drwg yn Llundain, ar y bws ac ar y trenau tanddaearol. Yn nyddiau Iesu, roedd pobl debyg iddyn nhw oedd yn credu'n angerddol mai'r unig ffordd i brysuro'r oes newydd oedd trwy raib, dinistr a lladd. Doedd y Selotiaid ddim yn ofni marw eu hunain ac yn wir yn meddwl dim pe baen nhw'n lladd eu hanwyliaid eu hunain er mwyn cyrraedd eu hamcanion. Roedd yna, yn y gorffennol, mae yna heddiw ac mi fydd yna yn y dyfodol bobl sy'n dal i feddwl mai trwy ddinistrio a lladd mae dwyn yr oes aur i mewn i fywydau pobl. Neges wreiddiol Iesu yw mai'r unig ffordd sy'n arwain at Dduw ac i'r oes aur, ydi trwy ffordd cariad. Ei nod yw 'er mwyn i ddynion gael bywyd, a'i gael yn ei holl gyflawnder' ac ystyr 'cyflawnder' yma yw'r gweddill a'r helaethrwydd, yr hyn sydd ar ôl. Mae'r drws, Iesu ei hun, yn arwain i fywyd llawn, digonol.

Emyn: *Caneuon Ffydd* 787

Anerchiad (yr ail ran):

Yn ôl Victor Hugo, yr olygfa fwyaf godidog yn y byd yw gweld y perchennog yn cerdded i mewn i'w gartref. Yma caiff brofi tangnefedd o ddedwyddwch yng nghwmni ei bobl ei hun. Onid chwilio am y tangnefedd a'r dedwyddwch mae dyn heddiw ac yn methu'i gael? Mae chwilio am dangnefedd yn rhan o gynhysgaeth pob un ohonom. Mae'r gwir dangnefedd yn dod o adnabod Iesu a'i dderbyn yn Arglwydd ar ein bywydau. "A dyma Iesu'n dod ac yn sefyll yn eu canol ac yn dweud wrthynt, 'Tangnefedd i chwi'." (Ioan 20:19)

Darlun a gofiwn yn dda o ddyddiau plentyndod, yn yr ysgol gynradd mae'n bur debyg, yw hwnnw gan Holman Hunt o Iesu, a'i lusern yn ei law, yn curo wrth y drws. Does dim dwywaith mai'r adnod a ysbrydolodd yr arlunydd oedd honno o lyfr Datguddiad, Ioan y Difinydd, "Wele, yr wyf yn sefyll wrth y drws ac yn curo; os clyw rhywun fy llais ac agor y drws, dof i mewn ato, a swpera gydag ef, ac yntau gyda minnau." (Datguddiad 3:20) O syllu ar y darlun mae nifer o fanion gwerth sylwi arnyn nhw:

Prin y gellir gweld yw drws – mae tyfiant bron wedi ei orchuddio. Drws heb ei agor ers tro byd ydi'r drws yn y darlun.

Sylwch nad oedd cliced neu unrhyw ffordd o agor y drws o'r tu allan. Dim ond o'r tu mewn y gellir agor hwn.

Mae rhyw dywyllwch oeraidd o gwmpas y llun – dim ond goleuni a chynhesrwydd y llusern a wyneb Iesu sy'n denu.

Sonnir am Dduw, yn Salm 78, yn "agor drysau'r nefoedd a glawiodd arnynt fanna i'w fwyta" (Salm 78:23, 24). I'r Iddew golygai hyn fod Duw yn anfon ei gymorth i ddyn trwy'r drws ac yn yr un modd yr anfonai ei waredigaeth i'w bobl. O edrych ar y darlun hwn, felly, mor briodol yw geiriau Iesu'r drws sy'n dwyn cynhaliaeth a chadwedigaeth i'r ddynoliaeth gyfan.

Myfyrdod:

Nid yw Duw byth yn gwthio'i hun nac yn ein gorfodi i ymateb iddo. Dod atom yn dawel a diymhongar a wna gan gynnig ei hun a sefyll wrth y drws a churo. Y mae ganddo'r hawl a'r gallu i agor y drws ac i fynnu ei le yn ein bywyd. Ond yn ei addfwynder a'i gwrteisi dwyfol y mae'n aros oddi allan a churo a disgwyl yn amyneddgar wrthym. O ymdawelu'n weddigar a chau allan ruthr a dwndwr y byd, deuwn yn ymwybodol o'i agosrwydd, a does ond rhaid inni agor y drws i rin a disgleirdeb y presenoldeb dwyfol lifo i mewn a'n meddiannu.

Elfed ap Nefydd Roberts

Cwestiynau i'w trafod:

1. Pwy fu'n gyfrifol am 'agor drws yr Efengyl' i chi? Beth oedd cyfraniad teulu, ysgol, cymdeithas, ac unigolion i'ch ffydd?
2. Onid gwaith yr eglwys heddiw yw 'agor drysau'? Onid ydi'r eglwys heddiw yn amharod i wneud hyn? Tybed ydi'r eglwys yn rhy geidwadol?
3. Oes yna berygl i ni fel Cristnogion 'chwarae'n saff' o fewn pedair wal ein capeli a'n heglwysi? Onid gwaith pennaf y Cristion yw agor y drws led y pen a mynd allan i'r byd a bod yn rhan o'r gymdeithas?
4. Beth yw'r bywyd 'cyflawn' y mae Iesu'n cyfeirio ato? Sut mae cofleidio'r bywyd hwn?
5. Sonia Iesu droeon am 'dangnefedd'. Beth yw'r tangnefedd Cristnogol? Ydych chi wedi darganfod y tangnefedd hwn?

Munud i feddwl:

A welwch chwi'r ffrwd fechan yn cychwyn ar ei thaith yn y mynydd uchel draw? Y mae'n ysu i gyd gan ynni aflonydd. Fe'i hyrddia ei hunan yn erbyn y creigiau a'r cerrig; rhuthra dros y clogwyn yn gwbl ddiymarbed onid ydyw ei nwyd yn torri'n wyn. Yna gwelir hi'n ymgryfhau, ei llif yn myned yn ddyfnach ac yn rymusach, os yn llai cynhyrfus. Yn awr try lawer olwyn ar ei gyrfa, gylch fudreddi llawer treflan a charia aml lwyth ar ei gwar. Ond o'r diwedd dacw hi ar y gwastatir, yn nesu at y môr. Bellach y mae ei dyfroedd yn araf ac yn llonydd. Beth sydd yn bod? Beth yw'r tangnefedd hwn a feddiannodd yr afon? A! dyma'r gyfrinach, y mae llanw'r môr yn dyfod i'w chyfarfod yn yr aber. Y mae'r môr mawr caredig yn agor ei fynwes, yn estyn ei freichiau ac yn cymryd yr afon i mewn i'w fynwes ef ei hun. "A rhodded i ti dangnefedd." Yr wyt yn cofio pan oeddit yn ieuanc fel yr oedd dy fywyd yn debyg i'r afon yn cychwyn ar ei thaith ym mhen y mynydd. Mor fyw, mor gryf oedd dy nwydau a'th chwantau! Mor aflonydd oedd dy ysbryd! Fel yr hyrddiai dy fywyd ef ei hun yn erbyn y cerrig a'r creigiau! Fel y rhuthrai llif yr afon dros y clogwyn heb gyfrif y gost! Ond yn awr y mae'r dyfroedd wedi myned yn llonydd ac yn dawel. Beth sydd yn bod? Dynesu yr wyt at y cefnfor mawr. Ac y mae'r llanw yn dyfod i gyfarfod yr afon yn yr aber. Y mae cariad graslon ac anfeidrol Duw yn cymryd dy fywyd bach i mewn i'w fynwes ei hun. "Rhodded i ti dangnefedd." Yn nyddiau henaint, er gwaethaf pob hiraeth a siomiant, pob pryder ac ofn, boed i ti brofi tangnefedd llawn a chyfoethog Duw yn meddiannu dy fywyd ac yn llenwi dy ysbryd.   *G. Wynne Griffith*

Emyn: *Caneuon Ffydd* 317

Y Fendith:

> Rhodded Arglwydd tangnefedd
> ei dangnefedd ei hun i ni
> bob amser ac ymhob man.
> Yr Arglwydd a fyddo gyda ni oll.   Amen
>   (*Anhysbys*)

Y FFORDD

Gweddi agoriadol:
Cyffeswn ger dy fron, o Dduw
ein bod droeon
wedi crwydro ymhell oddi ar
dy ffordd di.
Tywys ni'n ôl heddiw
i gerdded
dy ffordd di
'nyni a aethom ar gyfeiliorn allan o'th ffyrdd di
fel defaid ar grwydr.'
Maddau i ni.   Amen.

Adnod: Dywedodd Iesu wrtho, "Myfi yw'r ffordd..." (Ioan 14:6)

Emyn: *Caneuon Ffydd* 682

Darllen: Ioan 14:1–14

Cyfnod o ddistawrwydd i fyfyrio:

Darllen Cerdd:
Y Ffordd
Y mae ffordd gadarn dros ir feddalwch y gors,
Ffordd garegog, anesmwyth i'r pererin draed;
Union a chul yw ei chwrs dros y gorwel blin
Hyd yr afon sy'n llafn rhwng y gors a'r wenwlad draw.
O'i deutu, darn haul, y mae llawer llannerch las,
A Phlu'r Gweunydd yn amneidio'u gwahodd yn y gwynt;
A liw nos y mae'r llewyrn lledrith yn cynnau'n wan,
Gan addo i'r crwydr groeso ac anwes cors.
Dydi a osododd y ffordd, a'i cherdded gynt,

32

Friw fugail y cadw, dorchog dywysog y llu,
Bydd di'n golofn niwl y dydd, yn golofn dân y nos,
Rhag ein colli, a phan ddelom hyd y cerrynt oer,
Rhag rhuthr a rhaib, rhag llam a llaib y lli,
Ein Bendigeidfran, ein Pen, bydd yn bont i ni.

R. Geraint Gruffydd

Emyn: *Caneuon Ffydd* 702

Gweddi:
Arglwydd, mi rydyn ni'n chwilio am fyd
heb boen na phroblemau,
byd lle mae popeth yn hardd, yn gynnes a chlyd.
Byd lle rydym ni'n gallu rhagdybio, byd heb syrpreisys.
Byd lle nad ydi'r pethau da yn diflannu am hanner nos.
Byd o harmoni a theimladau da.
Chwilio ydyn ni i gyd am Gwm Tawelwch.

Ond nid felly mae hi, Arglwydd,
Byd o ryfeloedd, byd o boen,
byd o fywydau wedi'u sigo a'u gadael
yn bentyrrau ar domennydd sbwriel.
Byd lle mae gobaith
wedi'i adael i waedu.
Arglwydd, fedran ni ddim deall dy ffordd di, o gwbl.
Gyda'th nerth, dy ddoethineb a'th gariad,
oni fuaset ti wedi gallu gwneud pethau'n wahanol?
Gwneud pethau'n hawdd ac yn symlach?

Na, dydyn ni ddim yn deall.
Dydi'r holl ddiwinyddiaeth yn y byd ddim yn rhoi ateb i
gwestiynau syml bob dydd.
Ac yna – os mai dyna dy ffordd di,
gyda'th holl nerth, doethineb a chariad
mae'n amlwg mai fel 'na mae hi
am rŵan, beth bynnag!

Doedd hi ddim mymryn symlach i Iesu, chwaith.
Y problemau a wynebodd ef, nid y fo greodd y problemau rheiny.
Nid problemau fel ein problemau bychain, pitw ni.
Arweiniwyd ef i'r groes
i wynebu poen, i wynebu marwolaeth.
Na, Arglwydd nid i boen ac i farwolaeth,
Nid *i,* ond *trwy.*
Oherwydd mae yna un peth y gwyddom i sicrwydd.
Fe goncrodd Ef y boen a'r artaith,
a hyd yn oed farwolaeth.

Arglwydd, heddiw, rydym yn gweddïo dros bawb
sy'n ei chael hi'n anodd i gerdded y ffordd.
Helpa nhw i ddal ati i gerdded,
pan fo ffydd yn pallu,
pan fo bywyd yn anodd i'w ddeall
ac yn mynd yn fwy anodd i'w fyw.

Helpa ni i sylweddoli
nad ydyn ni angen deall, mewn difri;
fuasan ni ddim, beth bynnag.
Helpa ni i ymddiried
yn Arglwydd y Ffordd
a dweud yn syml,
'Ein Tad'.
Ac wrth ddweud hynna,
dyna ni wedi dweud y cyfan.   Amen.

Cydadrodd neu gydganu Gweddi'r Arglwydd:

Emyn: *Caneuon Ffydd* 724

Anerchiad:
Beth petai eich ffrind gorau yn symud i fyw? Mae'n siŵr y buasech yn
awyddus i gysylltu ag ef neu hi. Rhif ffôn, e-bost, cyfeiriad llawn, cod

post – buasech angen yr holl wybodaeth er mwyn cysylltu neu fynd draw i weld y ffrind. Os yw'r person sydd wedi mynd i ffwrdd yn ffrind arbennig mae'n bur debyg y byddech yn awyddus iawn i gwrdd unwaith yn rhagor. Mae hynny'n beth naturiol. Dyna sut mae creu perthynas a chadw perthynas yn fyw.

Os ydych wedi gorfod ffarwelio â ffrind agos rwy'n siŵr y gallwch ddeall beth oedd yn mynd trwy feddyliau'r disgyblion pan ddywedodd wrthyn nhw, "Fy mhlant, am ychydig amser eto y byddaf gyda chwi..... 'Ni allwch chwi ddod lle'r wyf fi'n mynd'." (Ioan 13:33) Sut fuasech chi'n teimlo bod eich ffrind yn ymadael ond bod y manylion i ble mae'n mynd ddim yn glir iawn. Roedd y disgyblion wedi'u dadrithio ac fe welodd Iesu hynny ac meddai, "Ni adawaf chwi'n amddifad, fe ddof yn ôl atoch chwi." (Ioan 14:18)

Mewn cyfnod pan fo'n meddyliau ar ddisberod a'n byd wedi ei droi i waered mae angen mynegbost. Mae angen rhywun i'n hargyhoeddi fod ystyr i fywyd, fod ffordd ymwared. Yn ei dryblith gofynnodd Thomas:, gŵr oedd angen sicrwydd a phendantrwydd arno fel y cofiwn ar ôl digwyddiadau'r Atgyfodiad, "Arglwydd, ni wyddom i ble'r wyt ti'n mynd. Sut y gallwn wybod y ffordd?" (Ioan 14:5) Beth yw nodweddion y ffordd?

Pwrpas y ffordd yw cysylltu

Sut le oedd Cymru, tybed, heb ffordd i fynd â ni o un lle i'r llall? Mor anodd fyddai tramwyo i fynd i'r gwaith, i siopa ac i blesera. Mor rhwydd ydi mynd yn y car y dyddiau hyn ar hyd ffyrdd a thraffyrdd hygyrch. Yn ystod cyfnod o wyliau ym Madeira'n ddiweddar dywedodd un o'r brodorion ei fod yn arfer cymryd dros awr i gyrraedd o'r maes awyr i'r brifddinas ond bellach gyda'r ffyrdd newydd ugain munud ydi'r daith. Mae'r cysylltu yn cymryd llai o amser. Iesu yw'r ffordd sy'n arwain yn y pen draw at Dduw. Trwy ei ddyfodiad i'r byd mae'r ffordd at Dduw yn sicrach ac yn gyflymach o lawer. Yr hyn mae Iesu'n ei ddweud mewn difri yw, dydi'r ffordd at Dduw ddim yn golygu llwybr o weithredoedd da a chanlyniadau aruchel. Nid trwy addysg dda neu ryw athroniaeth esoterig ond yn hytrach trwy dderbyn Iesu ei hun. "Ond cyfyng yw'r porth a chul yw'r ffordd sy'n arwain i fywyd, ac ychydig yw'r rhai sy'n ei chael." (Mathew 7:14)

Roedd dringwr yn benderfynol o ddringo cadwyn o fynyddoedd ac aeth ati i chwilio am arweinydd. Gofynnodd i'r cyntaf ac atebodd hwnnw, "Rydw'i wedi bod rhan o'r daith ond rwyf wedi cael ar ddeall pa ffordd y dylem fynd ymlaen." Na oedd ateb y dringwr.

Gofynnodd i un arall ac ateb hwnnw oedd, "Rwyf wedi bod ar gopa un o'r mynyddoedd ac rwyf wedi gweld y llwybr sy'n arwain dros y mynyddoedd." Na oedd ateb y dringwr yr eildro.

Ateb y trydydd oedd, "Wrth gwrs fy mod yn gwybod, yr ochr draw i'r mynyddoedd mae nghartre i. Rydw'i wedi gwneud y daith droeon." Hwn oedd yr ateb yr oedd y dringwr yn chwilio amdano.

Roedd hwn wedi cerdded y ffordd ei hunan ac wedi cyrraedd ei gartref. Dyma neges Iesu i'w ddisgyblion.

Pwrpas ffordd yw ei thramwyo
Droeon yn llyfr yr Actau cyfeirir at ddilynwyr Iesu fel "pobl y Ffordd" (Actau 9:2; 19:9, 23; 22:4; 24:14, 22). Roedd y disgyblion cyntaf yn barod i gerdded ffordd Iesu; ffordd oedd yn arwain i beryglon ac anawsterau dybryd. Roedden nhw'n gwybod beth oedd llawenydd. Roedden nhw'n gwybod sut oedd byw er mwyn eraill a hyn oedd yn peri iddyn nhw anwybyddu eu trafferthion eu hunain a bod yn fwy ymwybodol o feichiau pobl eraill. Doedden nhw ddim yn poeni llawer am eu cred; doedd gan yr Eglwys Fore ddim credoau am bron i dri chan mlynedd. Dylem droedio'r ffordd trwy garu Duw a chyd-ddyn a chadw ein llygaid drwy'r amser ar Iesu. Bryd hynny bydd cred yn dilyn profiad yn union fel pe bai rhywun yn syrthio mewn cariad. Nid dechrau gyda chred am yr hwn y mae'n ei garu a wna'r carwr ond mae'n meddwl, "Buaswn wrth fy modd rhannu fy mywyd â hi neu fo os ydi o'n barod i'm derbyn." Nid, "Wyt ti wedi d'achub?" oedd cwestiwn cyntaf Iesu i Sacheus ond, "Sacheus, tyrd i lawr ar dy union; y mae'n rhaid imi aros yn dy dŷ di heddiw." (Luc 19: 5) Wrth gerdded y ffordd y down i adnabod Iesu.

Cyfnod o ddistawrwydd i fyfyrio:

Cwestiynau i'w trafod:

1. Onid trwy wneud gweithred dda tuag at gymydog yw'r cam cyntaf ar y ffordd? Beth, yn eich barn chi, yw'r peth pwysicaf, cred neu weithred neu a yw'r ddau yn mynd law yn llaw? Beth oedd dull Iesu?

2. Mewn cymdeithas o aml grefyddau a oes gan y Cristion hawl i honni mai Iesu yw'r unig ffordd?

3. Beth yw apêl 'ffordd distryw' i sawl un heddiw? Pam fod llawer yn gwrthod 'ffordd y bywyd'?

4. Beth feddyliech chi o eiriau Thomas á Kempis:
· heb y ffordd, does dim symud
· heb y gwirionedd, does dim gwybod
· heb y bywyd, does dim byw.
Trafodwch y sylwadau hyn. Beth yn union yw eu hystyr?

5. Nid yn unig dangos y ffordd i ni mae Iesu ond cydgerdded y ffordd efo ni. Ydych chi wedi cael profiad o hyn yn eich bywyd?

Munud i feddwl:

Crist a ddywedodd, "Myfi yw y ffordd, y gwirionedd a'r bywyd". Gwelwyd cyfieithiad arall o'r adnod yma, "Myfi yw y ffordd wirioneddol i'r bywyd". Dangos y ffordd a wna pawb arall, o gyfnod proffwydi Israel drwy Ioan Fedyddiwr a'r Apostolion a saint yr oesoedd i'n dyddiau ni. Ein braint ni yw dangos y ffordd. Ef, ac Ef yn unig, yw y ffordd. Does yna ddim ffordd arall i'r bywyd.

Mae yna dri o bethau sy'n wir am bob ffordd, ac yn wir am y ffordd yma: Y mae yna GYCHWYN iddi. Ymhle mae ffordd y bywyd yn cychwyn? Dywed yr Esgob Temple ei bod yn cychwyn wrth ein traed. Nid oes raid i ni fynd at y ffordd, mae'r ffordd wedi dod atom ni. Ond yn sicr mae hi'n haws ei chael mewn rhai lleoedd nag eraill. Gallwn enwi tri o leoedd y mae hi'n hawdd iawn cael ein traed ar ffordd y bywyd ynddynt. Capel, dyna un lle. Cafodd miloedd yma yng Nghymru eu traed ar ffordd y bywyd mewn Capel neu Eglwys. Yna, Cartref da. Sawl un a gafodd ei draed ar y llwybr iawn mewn cartref da? Ofnwn, er bod gennym gymaint o dai yn ein gwlad, mai prin iawn ydym mewn cartrefi. Onid ffordd y bywyd a wna y tŷ yn gartref? Yn drydydd, cafodd llawer gychwyn yn ddiogel ar y ffordd mewn cwmni da. Diolchwn fod yn ein tir o hyd bobl dda a chwmni da a'i gwna hi'n hawdd i eraill gael gafael ar ffordd y bywyd. Diolch bod y ffordd mor agos atom, wrth ein hymyl.

Y mae yna GYFEIRIAD iddi. Mae pob ffordd yn arwain i rywle. Ond, er hynny, cofiwn fod bendith i'w chael o fod ar y ffordd yma, pe na bai honno yn arwain i unman o bwys. Nid cyfrwng yn unig yw ffordd y bywyd, ond nod a diben ynddi ei hun. Onid yw'r bardd yn meddwl felly am y Lôn Goed?

I lan a thref nid arwain ddim,
Ond hynny nid yw ofid im.

Roedd cael bod ar y Lôn Goed yn fendith ynddi ei hun. Felly hefyd ffordd y bywyd. Cael troedio hon a rydd flas ar fyw i ni ac ystyr i'n bywyd.

Yn olaf, mae yna GYRRAEDD iddi ac mae'r cyrraedd hwnnw tu draw i'r hyn a welwn ni. Gofynnodd teithiwr, unwaith, i borthor ar orsaf reilffordd Afon-wen a oedd y trên yn siŵr o stopio yng ngorsaf Pwllheli. Mae'n amlwg na fu'r teithiwr hwnnw ym Mhwllheli o'r blaen neu ni fyddai wedi gofyn y fath gwestiwn. Gorsaf Pwllheli yw pen draw y lein. Ei ateb ffraeth oedd, os na fyddai'r trên yn stopio yno y byddai'n achosi galanastra fawr! Rhaid i bob trên aros ym Mhwllheli.

Mae marwolaeth yn ben draw i bob ffordd sydd gennym ond i ffordd y bywyd. Fe â honno ymlaen drwy'r bedd i fywyd llawnach a chyfoethocach:

Am fod fy Iesu'n fyw,
Byw hefyd fydd ei saint.

Iorwerth Jones Owen

Emyn: *Caneuon Ffydd* 541

Myfyrdod:
"Tybed ein bod wedi colli'r ffordd neu fethu dyfod o hyd iddi ar y map?

Cynnig y ffordd honno y mae'r testun (Eseia 35:8–10) i ryddid llawn a diogelwch llawn a chyflawnder bywyd, a hynny heb symud o'n hunfan, a than bob amgylchiad, am y galluoga ddyn i fyw'n ogoneddus wynfydedig gydag ef ei hun – yn ei amgylchiadau fel y maent, pa un

38

bynnag ai melys ai chwerw fyddant, drwy ei alluogi i droi gorthrymderau'n gyfrwng gorfoledd, a chystudd yn gyfrwng gweithredu tragwyddol bwys gogoniant i ni... Nid oes na man na math o amgylchiadau yn y Cread mawr a all ein llochesu rhag ein gorthrymderau, ond y mae gweledigaeth a grym a'n galluoga i ddarostwng yr amgylchiadau fel y maent yn gyfrwng llawnder bywyd, boent felys, boent chwerw. Dyfod â'r waredigaeth honno inni a wna'r ffordd hon – FFORDD SANCTEIDDRWYDD.

E. Tegla Davies

Y Fendith:
O Dduw,
o'r cychwyn cyntaf
buost ar waith yn ein byd
yn paratoi ffordd dy deyrnas.
Cynorthwya ni heddiw
i gerdded y ffordd honno,
yn hyderus. Amen.

GOLEUNI'R BYD

Gweddi agoriadol:
Arglwydd Iesu,
ti yw goleuni'r byd;
nid yw'r rhai sy'n dy ganlyn di yn rhodio yn y tywyllwch
ond mae ganddynt oleuni'r bywyd.
Fe'th ddaliwn gerbron y bobl sy'n byw mewn tywyllwch,
yn profi anobaith neu'n mynd trwy gyfnodau o ddigalondid.
Cynorthwya ni i estyn cyfeillgarwch sy'n dwyn goleuni;
ysbrydola ni i sôn am y gobaith sy'n gwasgaru'r tywyllwch.
Boed i'th bobl di ym mhob man fod yn ffynhonnell goleuni
gan ddatgan i bawb mai ti yw goleuni'r byd.   Amen.
John Johansen-Berg, addas. Glyn Tudwal Jones

Adnod:
Yna llefarodd Iesu wrthynt eto: "Myfi yw goleuni'r byd," meddai. "Ni bydd neb sy'n fy nghanlyn i byth yn rhodio yn y tywyllwch, ond bydd ganddo oleuni'r bywyd". (Ioan 8:1)

Emyn: *Caneuon Ffydd* 782

Munud i feddwl:
Yn y bregeth ar y mynydd gelwir ar y disgyblion nid yn unig i weithio'n ddistaw o'r golwg, ond hefyd i fod yn rhai amlwg. Sylwer nad cario goleuni yw gwaith y sant, ond bod yn oleuni. Nid pregethu'r gwirionedd yw ei swyddogaeth, ond ei fyw. Ni all gwirionedd haniaethol achub y byd. Y mae'n rhaid i wirionedd ymgnawdoli. Dyna pam nad ysgrifennodd Iesu lyfr erioed. Yr hyn a wnaeth oedd dewis deuddeg. Hwynthwy sydd i gario'r gwirionedd, a'i gario nid ar dafod leferydd, ond yn eu bywyd. "Chwi yw goleuni'r byd."

Yn ystod dyddiau ei gnawd Iesu ei Hun oedd y Goleuni. "Myfi yw Goleuni'r byd." Ond mae wedi dirprwyo'r gwaith i'w ddisgyblion. "Fel

40

yr anfonodd y Tad fi, felly yr anfonais innau chwithau." Bellach fe ddywed, "Chwi yw Goleuni'r byd."

Peth amlwg iawn yw goleuni ac y mae'n rhaid i'w ddisgyblion ef fod mor amlwg â'r goleuni. Ond cofier mai ei amlygu ei hun yn ei wasanaeth y mae'r goleuni. Nid er mwyn gweld y gannwyll y goleuir hi, ond er mwyn gweld yn ei goleuni hi.

T. Ellis Jones

Darllen: Mathew 5:13–16
            Ioan 8:11–16

Cyfnod o ddistawrwydd i fyfyrio ar y Gair:

Cerdd:
Nos yr Enaid
Paham, fy Nuw, y trof i'th gyfarch di mor hawdd
yn oriau'r nos, heb gymar ond fy nghalon drom
yn mynnu ym mhob curiad sicrwydd nawdd
dy gariad, pan dry cariad byd yn siom?
Paham rhaid tynnu'r llenni cyn dy gael
yn gyfaill triw i wrando pob rhyw gŵyn,
a theimlo dy drugaredd fawr ddi-ffael
roes Dduwdod dan y dyrnod er fy mwyn?
A pham, pan ddaw y wawr, na theimlaf bellach
rymuster fy euogrwydd, na'r rhyddhad
na styried addewidion wnaed yn hytrach
na styriwn freuddwyd meddw, dibarhad?
Paham fy Nghrist, nad wyt ond Crist fy nhristwch
fel seren swil yn cilio gyda'r t'wyllwch?

Siôn Aled

Emyn: *Caneuon Ffydd* 726

Gweddi:
Arglwydd, mi fydda i wrth fy modd

41

yn mynd am dro a phan fydda i'n
dod ar draws carreg ar ganol y cae
neu ar ochr y ffordd mi fydda i bob
amser yn ei throi drosodd a gweld
y creaduriaid bach yn mynd nerth
eu traed i chwilio am y tywyllwch.
Mae'n nhw'n ddigon hapus yn
byw yn y cysgodion, yn y tywyllwch.

Arglwydd y goleuni,
ar brydiau mae dy wirioneddau di
yn peri i minnau fynd nerth fy nhraed
i'r cysgodion.
Maen nhw'n rhy lachar.
Mae'r goleuni'n llewyrchu ar fy mywyd,
ar y 'fi fawr' sy'n perthyn i mi
yn dangos yn glir beth ydw i
a phwy ydw i?
Mor glir nes ydw i yn gallu gweld fy hun yn glir
Rhy glir!
Mi ydw i'n crebachu
ac yn mynnu dianc i'r tywyllwch.
Mae byw yn dy oleuni di – y goleuni llachar
sy'n dangos pob symudiad, pob meddwl o'm heiddo,
gweld y cyfan, deall y cyfan.
Mae'n ormod weithiau.
Mi ydw innau, fel y mân greaduriaid
yn ffoi i'r cysgodion i swatio
rhag tanbeidrwydd a llewyrch dy oleuni di,
a hynny mewn ofn a braw.

Ond yn sydyn mi ydw i'n sylweddoli, Arglwydd,
fod y goleuni, dy oleuni di
yn llifo o fflam dy gariad.
Goleuni, nid i ddatgelu fy methiannau
ond i'm dilladu yng ngoleuni dy gariad.

Goleuni sy'n dangos y ffordd yn glir,
nid fflam cannwyll
ond goleuni sy'n dod â'r nerth i fyw
yn ei sgil.

Goleuni byw, deinamig, llachar
sy'n llifo'n ffrwd o nerth,
sydd, nid yn unig yn dangos y ffordd,
ond yn rhoi'r nerth i mi gerdded ymlaen
yn hyderus.

Arglwydd, llewyrcha dy oleuni arnom,
a phan fydd yr awydd i gilio i'r cysgodion
yn ein meddiannu
treigla'r garreg i ffwrdd, unwaith eto.   Amen.

Cydadrodd neu gydganu Gweddi'r Arglwydd:

Emyn: *Caneuon Ffydd* 698

Anerchiad:
Yn nhrysordy'r Deml yn Jerwsalem, oedd yn rhan o gyntedd y gwragedd, y cyhoeddodd Iesu mai ef 'yw goleuni'r byd'. Lle da am wrandawiad oedd y trysordy gan fod gymaint o fynd a dod yn digwydd yno. Yma roedd tair ar ddeg o gistiau ar ffurf trymped yn barod i dderbyn rhoddion yr addolwyr.

   Tybir mai ar ŵyl y Pebyll y llefarodd Iesu'r geiriau hyn. Ar noson gyntaf yr ŵyl byddai cyntedd y gwragedd yn cael ei oleuo. Ar ôl iddi nosi byddai pedair canhwyllbren anferth yn cael eu goleuo a byddai'r golau, yn ôl pob hanes, yn goleuo nid yn unig, gynteddau'r Deml ond y ddinas drwyddi draw. Drwy gydol y nos, hyd ganiad y ceiliog fore drannoeth, byddai gwŷr doeth Israel yn dawnsio ac yn canu salmau yng ngŵydd y gynulleidfa. Goleuni a llawenydd dros dro oedd hwn. Pan dorrai'r wawr byddai'r canwyllbrennau'n diffodd. Neges Iesu'n syml oedd mai ef oedd y goleuni oedd yn para am byth; doedd ei oleuni Ef byth yn diffodd.

Mae haeriad Iesu yn ddihafal ac amhosibl oedd i neb arall honni'r fath beth, dim ond Ef ei hun. Yn yr Hen Destament, yr Arglwydd yw'r Goleuni: "Yr Arglwydd yw fy ngoleuni a'm gwaredigaeth, rhag pwy yr ofnaf?"(Salm 27:1) a "Nid yr haul fydd mwyach yn goleuo i ti yn y dydd, ac nid y lleuad fydd yn llewyrchu i ti yn y nos; ond yr Arglwydd fydd yn oleuni di-baid i ti a'th Dduw fydd yn ddisgleirdeb i ti." (Eseia 60: 19) Mae Iesu'n cymryd y ddelwedd hon ac yn rhoi gwisg newydd iddi gan gyhoeddi mai Ef bellach yw 'goleuni'r byd'.

Cyfnod o ddistawrwydd i fyfyrio:

Beth yw nodweddion goleuni?
Nid rhywbeth i edrych arno yw goleuni:
Pwrpas goleuni yw goleuo pethau eraill. Ar ddiwrnod braf o haf pan fo'r byd ar ei orau nid mynd allan i edrych ar yr haul rydyn ni, ac eithrio'r machlud. Mae pob rhan o'r mwyniant yn dibynnu ar belydrau'r haul ar y dirwedd. Nid edrych ar y goleuni mae dyn ond yn hytrach ar yr hyn mae'r goleuni yn ei ddatguddio. Ar yr aelwyd, nid cynnau'r golau i edrych arno ydi'r nod ond ei ddefnyddio.

Aeth Iesu ymhellach trwy ddweud, 'Chwi yw goleuni'r byd':
Wrth feddwl am rai o'n cyd-Gristnogion, neu bobl sydd wedi dylanwadu arnom, efallai nad ydyn nhw'n meddu ar dalentau amrywiol eu hunain ond eu bod yn adlewyrchu goleuni Duw. Fel mae'r lleuad yn adlewyrchu goleuni'r haul a'i daflu'n ôl i'n daear i oleuo'n nosweithiau tywyll, mae'r Cristion hefyd i adlewyrchu Duw... "boed i'ch goleuni chwithau lewyrchu gerbron dynion.' (Mathew 5:16)

Mae goleuni yn datgelu'r cyfan:
Mae goleuni yn dangos y cwbl - y we pry cop, y llwch a'r llygredd i gyd. Pan oedd hi'n dywyll doedd hi ddim yn hawdd gweld y rhain - doedden ni ddim yn gwybod eu bod nhw yno! Pan ddaeth Iesu i'r byd llewyrchodd ei oleuni a sylweddolodd pobl fod rhai pethau oedd yn cael eu derbyn yn groes i egwyddorion Duw. Yn hanes Iesu a Nicodemus dyma'r

condemniad yn ôl Iesu, "i'r goleuni ddod i'r byd ond i ddynion garu'r tywyllwch yn hytrach na'r goleuni." (Ioan 3:19)

Mae goleuni yn gallu gwahaniaethu rhwng gwir werthoedd:
Mor hawdd ydi cael ein dadrithio. Mae gwerthoedd cymdeithas yn troi o gwmpas arian a chyfoeth. Dim ond ennill y loteri ac fe gawn y byd yn grwn! Mae chwilio am yr aur ym môn yr enfys yn dal i gyfareddu dyn. Dim ond i mi gael... swydd dda, safle arbennig yn y gwaith neu'r gymdeithas bydd popeth yn dda. Ac ar ôl ei gael, mae'r chwilio yn dal i fynd yn ei flaen. Mwya'n y byd sydd gennym mwya'n y byd rydyn ni'n chwennych mwy. Mae'r gwir werthoedd sydd yn ymhlyg yn Efengyl Iesu – y tangnefedd, y cymod, y cyd-fyw, y tawelwch, yn aros.

Sonia Robin Williams yn un o'i ysgrifau am noson o baratoi ar gyfer rhaglen deledu. Yn y rihyrsal roedd y goleuadau wedi'u gosod yn barod ar gyfer y recordio yn yr hwyr. Pnawn digon tywyll oedd pnawn y rihyrsal ond erbyn y nos roedd y glaw a'r caddug wedi cilio a'r haul wedi ymddangos. Roedd pelydrau'r haul mor gryf y noson honno fel bu'n rhaid diffodd ac ad-drefnu'r goleuni artiffisial i gyd. Pelydrau haul min yr hwyr yn rhagori ar oleuadau pŵl y cwmni teledu. Goleuni Crist yn dangos pa mor wantan ydi'n goleuni ni.

Cyfnod o ddistawrwydd i fyfyrio:

Cwestiynau i'w trafod:
1. Sut y gallwn ni fod yn oleuni yn ein cymuned? Ydi hyn yn golygu pregethu ar ochr y stryd, cnocio o ddrws i ddrws? Beth am ein gweithredoedd bob dydd?
2. Mae'r bardd, Siôn Aled, yn ei gerdd 'Nos yr Enaid', yn dweud mai yn ystod oriau'r nos y mae'n fwyaf ymwybodol ohono'i hun a'i ffaeleddau. Ai dyma'r adeg pan mae dyn ar ei wannaf a Duw ar ei orau? Beth am ei gwestiwn yn y cwpled olaf?
3. Tybed a fedr goleuni Crist ein llorio a'n llethu a bod llewyrch y goleuni yn ormod i ni? Ydi disgwyliadau Crist yn ormod i greadur o ddyn?
4. Dywedir, yn aml, mai prif fendithion ein cyfnod ni yw:
   ❖ gwyddoniaeth
   ❖ addysg

❖   y wladwriaeth les
Ai trwy'r meysydd hyn y mae goleuni'r Efengyl yn llewyrchu heddiw?
5.   "Tydi yw haul fy nydd, O Grist y Groes
        Yr wyt yn harddu holl orwelion f'oes"
Beth, yn eich barn chi, yw ystyr y cwpled hwn? Sut all 'Crist y Groes' fod yn 'haul fy nydd"?

Munud i feddwl:

Atgofion digalon sydd gan Mary O'Hara am ei phlentyndod yn Iwerddon ac y mae'n dweud hynny yn onest iawn yn ei hunangofiant, *The Scent of the Roses*. Y mae'n cofio, er enghraifft, gorwedd yn ei gwely yn methu cysgu a chlywed, bron bob nos, ei mam a'i thad yn ffraeo ac yn gweiddi i lawr y grisiau. Dyna'r cyfnod cynnar pryd y dechreuodd tywyllwch fod yn ddychryn iddi. Fe barhaodd yr ofn hwnnw am flynyddoedd lawer, a dim ond yn ddiweddarach yn ei bywyd y sylweddolodd ei bod wedi ei goncro – trwy brofiad.

Daeth tywyllwch i'w bywyd pan gollodd ei phriod, Richard Selig, ar ôl cwta ddwy flynedd o fywyd priodasol. Y mae hanes y syrthio mewn cariad, y caru a'r priodi yn llawn rhyfeddod a thlysni: y gantores boblogaidd a ddenai'r tyrfaoedd a'r Americanwr ifanc a oedd yn un o feirdd mwyaf addawol ei genhedlaeth. O'u blaen yr oedd llwyddiant a llawnder. Ond cafodd Richard glefyd marwol ac wedi rhai wythnosau mewn ysbyty yn Efrog Newydd bu farw – bythefnos cyn bod yn 28 oed. Tywyllwch yn cau o'i chwmpas, fel tywyllwch nos ei phlentyndod. Tywyllwch? Ie. A nage. Os ydych am fynegiant sensitif a diffuant o ddau mewn tywyllwch yn byw mewn goleuni, darllenwch yr hunangofiant.

Er ei fod yn ymddangos felly, nid penderfyniad sydyn ar ran Mary O'Hara oedd mynd yn lleian ar ôl colli Richard, ond uchafbwynt blynyddoedd o ddarparu. Bu yn Abaty Stanbrook am 12 mlynedd: nid panig nac anobaith a'i harweiniodd yno ond gwir awydd a galwad i roi ei bywyd i Dduw mewn gwasanaeth ac addoliad. Yr oedd yn hapus iawn yno ac roedd wedi ymgolli cymaint ym mywyd yr Abaty fel na chafodd amser hyd yn oed i weld colli y bywyd cyhoeddus a llwyddiannus a adawodd tu ôl iddi. Ond fe gollodd ei hiechyd yno. Heb unrhyw reswm amlwg dechreuodd golli pwysau ac aeth oriau'r nos yn oriau o fethu cysgu. Y mae bywyd lleian yn fywyd sydd yn gofyn am gorff cryf i ddal disgyblaeth y bywyd, a bu'n rhaid i Mary ystyried ei dyfodol unwaith eto. Tywyllwch? Ie, yn sicr. Ansicrwydd, tristwch, ofn. Ac eto- nage! Darllenwch fel y bu iddi yn y cyfnod yma glywed y gân *Lord of the Dance* am y tro cyntaf erioed a theimlo Goleuni'r Atgyfodiad yn ei hamgylchynu. Yn y goleuni hwnnw cafodd arweiniad.

'Plentyn y Pasg' yw teitl pennod gyntaf yr hunangofiant a hynny yn gyfeiriad at yr adeg y ganwyd hi. Efallai nad damwain oedd hynny chwaith. Yn y bennod honno y mae'n dyfynnu o gân a recordiodd yn ddiweddarach, 'Gweddi'r Mochyn Daear':

Lord, I do love the darkness,
The hours folk call the night,
Where others see but darkness
I know a lordly light.
Gwelodd hi'r golau.

Gweddi:
Arglwydd,
Ar fore'r Pasg fe ddaeth goleuni
A chwalodd dywyllwch bedd a marwolaeth,
A goncrodd dywyllwch ofn ac ansicrwydd,
A ddinistriodd y tywyllwch sy'n difetha bywyd.
Gwna ni, Arglwydd,
yn blant sydd yn gweld y golau hwnnw –
Ei weld ym mhrofiadau bywyd,
Ac o'i weld – byw yn ei lewyrch,
Ac o fyw ynddo – canu iddo,
Ac o ganu iddo – ymgysegru iddo,
Oherwydd Iesu yw'r golau,
Goleuni'r bywyd,
Goleuni'r byd.

Diolch, Arglwydd,
Am bawb sydd wedi byw
Yn blant y goleuni;
Ac ym mhelydrau eu ffydd
Yr ydym ninnau yn dod yn nes

I oleuni'r Atgyfodedig.
Amen.

Pryderi Llwyd Jones

Emyn: *Caneuon Ffydd* 791

Y Fendith:
O Dduw, a'm dug o orffwys nos neithiwr
i olau dydd hyfryd heddiw,
dwg fi o olau ir y dwthwn hwn
i olau ffordd tragwyddoldeb. Amen.

Carmen Gadelica

BARA'R BYWYD

Gweddi agoriadol:
'Neséwch at Dduw, ac fe nesâ ef atoch chwi... Ymostyngwch o flaen yr Arglwydd, a bydd ef yn eich dyrchafu chwi.' Iago 4:8, 10.

Myfyrdod:
Yn ein haddoliad heddiw gadewch i ni droi at adnod yn efengyl Ioan. "Meddai Iesu wrthynt, 'Myfi yw Bara'r bywyd. Ni bydd eisiau bwyd byth ar y sawl sy'n dod ataf fi ac ni bydd syched byth ar y sawl sy'n credu ynof fi.'" Ioan 6: 35

Emyn: *Caneuon Ffydd* 325

Darllen o'r Ysgrythur: Ioan 6:26-40

Gwrando ar gerddoriaeth:
Record neu organ i chwarae'n ddistaw.

Darllen:

Testament

Rhoddodd i chwi fara, fe'i torrodd yn fân,
Ei friwsion eich maeth, ei gymun eich cân.

Rhoddodd i chwi gwpan o gadarn win,
Ei waed yw'r melyster ar eich min.

Dirmygedig oedd, ond aethoch ar ei ôl,
Eich iachawdwriaeth oedd ei dlodi ffôl.

Eiddoch yw'r deyrnas a'r gogoniant a'r nerth;
Eiddo ef y perl o dragwyddol werth.
Nid oedd yn deilwng o'ch esmwythyd a'ch nef;
Na chwithau'n deilwng o'i gystuddiau ef.

Rhydwen Williams

Emyn: *Caneuon Ffydd* 336

Gweddi:
Yn aml iawn, O Dduw, mae bywyd yn mynd yn un rhimyn hir
heb amrywiaeth, dim ond undonedd parhaus.
Gwaith, gwaith a mwy o waith,
Gwaith ddydd a nos.
Gwaith yn meddiannu'n bywydau.
Ddim yn gallu anghofio'r gwaith
a phan ddown adref mae gwaith
yn dal i'n meddiannu.
Wedyn, ychydig o orffwys ac mae'n fore newydd.
Gwaith, gwaith a mwy o waith.
A dyna'r patrwm, bob dydd, bob wythnos, bob blwyddyn.
A phan ddaw'r gwyliau yn eu tro mae'n anodd dadweindio,
ac fel mae rhywun yn graddol lwyddo
mae'r gwyliau ar ben a dyna ni'n ôl yn y gwaith.

Mae'n rhaid i ni gyfaddef, Arglwydd, fod y teulu yn cael ei esgeuluso.
Eilbeth ydyn nhw bellach.
Y gŵr, y wraig, y plant a'r ffrindiau.
Does dim amser i'w wastraffu.
Does neb na dim yn cael ein sylw.
Neb.
Dim ond ein gwaith.
Ers talwm roedden ni'n arfer canu
"Yn dy waith y mae fy mywyd".
Mor wir!
Ond eto, nid yn dy waith di, bob tro.

Yn yr oedfa hon, rho gyfle i bob un ohonom ymlacio.
Munud i feddwl, cyfle i bwyso a mesur.
Cyfle i ofyn ambell gwestiwn.
Oes yna rywbeth amgenach mewn bywyd na llafurio fel hyn
heb ystyried neb na dim arall?

Dywedodd Iesu, 'Myfi yw bara'r bywyd'
Y peth angenrheidiol sy'n rhoi blas ar fyw.
Chwilio am hwnnw rydyn ni i gyd.
Ar ein gliniau gyda'n gilydd heddiw,
gofynnwn sut mae ei gael.

Teg gofyn ar y cychwyn, 'Oes yna le i Ti yn ein bywydau?'
Agorwn ein calonnau i'th dderbyn i'n bywyd yn awr. Amen.

Cyfnod o ddistawrwydd:

Cydadrodd neu gydganu Gweddi'r Arglwydd:

Myfyrdod:
Yn yr Efengylau mae bara yn cynrychioli elfennau pwysig:
* ❖ anghenion corfforol dyn - 'Dyro i ni heddiw ein bara beunyddiol'.
  Mathew 6:11
* ❖ cyfrifoldeb dyn at ei gyd-ddyn –"Rhowch chwi rywbeth i'w fwyta
  iddynt'.   Mathew 14:16
* ❖ aberth Iesu Grist ar Galfaria – 'Cymerodd Iesu fara... a
  dywedodd... hwn yw fy nghorff". Mathew 26: 26

'Dyro i ni heddiw'
* ❖ Rhan o'r weddi a ddysgodd Iesu i'w ddisgyblion – i'w ddisgyblion
  sylwer, i'r rhai hynny sy'n barod i'w ddilyn. Gweddi'r disgybl ydi
  Gweddi'r Arglwydd.
* ❖ Mae'r tri chymal cyntaf yn ymwneud â pherthynas dyn â Duw;
  mae'r tri chymal sy'n dilyn yn ymwneud ag anghenion dyn.
* ❖ 'Dyro i ni'... nid gofyn personol sydd yma ond gofyn torfol. Wrth
  weddïo'r cymal hwn cofleidiwn y byd i gyd – mae pawb i gael eu
  'bara beunyddiol'.

'Rhowch chwi rywbeth i'w fwyta iddynt'
* ❖ Mae'r wyrth 'Porthi'r Miloedd' wedi ei chofnodi yn y pedair efengyl
  – mae hyn yn dangos pwysigrwydd y wyrth.

❖ Ioan yn unig sy'n sôn am y 'bachgen â phum torth a dau bysgodyn ganddo'. Haidd a ddefnyddid i wneud bara i'r tlodion.

❖ Yn ôl Ioan, o ganlyniad i'r wyrth credodd y bobl mai Iesu oedd y Meseia.

❖ Mae'r geiriau 'cymerodd, diolch, rhannodd' yn adleisio'r geiriau a ddefnyddiwn yng ngwasanaeth y Cymun.

❖ Mathew yn unig sy'n awgrymu y dylai'r disgyblion 'roi rywbeth i'w fwyta iddynt'. A ddylem ystyried y frawddeg hon fel her i ni heddiw i fwydo'r newynog?

'Cymerodd Iesu fara… a dywedodd… hwn yw fy nghorff'

❖ Dim ond yr Efengylau Cyfolwg, sef Mathew, Marc a Luc, sy'n sôn am sefydlu sacrament y Cymun - dydi Ioan ddim yn cyfeirio at y Swper Olaf.

❖ Yn ystod ei weinidogaeth mae Iesu yn gweithredu'n symbolaidd trwy ddangos yn weladwy i'w ddilynwyr, e.e. marchogaeth i Jerwsalem ar Sul y Blodau. Darlun sydd yma yn y Swper Olaf o'r hyn sy'n mynd i ddigwydd iddo.

❖ Mae'r bara yn symbol o'i gorff toredig ar y Groes a'r gwaed o'r cyfamod newydd. Mae cyfamod yn golygu perthynas rhwng dau berson ond mae'r cyfamod y mae Iesu yn sôn amdano rhwng dyn a Duw. Yn ei fywyd ef mae perthynas newydd wedi'i chreu.

❖ Trwy ei fywyd Ef mae Iesu'n dweud fod Duw yn barod i ddioddef tros ei bobl. "Roedd Duw yng Nghrist yn cymodi'r byd ag ef ei hun." 2 Corinthiaid 5:19

Emyn: *Caneuon Ffydd* 485

Anerchiad
Pa mor gyffredin ydi'r dorth ar y bwrdd y dyddiau hyn? Gyda bwydydd egsotig o wahanol wledydd a'r dull o fwyta wedi newid efallai nad ydi'r dorth mor gyffredin ag yr oedd hi yn nyddiau Iesu. Mae'n bur debyg fod y sôn am fara yn atgoffa'r Iddew o'r manna a roddwyd gan Dduw i gynnal ei bobl yn yr anialwch. Yn ôl y proffwyd Nehemeia yr enw a roddwyd ar y manna hwn oedd, "bara o'r nefoedd" (Nehemeia 9: 15). I'r Iddewon, oedd yn disgwyl dyfodiad y Meseia, y gred oedd y byddai'r

Meseia unwaith eto'n bwydo'i bobl â'r manna o'r nefoedd. Ceir eco o hyn yn neges yr angel at eglwys Pergamus yn llyfr Datguddiad, "I'r sawl sy'n gorchfygu, rhof gyfran o'r manna cuddiedig". (Datguddiad 2:17) Roedd neges Iesu felly'n gwbl glir. Os oedd ef yn cyfeirio ato'i hun fel y bara o'r nefoedd yna doedd dim dwywaith nad ef oedd y Meseia a thrwyddo Ef roedd yr Oes Feseianaidd wedi cychwyn.

Yng nghyfnod Iesu roedd bara yn rhan allweddol ac angenrheidiol o bob pryd. Yr hyn mae Iesu yn ei ddweud yw, fel mae bara yn rhan angenrheidiol o bob pryd bwyd ei fod Ef hefyd yr un mor angenrheidiol ar gyfer bywyd. Beth yng ngolwg y Cristion ydi bywyd? Bywyd ydi perthynas glòs rhwng yr unigolyn a Duw. Mae'r berthynas hon yn berthynas o ymddiriedaeth, ufudd-dod, agosatrwydd a chariad. Pan ddywed Iesu mai Ef yw bara'r bywyd golyga hynny mai trwyddo Ef yn unig mae'r berthynas hon yn bosibl. Felly mae'n wir dweud fod Iesu yn cynnig ac yn rhoi bywyd newydd. Hebddo, dim ond 'bod' y mae dyn, ond trwyddo mae'n cynnig bywyd ar ei orau. O adnabod Iesu, a'i dderbyn, yna mae holl ddyheadau a chwantau ein bywyd wedi diflannu. Mae newyn a syched y sefyllfa ysbrydol wedi dod i ben wrth adnabod Iesu a thrwyddo Ef yn y pen draw ddod i adnabod Duw. Bryd hynny mae'r enaid tymhestlog yn mwynhau llonyddwch a'r galon newynog wedi'i bodloni.

Wrth sôn am fara ni ellir yn hawdd anghofio'r bara yn y Swper Olaf, "cymerodd fara, ac wedi diolch fe'i torrodd a'i roddi iddynt" (Luc 22:19). Yn ôl dysgeidiaeth Ioan yn ei efengyl y mae'r bywyd newydd hwn, sy'n ddigonol ar gyfer y bywyd hwn a'r bywyd sydd i ddod, yn treiddio i ddyn, trwy elfennau'r bara a'r gwin, yn y Swper Olaf. Heb os, i Ioan wrth fwrdd yr Arglwydd mae'r Cristion yn derbyn y 'moddion' ar gyfer bywyd llawn. Wrth fwyta'r bara ac yfed y gwin mae'r credadun yn derbyn yr elfennau i'w gyfansoddiad ac felly hefyd mae'r Cristion yn cymryd Iesu i mewn i'w fywyd. Fel mae bara yn anghenraid i'n cadw'n fyw mae Iesu hefyd yn anghenraid i roi bywyd llawn i ni. Tybed a oes yna adlais yma o'r hen grefyddau cyntefig? Un o'r hen ddefodau crefyddol oedd cynnal gwledd mewn man cysegredig tra oedd darn o gig oedd wedi ei aberthu yn cael ei fwyta gan gylch o addolwyr. Credai'r addolwyr cyntefig fod y duw ei hun yn bresennol yn y wledd, ond mwy na hynny, fod y duw yn treiddio i fywydau'r addolwyr trwy'r cig oedd wedi ei aberthu.

O un peth roedd Ioan yn sicr, ni allwn wybod beth yn union yw bywyd hyd nes bydd Iesu Grist yn cael lle canolog yn ein bywydau.

Gweddi:
Rydym yn falch, Arglwydd, dy fod yn cyfeirio, yn y weddi a ddysgaist i'r disgyblion, at y bara beunyddiol: 'Dyro i ni heddiw ein bara beunyddiol.' Mae'n siŵr y buasen ni'n ei chael hi'n anodd i gyfeirio yn yr unigol yn unig. Helpa ni pan fyddwn yn gweddïo i ddysgu cofleidio'r byd a phawb sydd heb fara na chrystyn na briwsionyn hyd yn oed. Ond nid digon ydi cofio, gwna ni'n bobl ymarferol sy'n barod i wneud ein gorau i roi bara i bawb sydd ei angen a thrwy ein hymdrechion i rannu bara'r bywyd yn ogystal. Amen.

Munud i Feddwl
Wrth ddarllen drwy Ioan, pennod 6, mae gen i gydymdeimlad mawr â'r rhai hynny oedd yn gwrando ar neges Iesu am y tro cyntaf. Mae'r iaith yn ddigon syml ond mae'r ystyr yn anodd. "Y mae gan y sawl sy'n bwyta fy nghnawd i ac yn yfed fy ngwaed i fywyd tragwyddol… oherwydd fy nghnawd i yw'r gwir fwyd a'm gwaed i yw'r gwir ddiod… Caiff y sawl sy'n bwyta'r bara hwn fyw am byth." (Ioan 6: 55,56, 58) Yn wir, o ddarllen ymlaen gwelwn fod y geiriau hyn wedi peri i rai o'i ddilynwyr ei adael, "O'r amser hwn trodd llawer o'i ddilynwyr yn eu holau a pheidio mwyach â mynd o gwmpas gydag ef". (Ioan 6:66). A beth am y disgyblion? Cawsant hwythau gyfle i gefnu arno ond cwestiwn Pedr oedd, "Arglwydd, at bwy yr awn ni? Y mae geiriau'r bywyd tragwyddol gennyt ti." (Ioan 6:68). Arwyddocâd ei eiriau yw, "Os nad ydyn ni'n deall, onid ydyn ni wedi gweld digon i sylweddoli dy fod yn berson arbennig iawn sy'n llefaru geiriau'r bywyd tragwyddol?"

Da o beth fyddai i ninnau bwyllo ac ystyried ei eiriau yn ofalus.

Cwestiynau i'w trafod:
1. Beth, fyddech chi'n ddweud yw 'angenrheidiau y bywyd Cristnogol?
2. Trafodwch beth yn union ydi derbyn Iesu i'ch bywydau? Oes yna elfennau cyfrin yn perthyn i hyn?

3. Beth fedrwch chi ei wneud fel eglwys i godi'r ymwybyddiaeth o newyn yn y byd? Rhestrwch eich blaenoriaethau a gweithredwch arnyn nhw.
4. Beth yw gwerth gweddïo 'Gweddi'r Arglwydd' heddiw? Ydyn ni wedi mynd yn rhy gyfarwydd â'r geiriau.
5. Pa mor bwysig ydi gwasanaeth y Cymun i chwi? A ddylid cymuno bob Sul neu'n ysbeidiol? Beth yw arwyddocad y bara a'r gwin i chwi?

Myfyrdod:

Nid Gwaredwr 'ysbrydol' yn unig yw ein Gwaredwr ni. Y mae Ef mor awyddus i bob dyn gael bara ag y bu Karl Marx erioed, a phetai Cristionogion wedi dal yn well ar ddysgeidiaeth eu Harglwydd ar y mater hwn ni chodasai Comiwnyddiaeth.

Pan edrychodd yr Iesu, yn hwyr y dydd, ar y dyrfa honno wrth lan môr Tiberias gynt, sylweddolodd eu bod, nid yn unig fel defaid heb ganddynt fugail, ond eu bod heb borfa hefyd. Yr oedd ganddo ofal am eu cyrff yn ogystal â'u heneidiau. Yr oedd newyn a syched dynion, nid yn unig am gyfiawnder, ond am fara a dŵr, yn fater o gydwybod iddo.

Ni bu'r Eglwys ym mhob cyfnod, ac ym mhob man, yn ffyddlon i'r gofal yma o eiddo ei Harglwydd. Yn rhy fynych cyflwynwyd Cristionogaeth i ddynion fel pe bai ei gofal hi yn unig am achub eu heneidiau. Yn brotest yn erbyn hyn y cododd Comiwnyddiaeth, a dyna paham y bu Comiwnyddion mor elyniaethus i'r Eglwys. Yn rhy fynych o lawer gallodd yr Eglwys, yn enwedig yr adrannau mwyaf swyddogol ohoni, gau ei llygaid ar newyn a thlodi dynion, a hyd yn oed berchenogi tai slymiau gerllaw eglwysi cadeiriol drud. Am hyn aeth y Comiwnydd i'r eithaf arall a dysgu mai unig anghenion dyn yw ei anghenion tymhorol.

Rhag i'w ganlynwyr wneuthur cam â'u Harglwydd rhaid i ni ddal i gyhoeddi bod cyrff dynion yn werthfawr o safbwynt yr Efengyl, a bod gofalu am eu diwallu a'u hymgeleddu yn rhan o ddyletswydd pob Cristion.   *Trebor Lloyd Evans*

Emyn: *Caneuon Ffydd* 347

Y Fendith:

O Feistr Dwyfol, caniatâ i mi gysuro yn hytrach
na cheisio cael fy nghysuro,
i ddeall yn hytrach nag i geisio cael fy neall,
i garu yn hytrach na chael fy ngharu,
oherwydd wrth roi yr ydym yn derbyn,
wrth faddau yr ydym yn derbyn maddeuant,
wrth farw yr ydym yn deffro i fywyd tragwyddol. Amen.

Sant Ffransis

Y WIR WINWYDDEN

Gweddi agoriadol:
'Da i mi yw bod yn agos at Dduw; yr wyf wedi gwneud yr Arglwydd Dduw yn gysgod i mi.' Salm 73: 28

Myfyrdod:
Arwain ein meddyliau trwy gyfrwng yr addoliad hwn i feddwl beth sydd ei angen ar gyfer twf a datblygiad. Rydyn wedi cael ein cyflyru i feddwl mai rhywbeth i'w grebachu yw dy Efengyl Di. Yn y Testament Newydd cawn ddarlun pur wahanol. Gweld yr hedyn mwstard yn tyfu i fod yn goeden a'r lefain yn lefeinio'r toes i gyd welwn yno. Mae'r Efengyl i dyfu a datblygu. Rho gymorth i ni heddiw i olrhain beth yw nodweddion twf a datblygiad.

Emyn: *Caneuon Ffydd* 379

Darllen: Ioan 15: 1–15

Gwrando ar gerddoriaeth:
Record neu organ i chwarae'n ddistaw.

Darllen cerdd:
Natur a Dyn
Mae'r Hendy'n adfail yn ymyl y lôn,
    Gelyn a'i chwalodd yn llwyr.
Y chwalwr ni wyddai, a phrudd yw sôn
    Am ddifrod ei fom un hwyr.
Trannoeth fe lanwyd y fro â braw
    O ddryllio'r aelwyd a'r coed gerllaw.

Mae'r Hendy'n adfail, yn adfail o hyd,
    A'i groeso dan bridd a chen;

Ond gwelais ei goed wedi glasu i gyd,
A chwafriai mwyalch uwchben.
Mae natur yno'n gwella o'i chlwy,
Ond dyn ni chofia'r alanas mwy.

Mae'r Hendy'n adfeilion, ond tros ei lwch
Aeth haf ar ôl haf i'w hynt,
Gan ddeffro mân lysiau sy'n dringo'n drwch
Drosto dan heulwen a gwynt.
Mae natur yno'n cuddio pob craith
Am na ddaw dyn i gydio'n ei waith.

William Morris

Gweddi:

Arglwydd, mi ydw i'n ei chael hi'n anodd i docio.
Mae'n broses mor greulon, mor drawmatig.
Yn aml, mae'n golygu torri'n glir i ffwrdd,
a gadael y planhigyn chwarter ei faint
a bob tro y bydda i wedi gorffen
mae'r planhigyn yn edrych yn glwyfus
ac yn ddi-nod.
Ac mi fydda i'n meddwl – ai dyma'i ddiwedd?

Ond mi ddaw'r haul a'r gawod a bydd yr unig
flagur wedi mynd yn ddau ac yna'n dri a phedwar,
a'r dail wedi deilio i guddio'r creithiau.
Mae mwy o ddail a mwy o flodau,
mwy o dyfiant, mwy o ynni, ac mae tocio ddoe
wedi dwyn ffrwyth ar ei ganfed.

Mae natur mor faddeugar.
Mae ganddo ryw nerth, ryw fedr
i wella'r clwy.
Mae'r hyn oedd yn ymddangos yn ddiwedd,
yn ddechrau,
yn fan cychwyn o'r newydd.

O'r creithiau
mae bywyd newydd yn tasgu.
Mae'r ffrwythau'n fwy niferus ar ôl tocio.

Hawdd iawn, Arglwydd, ydi mynd ymhellach
a dweud bod dioddefaint yn ffordd o docio.
Feiddiwn ni fynd ymhellach
a dweud fod dioddefaint yn
cryfhau cymeriad
ac yn datgelu ffrwythau
nad oedden ni'n gwybod dim amdanyn nhw?
Ond fe all dioddefaint
ein sigo
yn gorfforol, feddyliol ac yn seicolegol.

Ble mae'r ateb? Oes yna ateb?
Onid gwell fyddai bod yn ganghennau o'r winwydden.
Yn gadarn yn y Wir Winwydden, yn Iesu.
O wybod hynny mae'r tocio'n saff.
Mae'n brifo ond rydym yn gwybod ein bod
wedi'n himpio ynot Ti.
Cofiwn mai coeden oedd pren y Groes unwaith. Amen.

Cyfnod o ddistawrwydd:

Emyn: *Caneuon Ffydd* 499

Myfyrdod:
'Eich dyletswydd yw cynyddu. Ymdrechwch am y cynnydd y mae Duw
yn ei roddi. Nid yw'n ei roddi i'r segur. Nid ar lwybr diogi y cawn ef. Yn
yr ymdrech y daw, ac nid heb hynny. Cynyddu, cynyddu! Dylem feddwl
am gynnydd yn wastadol. Dyna yw crefydd iawn! Prawf fod bywyd yn
grefydd yw'r cynnydd, a hwnnw'n gynnydd cyflawn - cynnydd ar y dyn
i gyd, oddi fewn ac oddi allan. Pan fydd dyn yn mynd ar gynnydd
gwastadol oddi mewn, y mae hynny'n sicr yn rhoi cynnydd yn yr
ymdrech allanol... Cynyddwch mewn gras. Nid cynyddu mewn dawn

gymaint, ond cynyddu mewn gras. Yr ydych yn cynyddu mewn cyfoeth, ond a oes cynnydd mewn gras? A ydyw yn gymaint, a mwy, yn ein golwg na dim arall? A oes amcan ynom am fwy o ras? Sut y mae i ni dderbyn? Wel, cymdeithasu mwy: cofio mai yn Nuw y mae ein nerth, nid ynom ni ein hunain.' *Lewis Edwards*

Gellir crynhoi y geiriau uchod i eiriau Ioan, "Y mae'r sawl sydd yn aros ynof fi, a minnau ynddo yntau, yn dwyn llawer o ffrwyth, oherwydd ar wahân i mi ni allwch wneud dim." (Ioan 15:5)

Anerchiad (rhan gyntaf):

Beth yw nodweddion twf a datblygiad?

Gwreiddiau cryf
Ychydig o dwf a welir uwchlaw'r ddaear hyd nes bydd gwreiddiau cryf wedi tyfu o dan y pridd. Dydi'r planhigyn ddim yn cymryd unrhyw risg nes bydd wedi gwreiddio'n ddwfn. Mwya'n y byd mae'r planhigyn i fod i dyfu mwyaf oll mae'r gwreiddiau yn ei gymryd i ddatblygu. Pan ddaw gerwinder gaeafau bydd y system wreiddio o werth bryd hynny.

Yr angen am oleuni
Mae ar blanhigion angen goleuni i greu cloroffyl i dynnu'r carbon deuocsid o'r awyr er mwyn creu ocsigen i greu mwy o dyfiant. Mae ar bob planhigyn angen rhyw gymaint o oleuni i oroesi. Gall tywyllwch cyson edwino a lladd planhigion.

Digon o le i dyfu
Mae ar blanhigion angen digon o le trwy gydol eu bywyd. Pan fydd hadau yn cael eu hau bydd llawer ohonyn nhw'n marw o ddiffyg digon o le. Bydd y mân wreiddiau, os nad ydyn nhw'n cael digon o le, yn crebachu'r planhigyn. Mewn coedwig bydd coed yn cystadlu am oleuni; o ddiffyg goleuni bydd rhai coed yn marw. Prin iawn ydi'r tyfiant mewn coedwig dywyll a thrwchus. Ond fedrwch chi ddim gadael hadau yn y feithrinfa. Mae'n rhaid eu gwahanu er mwyn cael digon o le i dyfu.

Angen cynhaliaeth

Mae nwyon a chemegau sy'n y pridd yn gynhaliaeth gytbwys ar gyfer planhigion. Mae ar bob planhigyn angen dŵr. Er mwyn cael sioe dda bydd angen tocio a thacluso. Mae cynhaliaeth yn anghenraid ar gyfer iechyd a thwf y planhigyn.

Cyfnod o ddistawrwydd:

Emyn: *Caneuon Ffydd* 620

Anerchiad (yr ail ran):

Nid coeden fawreddog oedd y winwydden. Yn aml iawn byddai'r coed gwinwydd yn cael eu gadael i lusgo ar wyneb y tir gydag ambell ddarn o bren fforchog yn codi bob hyn a hyn. O dro i dro fe welid y winwydden yn cordeddu o gwmpas coeden arall neu hyd yn oed yn cael eu tyfu ar waliau neu drelis. Coeden ddigon llipa oedd y winwydden o'i chymharu â'r olewydden neu'r gedrwydden braff. Pam felly y defnyddiodd Iesu'r winwydden yn symbol amdano'i hun?

Yn yr Hen Destament ceir nifer o enghreifftiau o'r winwydden yn cael ei defnyddio mewn modd trosiadol am Israel, "Plennais di yn winwydden bêr, o had glân pur." (Jeremeia 2:21) Ond y darlun mwyaf cyffredin a geir yn yr Hen Destament yw darlun o fethiant a diffrwythder y winwydden. Er mai Duw a'i plannodd, siomedig iawn fu cynnyrch y winwydden. Yng nghân y Winllan yn Eseia, "Disgwyliodd iddi ddwyn grawnwin ond fe ddygodd rawn drwg." (Eseia 5:2). Gan fod y winwydden wedi methu dwyn ffrwyth dymchwelir y winllan 'ac fe'i difethir... a gadawaf hi wedi ei difrodi". (Eseia 5:5, 6) Israel oedd y winwydden arweiniodd Duw allan o dir yr Aifft ond bellach mae'r "baedd o'r goedwig yn ei thyrchu ac anifeiliaid gwyllt yn ei phori". (Salm 80:13) Gwyddai Iesu'n dda am y darlun hwn o'r winwydden yn yr Hen Destament ond darlun trist, prudd a digalon ydi'r darlun ar y cyfan. Israel ydi'r winwydden sydd wedi mynd yn ddrwg, sydd wedi tyfu'n wyllt, yn sicr heb gyrraedd nod yr hwn a'i plannodd ac a ofalodd amdani. Gwinwydden y gorffennol oedd hon; Iesu yw'r Wir Winwydden. Y bobl oedd ynghlwm â Iesu oedd yr Israel newydd bellach; nhw oedd pobl

Dduw. Tybed oes yma awgrym fod yr hen Israel genedlaethol wedi colli ei lle ym mhwrpas Duw ac mai'r Eglwys oedd yr Israel newydd? Byddai'r cefndir hwn yn wybyddus i'w wrandawyr ond tybed oedd yna rywbeth arall llawer nes at y bobl, oedd yn brofiad beunyddiol iddyn nhw?

Mae'n debyg fod Iesu wedi llefaru alegori'r winwydden yn dilyn y Swper Olaf. Y noson honno tybed a oedd y gwin yn ei atgoffa am y goeden a thybed yn wir oedd yna winwydden yn nadreddu ei changhennau ar furiau'r adeilad lle y cynhelid y swper. Ai gormodiaeth yw meddwl fod Iesu wedi llefaru'r geiriau hyn wrth fynd heibio i winllannoedd ar ei ffordd i ardd Gethsemane. Oedd, roedd y winwydden ymhob man, hyd yn oed yn symbol ar fur y Deml yn Jerwsalem. Fedrai'r gwrandawyr ddim osgoi gweld y goeden hon yn tyfu yn y gwinllannoedd neu'n symbolau cerfiedig ar y muriau.

Un nodwedd amlwg o fywydeg y goeden yw bod angen ei thocio'n ddidrugaredd. Gellir ei thocio i'r bôn fel nad oes dim ar ôl ond stwmp noeth, diaddurn. Ond nodwedd bennaf y winwydden yw ei dygnwch i aildyfu a lledaenu. Dyma'r gwahaniaeth rhyngddi a'r gedrwydden. Torrwch a thociwch honno ac fe'i difethir, ond nid felly'r winwydden.

Gweddi:
Ti Dduw, Arglwydd y Cread,
Y Gwinllannydd a'r Garddwr,
ymwêl â ni heddiw.
Cynnal ni
fel y down yn gnwd addas i Ti. Amen.

Cyfnod o ddistawrwydd i fyfyrio:

Cwestiynau i'w trafod:
1. Dychmygwch sut eglwys fydd eglwys y dyfodol.
2. Beth, debygech chi, yw'r tocio sydd ei angen ym mywyd yr eglwys heddiw?
3. Faint o waith tocio sydd yna eto cyn y gwelwn dyfiant newydd?
4. Pa mor bwysig yw gwaith yr ysgol Sul ym mywyd yr eglwys heddiw?

5. 'Ni all y Cristion ddarganfod 'bywyd newydd' ond mewn perthynas â Iesu.' Trafodwch y gosodiad hwn.

Munud i feddwl:

Y mae pob awr yn awr i'r gwanwyn weithio, boed ddydd, boed nos. Gweithia yn ddirgel ac yn ddistaw mewn drycin a hindda, pan yw'r eira yn oer ar fryn a dôl, neu pan yw'r hin wedi tirioni i wlith. Er pob newid tywydd, ni flina ac ni fyn segura. Yng nghanol tymhestloedd, ymweithia yng nghalon y pren, ac ym mhriddellau'r ardd - yn ddirgel, yn ddistaw, yn gyson.

Yn sicrach fyth y gweithia gras yn enaid dyn. Nid ymwelydd achlysurol yw, ond preswylydd yn cartrefu yno, yn parhau gyda'r gwaith da hyd nes ei orffen.

"Ennill it eisteddfa dawel
Yn y galon garreg hon."

Eisteddfa dawel – fel y cerddor yn eistedd o flaen ei delyn i drin y tannau heb godi nes gorffen yr alaw.

Gall merch ieuanc fod yn eistedd fin hwyr ar yr aelwyd wrth ochr y tân pan ddaw'r awgrym o'r nef yn wylaidd i'w chalon. Ni ŵyr y fam ddim; ni all hithau sibrwd gair ar y pryd. Ymhen ychydig wythnosau y mae'n cyfranogi o'r cymun cyntaf. Yn rhediad y blynyddoedd, cilia'r digwyddiad i niwl hen atgofion, ond ei fod yn codi'n glir o'r niwl yn awr ac eilwaith. Ymhen hanner can mlynedd, ceir hi wedi aeddfedu mewn profiad a chryfhau mewn cymeriad. Yn ddirgel, yn ddistaw, yn gyson y cadwodd ac y cynhaliodd dwyfol ras yr anian dduwiol ynddi. Trwy bob newid ni phallodd y nerth. Nid fel elusennau damweiniol y rhydd Duw Ei ras, ond yn gyson a diedifarus - yn ôl "cyfoeth Ei ogoniant".

H. Elfed Lewis

Myfyrdod ar yr Emyn:

Gofyn am gael aros yn y winwydden y mae Arthur Williams, ac ar i Dduw fod yn drugarog wrth ein diffrwythdra. Ond mae Duw yn glanhau y canghennau diffrwyth sydd ynom ni er mwyn ein cymell i ffrwytho ac i fod yn gryfach. Soniodd gwinllannwr unwaith mai'r canghennau roedd Iesu yn dweud y byddai'r Tad yn eu torri i ffwrdd oedd y gwylltimpiau, neu'r 'sucker shoots' o roi'r enw Saesneg mwy cyfarwydd. Mae'r canghennau bychain hyn yn sugno nodd y winwydden gan ei gwneud yn anabl i gynhyrchu dim ond dail – dim ffrwyth.

Er mwyn cadw'r winwydden yn iach, felly, mae'n rhaid cael gwared â'r myrdd ganghennau bach yma sy'n sugno'r nodd. Beth yw'r gwylltimpiau sy'n sugno'r nodd yn ein bywydau ni?

Gofynnwn i'n hunain hefyd beth sy'n ein rhwystro ni rhag bod yn ffrwythlon. Dydy'r canghennau bychain hyn ddim yn tyfu dros nos, ond yn cynyddu'n araf deg ac yn ein rhwystro rhag rhoi y cyfan yn ein gwasanaeth i Grist. Mae Duw yn glanhau popeth ynom ni nad yw'n ddefnyddiol ac yn ein helpu i aros yn y winwydden, yn ein 'trin a'n llwyr lanhau' er mwyn i'r nodd o'r winwydden gael mynd i'r lle iawn a thuag at yr hyn fydd yn ffrwytho 'i'n treiddio a'n bywhau'. Oes ynom ni hunanoldeb?

Ydym ni'n ansensitif i anghenion eraill? Ydym ni'n rhoi ein hegni i gyd yn ei hawydd i lwyddo ar draul ein teuluoedd a'n lles ysbrydol? Oes angen tocio dipyn ar ein diogi a'n diffyg disgyblaeth? Mae Duw yn benderfynol o'n glanhau, gan docio'r pethau sy'n ein gwneud yn analluog i roi ein gwasanaeth iddo. 'Yr ydym ni i gyd ... yn cael ein trawsffurfio o ogoniant i ogoniant, yn wir lun ohono ef. A gwaith yr Arglwydd, yr Ysbryd, yw hyn,' meddai Paul (2 Cor 3:18.) Ni ddylem ofni'r trawsffurfio hwn na thocio caled y gwinllannwr chwaith, oherwydd dwyn ffrwyth yw ei nod – 'fel grawnwin llawn eu maint'.

Huw Powell Davies

Emyn: *Caneuon Ffydd* 285

Y Fendith:
I Dduw'r Tad, a'n carodd ni'n gyntaf
a'n gwneud yn gymeradwy yn yr Arglwydd;
I Dduw'r Mab, a'n carodd ni,
a'n golchi oddi wrth ein pechodau yn ei waed ei hun;
I Dduw'r Ysbryd Glân,
sy'n tywallt cariad Crist ar led ein calonnau,
y bo'r cariad a'r gogoniant dros holl amser
a hyd dragwyddoldeb. Amen.

(Y Llyfr Gweddi Gyffredin)

Y BUGAIL DA

Gweddi agoriadol:
Yn ystafell ddirgelaf ein calon
yr wyt yn aros i gyfarfod â ni ac i siarad â ni,
ac yn cynnig dy gymdeithas i ni'n rhydd a rhad
er gwaethaf ein holl bechu.
Gad i ni'n awr fanteisio ar y ffordd agored hon
i dangnefedd meddwl.
Gad i ni nesáu i'th ŵydd yn ostyngedig ac mewn parch.
Gad i ni ddwyn gyda ni ysbryd ein Harglwydd a'n meistr, Iesu Grist.
Gad i ni adael o'n hôl bob anniddigrwydd
pob dymuno annheilwng
pob meddwl maleisus tuag at ein cyd-ddynion,
pob petruso rhag ildio ein hewyllys i'th ewyllys di,
er mwyn Iesu Grist ein Harglwydd.   Amen.

John Baillie

Adnod: "Myfi yw'r bugail da. Y mae'r bugail da yn rhoi ei einioes dros y defaid." (Ioan 10:11)

Emyn: *Caneuon Ffydd* 62

Darllen: Salm 23
            Eseciel 34:1–6
            Luc 15: 1–7
            Ioan 10: 1–6, 11–16.
Gellir dewis a dethol neu gael 5 person i ddarllen y gwahanol adrannau.

Y drydedd salm ar hugain
Gobaith yn naioni Duw
Yr Arglwydd yw fy mugail clau,
Nid ad byth eisiau arnaf:

65

Mi a gaf orwedd mewn porfa fras
Ar lan dwfr gloywlas araf.

Fe goledd f'enaid ac a'm dwg
Rhyd llwybrau diddrwg, cyfion,
Er mwyn ei enw mawr dilys
Fo'm tywys ar yr union.

Pe rhodiwn (mi nid ofnwn hyn)
Yn nyffryn cysgod angau,
Wyt gyda mi, a'th nerth a'th ffon,
On'd tirion ydyw'r arfau?

Gosodaist fy mwrdd i yn fras
Lle'r oedd fy nghas yn gweled:
Olew i'm pen a chwpan llawn,
Daionus iawn fu'r weithred.

O'th nawdd y daw y doniau hyn
I'm canlyn byth yn hylwydd;
A minnau a breswyliaf byth
A'm nyth yn nhŷ yr Arglwydd.

Edmwnd Prys

Emyn: *Caneuon Ffydd* 746

Gweddi:
Mae geiriau'r bennod hon yn dal i droi yn fy mhen.
'Wedi dod er mwyn i ddynion gael bywyd
a'i gael yn ei holl gyflawnder.'

Mae'r darlun hwn mor real, mor fyw ar sgrin y meddwl
y munud yma.
Y plentyn bach yna, y stumog chwyddedig
a'r llygaid pŵl, llonydd, yn llygadrythu i fyw'r camera.
A llygaid y fam wedyn, wedi sychu o bob deigryn. Dim gair.

Yn llygadrythu i'r gwagle.
A'r lleill i gyd o'i chwmpas. Yn llygadrythu. Yn llonydd.
I gyd ru'n fath. Eto'n wahanol.
'Wedi dod er mwyn i ddynion gael bywyd...'
Arglwydd, fedra i ddim gofyn y cwestiwn hyd yn oed.
Ond fe elli di ei ddarllen ar lech fy nghalon.

Pam, Arglwydd?
Pam ydw i, lle rydw'i? Yn fan'ma. Uwchben fy nigon.
To uwch fy mhen. Digon o fwyd am wythnosau yn y rhewgell.
Ydi o'n deg? Fedra i ddim deall nac amgyffred.
Ac wrth i mi edrych i fyny, rwy'n dy weld, Arglwydd, ar y groes.
Y llygaid yna unwaith eto. Dy lygaid di y tro hwn,
yn llawn angerdd, tosturi a chariad.
Ac mi rydw i'n dy glywed di'n dweud rhywbeth...
'Os wyt ti eisiau ateb, edrych arnat dy hun.'
Boed y plentyn newynog, neu'r Duw clwyfedig yna ar y Groes,
yr un ydi'r achos.
Fi. Fy mhroblem i, problem dynoliaeth yw hi yn y pen draw.
Ond, Arglwydd, rydw i wedi rhoi'n hael i Gymorth Cristnogol
a phob achos da arall o fewn fy nghyrraedd.
Beth arall wyt ti eisiau i mi ei wneud?
Wyt ti eisiau fy mywyd hefyd?
Y broblem ydi fy mod i wrth fy modd efo pethau fel maen nhw.
Y fi sy'n llywio, y fi sy'n rheoli'r sefyllfa.
Ydw, mi ydw i eisiau trawsnewid y byd,
ond fedra i ddim dygymod â symud o fy sedd yn y cysegr.
Ond mae'n rhaid i'r cyfan ddechrau efo mi.
Fy mywyd i,
fy ngwerthoedd i,
fy syniadau i.
Arglwydd, wnei di fy helpu
oherwydd pan fyddai i'n dechrau newid pethau
efallai, bydd eraill yn barod i wneud r'un peth.
A phan fo eraill yn newid
mi wnaiff pethau wella wedyn.

Bryd hynny bydd y llygaid yn dawnsio o oleuni,
dim dagrau, dim ond llawenydd.
A'r unig adeg y medra i wynebu'r llygaid yna
boed lygaid y plentyn bach, neu lygaid y croeshoeliedig
ydi pan fydda i wedi trawsnewid fy mywyd i,
i gwrdd â'u hangen.
Helpa fi, Arglwydd.   Amen.

Cydadrodd neu gydganu Gweddi'r Arglwydd:

Emyn: *Caneuon Ffydd* 816

Anerchiad:
Beth yw neges y Bugail Da i ni heddiw?

Y Bugail ydi ffrind gorau'r defaid:
Mae'r cysyniad o agosrwydd Duw tuag at ei bobl yn rhedeg fel llinyn
arian drwy dudalennau'r Beibl. Rhodiodd Enoc gyda Duw, roedd
Abraham yn gyfaill i Dduw a thrwy'r proffwydi cawn eu hanes yn rhodio'n
ostyngedig gyda Duw.

Roedd Iesu, hefyd, wrth ei fodd ymhlith ei bobl – Immanuel, Duw
gyda ni. Mae natur y Bugail Da yn cael ei amlygu yn y geiriau, "Pan
laniodd Iesu gwelodd dyrfa fawr, a thosturiodd wrthynt am eu bod fel
defaid heb fugail." (Marc 6:34) Hefyd cawn yr adnod sy'n cyfeirio at yr
Eiriolwr, "ac fe ofynnaf finnau i'm Tad, ac fe rydd i chwi Eiriolwr arall i
fod gyda chwi am byth". (Ioan 14:16) 'Gyda chwi' yw un o ddywediadau
prydferthaf a hefyd mwyaf cysurus y Beibl. Ond dydi'r daith ddim yn
rhydd o beryglon a thrafferthion bywyd. Does dim sôn yn unman fod y
peryglon wedi eu diddymu a bod y llwybr yn glir ac yn esmwyth. Addewid
y Bugail Da yw y bydd gyda'i ddefaid ymhob profiad. Wnân nhw ddim
colli'r ffordd yn ei gwmni ef; byddan nhw'n sicr o gyrraedd i'r man y
bydd ef yn eu harwain.

Mae'r bugail ar y blaen:

Yng nghyfnod Iesu roedd y bugail yn arwain y ddiadell. I lawer, person o'r gorffennol ydi Iesu – Iesu hanes fel y byddwn ni'n dweud. Oedd, roedd ei fywyd yn fywyd prydferth; gwnaeth bethau da yn ystod ei fywyd, dywedodd bethau oedd yn werth eu dweud, bu farw ar y groes, ac yna atgyfododd. Ond mae Iesu'n perthyn i ddoe, heddiw ac yfory. Ef yw'r dyfodol. Iesu piau yfory. Nid yw'n bosibl ei ddisodli Ef na rhagori arno. Y mae'n esiampl berffaith i ni i'w hefelychu a'i dilyn. Mae'n galw arnom o'r dyfodol. Nid codi llaw yn llipa arnom o'r gorffennol y mae Iesu ond ein galw yn hyderus i yfory. Mae Ef yn arwain ac yn arloesi. Dyna'i hanes cyn ei farwolaeth; dyna'i hanes ar ôl bore'r trydydd dydd.

Mae'r Bugail Da yn gwneud i ni deimlo ein bod yn perthyn iddo:

Martin Luther ddywedodd fod calon ein crefydd yn ei rhagenwau personol. Beth yw ein hagwedd ni at ein galwedigaeth? Beth am y meddyg sy'n ymarfer ei grefft i ddwyn iechyd a llesâd i'w gleifion a'r meddyg sy'n ymarfer ei ddawn i wneud elw? Yr un modd yr athro sydd yno er mwyn y plant neu yno i dderbyn ei gyflog ar ddiwedd y mis. Yn yr un modd y gwelodd Iesu waith y bugail ar y naill law a'r gwas cyflog ar y llall. Pan ddaw'r blaidd heibio, bryd hynny y rhoddir prawf ar y gwas. Rhaid dewis rhwng ei ddiddordeb personol ei hun a thynged y defaid. 'Y mae'n ffoi am mai gwas cyflog yw, ac am nad oes ofal arno am y defaid.' (Ioan 10:13) Mae'r Bugail Da yn ein cymell ninnau i ymddwyn yn yr un ffordd ag ef, i ddangos gofal a chonsýrn am y defaid ynghyd â'r 'defaid eraill nad ydynt yn perthyn i'r gorlan hon'.

Cyfnod o ddistawrwydd i fyfyrio:

Myfyrdod:

Ond oes y gwyddonydd yw hon, nid oes y cyfrinydd; oes y pregethwr, nid oes y proffwyd; oes y diwinydd, nid oes y duwiolddyn. Efrydu tameidiau y mae pawb. Dyna un proffeswr enwog yn treulio deng mlynedd i astudio lliwiau aden gwybedyn. Yr oedd aden angel yn ei ystafell ambell dro, ond nis gwybu efe... Pechod yr oes yw neilltuoli, neilltuoli gyda phethau bychain, sydd yn cau'r y cwbl allan; yn lle neilltuoli gyda phethau mawrion sydd yn cymryd y cwbl i mewn...

Gwelsom hen lyfr yn ddiweddar, a dyna oedd ei deitl, *Hanes y Nef a'r Ddaear*, wedi ei ysgrifennu ers blynyddoedd lawer, cyn i fesur datgysylltiad nef a daear basio. Chwerthin a wnaethom pan welsom y llyfr, gan feddwl mai ynfytyn oedd yr awdur, ond erbyn hyn yr ydym yn sylweddoli fod mwy o faeth yn nheitl yr hen lyfr hwnnw nag sydd yng nghyfangyrff llyfrau diweddar. Ni fedr neb ysgrifennu hanes y ddaear heb wybod rhywbeth am y nef. Ni ŵyr neb ddim am y byd hwn ond yr un a ŵyr hefyd am ryw fyd arall. Rhowch i ni dipyn o le – yr ydym yn colli ein hanadl, rhywbeth heblaw ein hunain, rhywun mwy na'r byd. Peth ofnadwy yw byw mewn seler. A ddaw rhyw ddigwyddiad i dorri'r ffenestr yn fuan, ac agor y drysau fel y bydd yr awelon sydd yn casglu iechyd eangderau Duw i'w côl, yn torri yn ddylif i garchardy dynoliaeth gan ei dadebru yn ddigon i synio ac i sychedu am y Tu-allan, am yr Anfeidrolder sydd yn tonni yn eigionau di-lan y tu hwnt i ffiniau pellaf pob bodolaeth arall? *Peter H. Griffiths*

Cwestiynau i'w trafod:

1. Pa mor berthnasol yw'r darluniau a dynnir gan Iesu ar gyfer ein cyfnod ni? Beth am y darlun o'r bugail? Pa ffigwr fuasech chi yn ei ddefnyddio yn hytrach na'r bugail ar gyfer ein cyfnod ni?

2. Trafodwch beth oedd rhagoriaethau Iesu'r Bugail da. Sut mae pwyso a mesur y rhagoriaethau hyn yn ein cyfnod ni heddiw?

3. Sut fyddech chi'n mynd ati i drafod eich profiadau o Iesu'r Bugail da yn eich bywyd personol?

4. Beth yw blaenoriaethau'r Eglwys heddiw yn ei harweinyddiaeth fugeiliol? Tybed ydi 'adeilad' yn rhwystr i'r elfennau hyn?

5. Ceisiwch ddod i'r afael â'r rhesymau am y gwrthgiliad o'r Eglwys y dyddiau hyn. Pa mor bwysig ydi arweiniad pendant yng ngwaith yr Eglwys?

Munud i feddwl:

Pan oeddwn yn blentyn yr oedd geneth yn yr ysgol nad oedd megis plant eraill ac yn gyffredin yn gyff gwawd iddynt, gan ei herian drwy dynnu ei gwallt a'i phinsio a phethau felly, er mwyn ei chlywed yn sgrechian a dweud geiriau mawr, ac nid oedd fawr o gerydd inni gan y bobl mewn oed, gan mai felly yr oedd pethau i fod. Petai'r eneth honno'n blentyn heddiw byddai mewn ysgol i blant araf, a phobl ymroddedig yn cysegru eu bywyd i roi chwarae teg iddi hi a'i bath i gymryd eu lle yn deilwng mewn cymdeithas. Petai'r Hwn a ddywedodd, "Gadewch i blant bychain ddyfod ataf fi, peidiwch â'u rhwystro," yn dychwelyd i'r byd yn y cnawd heddiw â ph'le yr ymwelai gyntaf, ai ag un o'r ysgolion hyn ai ag oedfa Sasiwn neu Gyfarfod Pregethu?

E. Tegla Davies

Emyn: *Caneuon Ffydd* 260

Myfyrdod:
Yn ei bregeth y 'Pedwar Pechadur' sy'n seiliedig ar adnod o efengyl Luc 15 mae'r Parch J. W. Jones yn mynd rhagddo i drafod y pedwar peth sydd ar goll yn y bennod. Wrth drafod y ddafad mae sôn am yr elfen o fugeilio a pha mor bwysig yw bugeilio fel rhan o waith gweinidog.

Y pechadur cyntaf sydd yma ydi'r pechadur sy'n mynd ar goll oblegid anwybodaeth, y *ddafad*. A dwi am i chwi sylwi ar Iesu Grist fel mathemategydd; mae Ei syms O yn iawn - un allan o gant. *'Percentage'* bach iawn 'te?

Trïwch chi feddwl am rywun sydd wedi mynd ar goll oherwydd anwybodaeth; 'chydig iawn ydy nhw 'tê? M? Rhyw un allan o gant.

Y ddafad yma; mae hi'n gadal y gorlan, gadal y bugail, gadal y praidd, crwydro i'r anialwch... ddaw hi ddim yn ôl heb i rywun ei cheisio hi. Mi ddaw ci yn ôl!

Wyddoch chi be, yn ystod fy amsar i fel Gweinidog mi rydw i wedi mynd ar ôl pobol, gormod o lawar fydda i yn meddwl, ar ôl aml un. Ac wedi bod ar eu hola nhw ro'n i'n gofyn i'r wraig ar ôl dod adra ambell i nos Sul, pwy oedd ddim yno? Mae'n anodd iawn i chi ddeud heddiw. Roedd y mwyafrif yn y Capal yr amsar hwnnw. Rhyw 'chydig fydda'n absennol, 'tê? Ac os na fydda rhywun yno, mi fyddwn ni ar eu hola nhw ddydd Llun. A mi fydda'n well ganddyn nhw fod yn y Capal ddydd Sul na fy mod i'n mynd yno ddydd Llun! Do mi rydw i wedi deud lawar gwaith, 'mi rydw i wedi mynd ormod ar ôl hwn ac ar ôl hon, 'dwi am roi gora i fynd'. Ond mi fyddwn i yn teimlo cywilydd wrth feddwl am yr hen fugail yma, - 'hyd oni chaffo efe hi'.

71

Wyddoch chi am rywun sydd ar goll oherwydd anwybodaeth? Fyddwch chi'n mynd ar ei ôl o? Y? 'Ta ei chymryd hi'n braf yn yr Eglwysi 'ma a malio dim ynddyn nhw? Ydi'r elfen fugeiliol ynon'i dwch? Dyma i chi un pechadur, *'one out of a hundred'.*

Y Fendith:

I'n Duw ni y bo'r mawl
a'r gogoniant a'r doethineb a'r diolch
a'r anrhydedd a'r gallu a'r nerth byth bythoedd.   Amen.

YR ATGYFODIAD A'R BYWYD

Gweddi agoriadol:

Cydnabyddwn, Arglwydd,
nad ydym yn deilwng o'th ras achubol.
Hwyrfrydig ydym, fel dy ddisgyblion gynt,
i gredu'r dystiolaeth am y bedd gwag.
Araf yw ein calonnau, fel y ddau ar y ffordd i Emaus,
i gredu'r hyn a lefarwyd gan y proffwydi.
Fel Thomas, fe fynnwn ninnau weld â'n llygaid ôl yr hoelion.
Trugarha wrthym, O Dduw.
Dwg ni o garchar ein hanghrediniaeth i ryddid gorfoleddus
dy blant, sydd heddiw ym mhedwar ban byd yn uno gyda holl
deulu'r nef i lawenhau yn yr enw sydd goruwch pob enw,
ac sy'n cyffesu bod Iesu Grist yn Arglwydd,
er gogoniant Duw Dad.   Amen.

Adnod:

Dywedodd Iesu wrthi, "Myfi yw'r atgyfodiad a'r bywyd. Pwy bynnag
sy'n credu ynof fi, er iddo farw, fe fydd byw; a phob un sy'n byw ac yn
credu ynof fi, ni bydd marw byth." (Ioan 11: 25, 26)

Emyn: *Caneuon Ffydd* 608

Darllen: Ioan 11: 1 –27 a 28–44.

Cyfnod o ddistawrwydd i fyfyrio ar y Gair:

Cerdd:
Lasarus
Onid profiad rhyfedd oedd dod yn ôl i'r aelwyd yr eilwaith,
A gweled Mair a Martha am yr ail dro?
A oedd ef yn cofio sut y bu efe fyw cyn iddo farw?

Onid oedd pedwar diwrnod ar goll yn ei go?

A glywodd efe riddfan a chynnwrf yr Iesu wrth y beddrod?
A yw yn cofio'r amdo yn rhwymo ei ddwylo a'i draed?
A ydyw yn cofio'r napcyn yn rhwym am ei wyneb?
Pryd gyntaf y clywodd ail gylchrediad y gwaed?

Pan gerddai'r stryd ym Methania, y gwragedd a lygadrythai arno,
Llygadrythu ar y rhyfeddod a gododd o'i dranc:
'Ai fe yw e', dwedwch,' gofynnodd un glebreg i'w chymdoges;
'Fydd dim rhaid iddo aros y tro hwn yn hen lanc.'

Wrth fyned am dro i weled y maen a'r ogof
Cofiai y byddai'n rhaid iddo orwedd ynddi yr ail waith:
A gafodd rhywun o'r blaen ar y ddaear ei brofiad od a rhyfedd?
Dwy amdo, dau fedd, dau ddrewdod a dwy daith.

Ni chawn ni fyth brofiad od ac anghyffredin Lasarus,
Cerdded ar y ddaear ar ôl gorwedd yn y clai:
Ond gweddïwn ni ar yr Iesu, yr Atgyfodiad a'r Bywyd,
Am ein codi ninnau o fedd ein camweddau a'n bai.

Gwenallt

Emyn: *Caneuon Ffydd* 789

Gweddi:
Mor barod oedden nhw i roi label arnat ti.
'Cyfaill pechaduriaid.' 'Halogwr y Sabath.'
ac mae yna gymaint o angerdd a chas
yn y labeli.
Mor hawdd ydi rhoi label yn hytrach na gwrando.
Mor hawdd ydi condemnio yn hytrach nag altro ein byd.
Mor hawdd ydi rhoi blincers yn hytrach na wynebu
dy wirionedd di.

Rhoddwyd label ar Galfaria.

Hoeliwyd label yn fan'no,
uwchben y goron ddrain
'Brenin yr Iddewon,' meddai.
Label, hwyl, joc a ffwrdd â ni.
Anghofio'r cwbl.

Ai dyna ydw i'n wneud, Arglwydd?
Gweld y label. Anghofio.
Bywyd yn mynd yn ei flaen.
Dim gwahaniaeth.

Ond ydi hyn yn wahanol?
'Yr Atgyfodiad a'r Bywyd.'
Honiad tu hwnt i bob honiad
Honiad sy'n rhoi gobaith
i bawb.
Dydi 'Cyfaill pechaduriaid'
a 'Halogwr y Saboth'
ddim yma nac acw
ond hwn.
Gobaith am byth.
Gobaith tu hwnt i bob gobaith.
A deud y gwir, mae'r label
yma'n mynd a ngwynt i'n llwyr.

Go brin y byddai rhywun
yn creu label fel hyn amdano'i hun
heb gredu
heb feddwl.
Arglwydd, helpa fi i sylweddoli
beth yn union ydi arwyddocâd
y label hwn,
a'i wneud o'n arwyddair fy
mywyd.   Amen.

Cydadrodd neu gydganu Gweddi'r Arglwydd

Emyn: *Caneuon Ffydd* 557

Anerchiad:
Edrychwn ar y ddrama fesul golygfa.

Golygfa 1: (Darllen Ioan 11:1–6)
Gwewyr Mair a Martha am salwch eu brawd Lasarus (ystyr ei enw yw 'y mae Duw'n cynorthwyo.') Oediad Iesu – achosodd hyn fwy o bryder i'r chwiorydd. Yr oediad yn anghydnaws â Iesu'r Efengylau. Gweithredu ar ei union a wnâi fel arfer.

Golygfa 2: (Darllen Ioan 11:7–16)
Ymgais y disgyblion i rwystro Iesu rhag mynd i Fethania oherwydd y perygl i'w fywyd. Mae'r cyfan yn ddi-sail yn ôl Iesu. Gwelir Thomas mewn goleuni gwahanol yn yr amgylchiad hwn – mae'n ddarlun o deyrngarwch mewn argyfwng.

Golygfa 3: (Darllen Ioan 11:17–32)
Iesu'n cyrraedd – Lasarus wedi marw ers pedwar diwrnod. Credai'r Iddew fod yr enaid yn aros o gwmpas y corff am dridiau cyn ei adael yn llwyr. Nodir pedwar diwrnod i ddangos bod Lasarus tu hwnt i bob gobaith am adferiad. Myn Iesu mai ef 'yw'r atgyfodiad a'r bywyd'. Dygir y rhai sydd yn fyw ac yn credu i berthynas dragwyddol â Duw, a daw y bywyd hwn yn feddiant presennol i bawb sy'n credu.

Golygfa 4: (Darllen Ioan 11:33–44)
Agosáu at y bedd. Emosiwn Iesu a gwyrth yr atgyfodiad. Sylwer yn yr olygfa hon ar ddyfnder ei gyfeillgarwch. Uchafbwynt yr olygfa yw'r alwad mewn llef uchel ar i Lasarus ddod allan o'r bedd.

Beth yw arwyddocâd y digwyddiad?
Yn yr Efengylau Cyfolwg cawn hanes Iesu yn atgyfodi:
merch Jairus (Mathew 9:18–26; Marc 5:21–43; Luc 8:40–56)
a mab y weddw o Nain (Luc 7:11–16).

Yn y ddau ddigwyddiad mae'r atgyfodi'n digwydd yn syth wedi'r farwolaeth. Dydi'r Efengylau Cyfolwg, sef Mathew, Marc a Luc, yn sôn dim am atgyfodiad Lasarus. Onid ydi hyn yn ein taro'n rhyfedd? Sut y gallai awduron y tair efengyl gyntaf hepgor y fath ddigwyddiad? Pam nad ydynt yn cynnwys adroddiad o'r wyrth fwyaf ohonynt i gyd? Yn ôl Ioan y weithred hon sy'n ysgogi penderfyniad yr awdurdodau Iddewig i gael gwared â Iesu. (Ioan 11:53)

I ddilynwyr cyntaf Iesu roedd yr hwn roedden nhw wedi ei ddilyn a'i garu yn nyddiau'i gnawd wedi gorchfygu angau, a heb amheuaeth, yr oedd yn berson byw. Onid oedd ef wedi sôn am "baratoi lle iddyn nhw?" Tybed allwn ni amgyffred ystyr yr Atgyfodiad i'r dilynwyr cynnar rheiny? Doedd Rhufain a'i holl rym yn ddim bellach. Onid yw'n syndod mai neges ganolog yr Eglwys Fore oedd pregethu'r Crist Atgyfodedig – y Crist Byw. Dyma ychydig o enghreifftiau o Lyfr yr Actau a llythyrau Paul:

"Oherwydd cyhoeddi'r newydd da am Iesu a'r atgyfodiad yr oedd" (Actau 17: 18). Paul yn pregethu gerbron Felix, "... ac y maent hwy eu hunain yn derbyn y gobaith hwn, y bydd atgyfodiad i'r cyfiawn ac i'r anghyfiawn." (Actau 24:15)

"Ac os nad yw Crist wedi ei gyfodi, ofer yw eich ffydd, ac yn eich pechodau yr ydych o hyd." (1 Cor 15:17)

"Rwyf am ei adnabod ef, a grym ei atgyfodiad..." (Phil 3:10)

Roedd pregethu'r Atgyfodiad yn rhan greiddiol o neges yr Eglwys Fore.

Gellir edrych ar y digwyddiad o safbwynt alegorïaidd yn unig: Beth sydd bwysicaf? Fod Iesu wedi atgyfodi Lasarus oddeutu'r flwyddyn 30 OC ynteu ydi arwyddocâd y digwyddiad yn fyw i ni heddiw? Defnyddir stori am gaplan ar long oedd yn dychwelyd o Japan i America. Cafodd gyfle i ddarllen a thrafod hanes Lasarus gyda'r criw. Ar ôl y drafodaeth daeth gŵr ifanc at y caplan gan gyffesu ei fod fel dyn marw ond ar ôl clywed y bennod yn cael ei darllen teimlai ei fod yn ddyn newydd, byw. Cawn yr un neges yn nameg y Mab Colledig (Luc 15:11– 32,) "dy frawd, wedi marw, a daeth yn fyw".

Sut bynnag yr edrychwn ar y digwyddiad hwn, boed yn llythrennol neu'n ysbrydol, yr adnod agoriadol ar ddechrau'n hoedfa yw'r adnod fwyaf ysgytiol a gobeithiol a ddaeth i glyw y ddynoliaeth erioed. Dyma sylfaen y gobaith Cristnogol, nad marwolaeth yw diwedd y daith.

Cyfnod o ddistawrwydd:

Cwestiynau i'w trafod:

1. Ym mha ffordd ydych chi'n dehongli'r digwyddiad hwn? Tybed oes elfen o ddau ddehongliad gwahanol ynghlwm wrth yr hanes?

2. Onid ydi'r digwyddiadau yn ystod yr wythnos olaf ym mywyd Iesu yn sefyll neu'n syrthio ar dystiolaeth llygaid-dystion yn unig?

3. Beth yw 'bywyd tragwyddol'? Beth yw eich esboniad chi?

4. Ydych chi wedi cael profiad o fod yn 'farw' a bod rhyw ddigwyddiad neu'i gilydd wedi eich adfer a'ch cyfodi i brofiadau newydd. Rhannwch eich profiadau gyda'r gweddill.

5. Sut y byddech chi'n dehongli ymateb Martha i'r hyn a ddigwyddodd? Wrth gyfleu ei ffydd mae'n rhoi tri theitl i Iesu:

- ❖ Meseia
- ❖ Mab Duw
- ❖ Yr Un sy'n dod i'r byd

Oes yna arwyddocâd arbennig i'r teitlau hyn?

Myfyrdod:

Heb Iesu Grist byddai'n gwbl dywyll yn nhŷ Jairus, ac yn gwbl anobeithiol ar y ffordd i'r fynwent yn Nain. Dyna le trist yw tŷ galar heb neb ynddo'n credu yn Iesu Grist! Dyna orchwyl oer yw claddu pagan! Mor wahanol yw bod ym mhresenoldeb angau yng nghwmni'r Arglwydd Iesu. Er i'r angau ddringo i ffenestri tŷ Jairus, a thynnu'r llenni i lawr, yr oedd presenoldeb Iesu yno yn oleuni ac iachawdwriaeth, ac nid yw angladd yr un peth pan gyffyrdda'r Iesu â'r elor.

Nid yw tosturi'r Iesu yn fwy tuag at neb na thuag at deuluoedd galar. Yn nydd y brofedigaeth, Ef yw "tragwyddol ffrind ein teulu ni". Er i rywrai geisio ei rwystro ar ei ffordd i dŷ Jairus, a dweud wrtho ei fod bellach yn rhy hwyr, mynnu mynd yno a wnaeth Ef. Hawdd iawn y gallasai'r wraig weddw o Nain dybio bod pawb a phopeth yn ei herbyn, a Duw ei hunan wedi gadael, ond yn ei hawr dywyllaf Iesu oedd yr agosaf ati.

Ac yn ei bresenoldeb Ef nid marw yw marw mwyach ond cwsg: "nid marw hi, ond cysgu y mae". Newidiodd yr Iesu enw a chymeriad y gelyn diwethaf. Nid byw i farw y mae credinwyr yn yr Iesu ond marw i fyw. "Myfi yw yr atgyfodiad a'r bywyd; yr hwn sydd yn credu ynof fi, er iddo farw, a fydd byw, a phwy bynnag sydd yn fyw ac yn credu ynof fi, ni bydd marw yn dragywydd. A wyt ti yn credu hyn?"

Yr unig feddyginiaeth i anobaith yn wyneb angau yw ffydd; yr unig wrthwenwyn i golyn angau yw ffydd. Gellir darllen cyfrolau dysgedig lawer ynghylch anfarwoldeb yr enaid; gellir ymresymu'n hir, fel Paul, o blaid bywyd y tu draw i'r bedd (1 Corinthiaid 15); gellir gwrando'n hir ar ddadleuon yr un mor huawdl yn erbyn hynny; yr unig beth a rydd gysur a choncwest yn wyneb angau yw ffydd - credu'n gadarn fod Iesu'n arglwydd bywyd a marwolaeth, a bod ei addewidion Ef yn eiriau bywyd tragwyddol.

Trebor Lloyd Evans

Myfyrdod ar yr Emyn:

Gadawodd Morgan Rhys gasgliad gwerthfawr o emynau inni yn etifeddiaeth, ond fel llawer o emynwyr eraill dioddefodd o dan law amrywiol olygyddion a fu'n addasu, twtio a thacluso ei emynau. Ymddengys mai'r ddau bennill a roddwyd at ei gilydd yn *Llawlyfr Moliant* y Bedyddwyr sydd gennym yma, ac nid y ddau bennill oedd yn dilyn ei gilydd yng nghasgliad Morgan Rhys ei hun, *Golwg ar Ddinas Noddfa* (1770).

Beth bynnag am yr hanes, mae'r emyn bellach yn ymgartrefu'n ddiogel yn adran 'yr atgyfodiad a'r esgyniad' yn *Caneuon Ffydd*, ac fe fynega wirionedd rhyfeddol gwyrth atgyfodiad Crist gyda chadernid a hyder. Fe'n sicrheir ni yn yr Efengylau i gyd fod corff Iesu wedi ei gladdu mewn beddrod a maen mawr wedi ei dreiglo ar draws y fynedfa, a sonia'r Efengylau Cyfolwg fod y gwragedd yno'n gwylio'r claddu ac yn gwybod wedyn at ba fedd i ddod er mwyn eneinio'r corff pan ddeuai'r cyfle cyntaf ar ôl y Saboth. Sonia Mathew yn ei dro am y milwyr a benodwyd ar gais yr Iddewon rhag i neb geisio lladrata corff Crist. Roedd y merched a aeth at y bedd yn gynnar y bore Sul hwnnw ar ôl i'r Saboth fynd heibio, yn pocni am y maen, 'oherwydd yr oedd yn un mawr iawn' (Marc 16:4), a phwy fyddai yno i'w symud iddyn nhw.

Wydden nhw ddim mae'n debyg, am y milwyr oedd wedi eu gosod i wylio'r bedd. Mae llyfrau cyfan wedi eu hysgrifennu yn olrhain y digwyddiadau rhyfeddol ar fore'r atgyfodiad, un ohonyn nhw'n gofyn 'Pwy symudodd y maen?' *(Who moved the stone?* gan Frank Morison), lle gosodir yr holl dystiolaeth i'r atgyfodiad a geir yn yr Efengylau a'i dadansoddi er mwyn cael ateb. Ni fedrai'r beddrod a'r maen, er ei fod yn fawr, na'r milwyr gadw Iesu rhag cael ei gyfodi'n fyw. Fe gyfodwyd ef er eu gwaethaf.

Nid oes sôn yn yr Efengylau mai Iesu ei hun a symudodd y garreg fawr, er y gallai fod wedi gwneud hynny, ond y dystiolaeth yw iddi gael ei symud yn gynnar y bore Sul hwnnw a bod yn fodd i ddychryn y milwyr oedd yn cadw gwyliadwriaeth (Mth 28: 4). Mae gan Dr W. E. Sangster sylw treiddgar ynglŷn â'r maen sy'n rhoi golwg bellach inni ar wir bwrpas ei symud: 'Treiglodd Duw y maen, nid er mwyn i'w Fab gyfodi, ond er mwyn i ni wybod iddo gael ei gyfodi, fel y caem ninnau sleifio i'r bedd gwag a gweld yn unig y man lle rhoddwyd ef i orffwys.'

Ni chyfodwyd Crist pan symudwyd y maen o reidrwydd; y tebyg yw ei fod eisoes wedi ei gyfodi. Sylwodd Pedr fod ei gorff wedi pasio trwy'r llieiniau a roddwyd amdano a bod y rheini'n gorwedd yn llipa yn y man lle bu ei gorff (Ioan 20: 6). Fe basiodd hefyd trwy'r graig yr oedd y beddrod wedi ei naddu ohoni ac fe dreiglwyd y maen wedyn ar ein cyfer ni, a'r bedd gwag yn dystiolaeth o'i atgyfodiad sydd yn addewid i ni ym mhob oes o'n hatgyfodiad ninnau, y rhai sy'n derbyn 'pardwn dynol-ryw' o'i 'law alluog' ef.   *Huw Powell Davies*

Emyn: *Caneuon Ffydd* 552

Y Fendith:
Iesu atgyfodedig, diolchwn i ti
fod daioni yn gryfach na drygioni,
fod cariad yn gryfach na chasineb
fod goleuni yn gryfach na thywyllwch
fod bywyd yn gryfach na marwolaeth
a bod buddugoliaeth yn eiddo i ni yn awr
drwy'r hwn sydd yn ein caru.   Amen.
                Desmond Tutu

MAB DUW

Adnodau agoriadol:
"Dechrau Efengyl Iesu Grist, Mab Duw." (Marc 1: 1)

"Dywedodd Philip, "Os wyt yn credu â'th holl galon, fe elli." Atebodd yntau, "Yr wyf yn credu mai Mab Duw yw Iesu Grist"." (Actau 8: 37)

Dwy adnod sy'n cynnwys y geiriau 'Mab Duw'. Yn yr adnod gyntaf o'r bennod gyntaf o Efengyl Marc, dydi'r geiriau 'Mab Duw' ddim yn rhan o'r testun gwreiddiol, eto maen nhw wedi eu cynnwys yn y Beibl sy'n dangos beth oedd barn yr Eglwys Fore am Iesu. Mae'r un peth yn wir am yr ail adnod. Doedd yr adnod hon chwaith ddim yn y testun gwreiddiol; mae wedi ei chynnwys ar waelod y ddalen. Eto mae'n gyflwyniad o ffydd a chred yr Eglwys Fore.

Gweddi agoriadol:
Grist bydd gyda mi, Crist o'm mewn,
Crist y tu cefn i mi, Crist y tu blaen i mi,
Crist yn fy ymyl, Crist i'm hennill i,
Crist i'm cysuro a'm hadfywio,
Crist o danaf, Crist uwch fy mhen,
Crist mewn distawrwydd, Crist mewn perygl,
Crist yng ngenau ffrind neu ddieithryn.   Amen.

Sant Padrig

Emyn: *Caneuon Ffydd* 714

Myfyrdod:
Mae'n werth sylwi o'r cychwyn fod perthynas unigryw, agos rhwng Duw a Iesu. Mae Iesu wedi'i gyfleu yn syml, "Myfi a'r Tad, un ydym" (Ioan 10:30). Ond er mor agos a chlòs yw'r berthynas, nid perthynas o gydraddoldeb yw hi. Mae'r Tad bob amser yn cael ei wahaniaethu oddi

wrth y Mab. Mae'r Mab yn gwybod ei le ac yn cadw i'w le a'r Tad yn cadw ei oruchafiaeth. "Pe baech yn fy ngharu i, byddech yn llawenhau fy mod yn mynd at y Tad, oherwydd y mae'r Tad yn fwy na mi". (Ioan 14:28) Mae Iesu hefyd yn cydnabod nad yw ef yn gwybod y dirgelion i gyd. Ynglŷn â'i ail ddyfodiad myn Iesu, "Ond yn y dydd hwnnw neu'r awr ni ŵyr neb, na'r angylion yn y nef, na'r Mab, neb ond y Tad." (Marc 13:32) Perthynas Tad a Mab yw hi drwy'r amser, a bod y Tad yn cael ei le fel Tad a Iesu fel Mab. Mae'r berthynas hon yn esgor ar ufudd-dod. Y Mab perffaith yw'r hwn sy'n ufuddhau i ewyllys y Tad, "Fy mywyd i yw gwneud ewyllys yr hwn a'm hanfonodd, a gorffen y gwaith a roddodd i mi." (Ioan 4:54) Nod Iesu oedd gwneud ewyllys Duw i'r eithaf. Yr ufudd-dod perffaith. Gellir olrhain y ddrama ddwyfol trwy gyfres o olygfeydd. Chwilio am bwrpas Duw ar ei gyfer oedd y bachgen Iesu, yn ddeuddeg oed, yn y Deml. Yn y Bedydd offrymodd Iesu ei fywyd i Dduw. Ar ôl dychwelyd o'r anialwch, wedi awr y profi, gwyddai'n sicr pa ffordd i'w throedio. Ar fynydd y Gweddnewid derbyniodd destimonial ei Dad. Yng Ngethsemane, brwydr ingol oedd derbyn pwrpas terfynol Duw ar ei gyfer. Ar Galfaria ildiodd ac ufuddhaodd i bwrpas ei Dad. Mae mabolaeth Iesu yn cael mynegiant mewn ufudd-dod perffaith i'r Tad.

Cyfnod o ddistawrwydd i fyfyrio:

"Gwyddost ti, Arglwydd, beth sydd orau i mi. Gwneler y peth hyn neu'r peth arall, fel y mynni di. Dyro i mi yr hyn a fynni, faint a fynni a pha bryd bynnag y mynni."   *Thomas á Kempis*

Emyn: *Caneuon Ffydd* 739

Gweddi:
Arglwydd, mae o'n mynd â'n gwynt ni weithiau,
Meddwl ein bod ni'n rhan o dy gynlluniau di,
dy gynlluniau di ar gyfer y byd.
Rhan o'r cynlluniau, wrth gwrs,
rhan fechan iawn hefyd.
Paid â gadael i hynny ein llorio

na'n dyrchafu.
Ond mae o'n codi'n calonnau
i feddwl ein bod yn rhan o dy fyd,
ac yn rhan o dy gynlluniau
a gwybod fod yna rywbeth y gallwn ei wneud
i hyrwyddo a lledaenu dy Deyrnas ar y ddaear.
'Megis yn y nef
felly ar y ddaear hefyd.'

Ond, tyrd â ni'n ôl â'n traed ar y ddaear.
Cofiwn mai dy gynlluniau di ydyn nhw,
nid ein cynlluniau ni.
Cofiwn, er y gallwn i gyd wneud cyfraniad
a chyfraniad pwysig,
ti sy'n gwybod orau, bob tro.
Ti sy'n gwneud y penderfyniadau;
helpa ni i ufuddhau i hynny.
Eisiau mynd dros ben llestri ydyn ni,
efo'n cynlluniau ni, ein ffordd ni,
ein dulliau ni, ein penderfyniadau ni.
Wnei di'n dysgu i ufuddhau
'yr ufudd-dod perffaith hwnnw'.

Mi ydyn ni wrth ein boddau yn dweud
beth ydi'n hanghenion.
Dim ond i ti wrando ar ein gweddïau!
Wrth ein boddau yn rhoi ffrwyth ein profiadau
a meddwl sut yn y byd wyt ti wedi llwyddo
heb ein cynghorion doeth ni!
Ond mae'n rhaid cyfaddef fod yna amseroedd yn dod
pan ydyn ni ar goll,
ein cynlluniau pitw ar chwâl,
ein breuddwydion yn chwilfriw,
a phryd hynny rydyn ni'n
teimlo'n fach,
yn ofnus,

ac yn gwybod fod yr atebion ymhell o'n cyrraedd.
Yn y munudau rheiny,
dangos i ni'n ddistaw bach
mai Tad wyt ti,
a dydyn ni ddim angen yr holl atebion;
maen nhw gen ti'n barod.
Ac mae dy gynlluniau di'n gweithio.
Weithiau, dydan ni ddim yn gweld hynny
nac yn deall, nac yn medru amgyffred
ac mi fasan ni'n hoffi petai pethau'n
digwydd yn gyflymach.
A dyma ni'n dechrau arni, unwaith eto.

Arglwydd, hwn ydi dy gread di,
Dy gynlluniau di, dy amser di,
sy'n llawer mwy na ni a'n cynlluniau pitw bach.
Ti sydd wrth y llyw.
Dysg i ni fod yn ufudd,
yn blant i ti.
Plant y Tad.   Amen.

Cydadrodd neu gydganu Gweddi'r Arglwydd:

Emyn: *Caneuon Ffydd* 673

Myfyrdod:
"Y rhyfeddod sy'n gwneud Crist yn Dduw yw iddo fod yr hyn oedd mewn byd fel hwn. Mae yna ryw fod i'r dim, ryw addasrwydd annirnadwy, yn Iesu Grist, mewn gair a gweithred, a hynny, nid yn ysbeidiol, ond bob amser, ac ymhob cylch o fywyd; yr oedd ym mhob peth "yr un ffunud â ninnau;" mae ei ddynoliaeth yn gyflawn, ac eto mor wahanol. "Ni lefarodd neb fel y dyn hwn", ac nid ymarweddodd neb chwaith. Un ohonom yw, ac eto nid un ohonom. Fe'i ganed yn dlawd a thrwy wewyr gwraig (a da fyddai peidio â gwau gormod o ffansi o gwmpas hyn), gwybu am lawenydd bywyd a'i chwerwder, ei fwyniant a'i siom a'i flinder, bu farw fel y lladron yn ddirmygedig ar

bren. O'i breseb i'r groes symudodd yn gyson trwy rigolau cyffredin bywyd, ond ni cheisiodd godi ohonynt, ond cawn ef yn symud hefyd ym mhob peth mewn dimensiwn cwbl wahanol i'r eiddom ni. Fel y deuwn i'w adnabod fe welwn fwyfwy yn y dyn Crist Iesu "ogoniant megis yr Unig anedig oddi wrth y Tad yn llawn gras a gwirionedd".

Dwy natur mewn un person
Yn anwahanol mwy.

A hanfod y profiad Cristionogol yw dod i ymwybod â'r gwirionedd rhyfedd hwn.   *H. D Lewis*

Myfyrdod:

Defnyddia fi, felly, fy Ngwaredwr,
i ba ddiben bynnag, ym mha ffordd bynnag y mynni.
Dyma fy nghalon wael i, llestr gwag,
llanw hi â'th ras.
Dyma fy enaid pechadurus a chythryblus i;
bywha ef ac adfywia ef â'th gariad.
Cymer fy nghalon i fod yn drigfan i ti;
fy ngenau i daenu gogoniant dy enw;
fy nghariad a'm holl nerth,
i feithrin dy gredinwyr;
ac na ad i gadernid a hyder fy ffordd fyth gilio;
fel y gallaf ddweud bob amser o'r galon,
"Mae fy angen i ar Iesu, a'i eiddo ef ydwyf."   Amen.
Dwight L. Moody

Anerchiad:

Dowch i ni edrych ar y berthynas unigryw oedd yn bodoli rhwng y Tad a'r Mab. Mae'r berthynas hon yn esgor ar wybodaeth unigryw am Dduw. Mae'n berthynas ddeuol, "Nid oes neb yn adnabod y Mab ond y Tad, ac nid oes neb yn adnabod y Tad, ond y Mab....." Mathew 11: 27. Pa fath o wybodaeth yw hon? Mae mwy na gwybodaeth ddeallusol yn y berthynas hon. Pan fo darlithydd yn ei chael hi'n anodd i gyflwyno neges ei ddarlith i'w fyfyrwyr, prin bod eu cyneddfau deallusol yn eu rhwystro rhag deall ac amgyffred y neges. Nid eu bod yn methu deall o safbwynt crebwyll ond eu bod yn amharod i ymdrechu i dderbyn disgyblaeth y ffordd o ddysgu neu eu bod yn anghytuno'n llwyr â'i ddaliadau. Mae'n bur debyg fod y pregethwr yntau'n wynebu'r un broblem. Nid am fod ei gynulleidfa yn methu deall yr hyn sydd ganddo i'w ddweud ond eu bod yn gwrthod deall. Nid cymhlethdod ei neges ond natur ei neges sy'n faen tramgwydd. Yn y pen draw mae'r cyfan yn syrthio ar y berthynas a'r cydymdeimlad rhwng y darlithydd neu'r pregethwr a'i gwrandawyr. Deilliai gwybodaeth Iesu am Dduw o'r berthynas unigryw, glòs a chynnes lle roedd y Mab yn barod i dderbyn mantell y Tad. Cyfathrebai Duw â Iesu mewn ffordd na allai ag unrhyw un arall. Pen draw y berthynas hon oedd bod gan y Mab nerthoedd unigryw. Sut bynnag y byddwn yn ceisio esbonio unrhyw ddigwyddiad ym mywyd Iesu, mae'n anhepgor bod ganddo nerthoedd a phwerau arbennig. Ymddiriedwyd y nerthoedd hyn i Iesu gan y gwyddai'r Tad y byddai'r rhain yn gwneud mwy o ddaioni yn ei fywyd ef. Roedd yn gallu gwneud y pethau hyn am ei fod yr hwn oedd, sef Mab Duw. Yn aml iawn yn yr Efengylau cawn gyfeiriadau at weinidogaeth Iesu yn llawn rhyfeddod a syndod. Droeon roedd pobl yn rhyfeddu ato ac at ei weithredoedd. "Ni welsom erioed y fath beth." (Marc 2:12)

"Pwy ynteu yw hwn? Y mae'n gorchymyn hyd yn oed y gwyntoedd a'r dyfroedd, a hwythau'n ufuddhau iddo." (Luc 8:25)

Gwelwn fod y rhyfeddod a'r syndod yn cael eu hamlygu at ei wyrthiau. Yn yr adnod o efengyl Luc maen nhw wedi syfrdanu o'i weld yn tawelu'r storm. Mae'r un syndod yn cael ei arddangos wrth iddo wella'r dyn oedd ym meddiant cythreuliaid yn Gerasa, "ac yr oedd pawb yn rhyfeddu". Yn hanes merch Jairus, "syfrdanwyd ei rhieni" yn ôl Luc 8: 56, a'r un modd ar ôl iacháu bachgen ag ysbryd aflan ynddo yr ymateb oedd, "Ac yr oedd pawb yn rhyfeddu at fawredd Duw." (Luc 9:43) Rhyfeddwyd, hefyd, at ei ddysgeidiaeth. Yn y synagog yn Nasareth, ar ddechrau ei Weinidogaeth ymateb y gwrandawyr oedd "rhyfeddu at y geiriau grasusol oedd yn dod o'i enau." (Luc 4:22) Ar ddiwedd ei weinidogaeth pan oedd y Sadwceaid yn ei holi ynglŷn â'r Atgyfodiad, yr un oedd yr ymateb i'w ddysgeidiaeth, "A phan glywodd y tyrfaoedd yr oeddent yn synnu at yr hyn oedd yn ei ddysgu." (Mathew 22:33) Bywyd o ryfeddod oedd ei fywyd o'r crud i fore'r Trydydd Dydd; doedd dim syndod fod y disgyblion wedi'u cyfareddu ganddo. Ar y ffordd i Jerwsalem yr ymateb oedd, "Yr oedd arswyd arnynt, ac ofn ar y rhai oedd yn canlyn." (Marc 10:32) Ei berthynas unigryw, perthynas Tad a Mab, oedd yn creu'r syndod, y rhyfeddod a'r arswyd.

Cyfnod o ddistawrwydd i fyfyrio:

Cwestiynau i'w trafod:
1. Petaech yn arwain 'dosbarth derbyn' sut byddech yn mynd ati i geisio esbonio a dehongli'r berthynas unigryw rhwng y Tad a'r Mab?

2.Yn hanes y Gweddnewid, (Mathew 17:1–13; Marc 9:2–13; Luc 9:28–36); beth a olygir, yn y myfyrdod cyntaf, fod Iesu wedi derbyn testimonial Duw?

3. Beth yw'r ystyriaethau sy'n ein rhwystro rhag ildio i bwrpas Duw?

4. Sut mae ufuddhau i Dduw? Trafodwch bethau (a) unigol (b) cymdeithasol. Beth yw rôl yr eglwys? Pa mor ufudd yw'r Eglwys Gristnogol?

5. Sut fyddech chi'n mynd ati i bwyso a mesur y gwyrthiau?

Gweddi:
Duw, bendithia ni ag:
Anniddigrwydd
Boed i ni fod yn anfodlon ar atebion rhwydd, hanner gwirionedd, perthynas arwynebol, er mwyn i ni fyw yn ddwfn yn ein calonnau.
Duw, bendithia ni â:
Dicter
tuag at anghyfiawnder, gorthrwm, manteisio ar y gwan, er mwyn i ni weithio â'n holl egni dros degwch, rhyddid a heddwch.
Duw, bendithia ni â:
Dagrau
i'w colli dros bawb sy'n dioddef poen, newyn, rhyfel, colledion er mwyn i ni estyn llaw i'w cysuro a throi eu gofidiau yn llawenydd.
Duw bendithia ni â
digon o ffolineb i gredu y gallwn ni wneud gwahaniaeth yn y byd er mwyn i ni fedru gwneud yr hyn yr hawlla eraill na fedrwn ni.
A boed i ni fyw pob eiliad yng nghwmni
Duw sy'n mynnu bod yn Dad
a Iesu sy'n mynnu bod yn Fab. Amen.

Cyfnod o ddistawrwydd i fyfyrio:

Emyn: *Caneuon Ffydd* 361

Y Fendith:
Arglwydd Iesu, Fab Duw, trugarha wrthym. Amen.

Y GWAREDWR

Emyn: *Caneuon Ffydd* 496

Adnodau agoriadol:
"Ganwyd i chwi heddiw yn nhref Dafydd, Waredwr, yr hwn yw'r Meseia, Yr Arglwydd." (Luc 2:11)

"Meddent wrth y wraig, "Nid trwy'r hyn a ddywedaist ti yr ydym yn credu mwyach, oherwydd yr ydym wedi ei glywed drosom ein hunain, ac fe wyddom mai hwn yn wir yw Gwaredwr y byd"." (Ioan 4:42)

Dyma'r unig ddwy adnod yn yr efengylau sy'n cyfeirio at Iesu fel Gwaredwr, un o efengyl Luc a'r llall o efengyl Ioan. Does dim cyfeiriad o gwbl at Iesu fel Gwaredwr ym Mathew na Marc. Mae'r adnod gyntaf, o Luc, yn dod o neges yr angylion i'r bugeiliaid adeg geni Iesu a'r ail yn dod o hanes y wraig o Samaria.

Gweddi:
Testun diolch a llawenydd yw ein gweddi heddiw,
bod gennym Waredwr yn Iesu Grist.
Diolch am ei fywyd.
Diolch am ei ddysgeidiaeth.
Diolch am ei farw ar y groes.
Diolch am ei atgyfodi o'r bedd.
Diolch am Waredwr byw.   Amen

Emyn: *Caneuon Ffydd* 441

Cefndir:
Ganed Iesu i fyd oedd yn dyheu am waredigaeth. Yn yr hen fyd gwelwyd arweinwyr trahaus a chwerylgar oedd â'u bryd ar ddifa a dinistrio. Galwyd yr arweinwyr wrth eu henwau gan roddi'r teitl 'Gwaredwr' iddynt.

Hwn oedd y teitl ar frenhinoedd yr Aifft ac roedd ymerawdwyr Rhufain yn chwennych yr un teitl. Yn 67 OC gwelwyd arysgrif yn disgrifio'r ymerawdwr Nero fel 'duw, y gwaredwr am byth'. Roedd y teitl yn cael ei roi i swyddogion lleol oedd â'r gallu i reoli ac i gynnal yr heddwch. Bron na ellid dweud fod y teitl hwn yn cael ei roi i unrhyw un oedd yn gallu cynnal y gymdeithas ar sylfaen o gytgord a heddwch. I fyd yn dyheu am waredigaeth y daeth Iesu. Roedd y teitl Gwaredwr yn cael ei roi i dduwiau oedd â doniau arbennig. Un o'r rhain oedd Aesculapiws, duw iacháu, oedd â'i deml yn Epidawrws ac yma tyrrai cleifion o bob math i chwilio am feddyginiaeth. I'r cleifion hyn Aesculapiws oedd 'Gwaredwr y byd', 'yr Arglwydd', 'yr un annwyl' ac ynddo a thrwyddo roedden nhw'n gweld eu dyheadau a'u dymuniadau yn cael eu hateb. O droi at yr Hen Destament gwelir fod y term 'Gwaredwr' yn cael ei roi i ddynion, Othniel ac Ehud (Barnwyr 3: 9, 15) a hefyd ar Dduw ei hun, (Eseia 45:15.) Yn y Testament Newydd edrychir ar Dduw fel Gwaredwr. Yng nghân Mair, y Magnificat, "Y mae fy enaid yn mawrygu yr Arglwydd, a gorfoleddodd fy Ysbryd yn Nuw, fy Ngwaredwr." (Luc 1:46) Droeon yn llythyrau Paul cawn gyfeiriadau at Dduw fel Gwaredwr. "Paul, apostol Crist Iesu trwy orchymyn Duw, ein Gwaredwr a Christ Iesu, ein gobaith." (1 Tim 1:1) Yn ôl yr Apostol ymddiriedwyd y gorchymyn i bregethu trwy "Dduw, ein Gwaredwr." (Titus 1:3) Yn nysgeidiaeth Paul yr hyn a ddaw yn amlwg yw mai Duw yw'r Gwaredwr; ni ddaeth Iesu i fyw a marw, i newid agwedd Duw tuag at bobl, ond yn hytrach bu fyw a marw i ddangos beth oedd gwerth yr agwedd honno. Prin yw'r cyfeiriadau at Iesu fel Gwaredwr – dau gyfeiriad yn llyfr yr Actau, a dim ond chwech yn llythyrau Paul, "Oherwydd yn y nefoedd y mae ein dinasyddiaeth ni, ac oddi yno hefyd yr ydym yn disgwyl Gwaredwr, sef yr Arglwydd Iesu Grist.." (Phil 3:20) Cawn gyfeiriad arall yn Effesiaid 5:23 ac mae'r pedwar arall yn y llythyrau bugeiliol sef Titus 1: 4, 2:13, 3:6 a 2 Tim 1:10. Yn ail lythyr Pedr cawn bum cyfeiriad ac yn un o'r rhain mae'r awdur yn annog y darllenwyr i gynyddu mewn gras a gwybodaeth "o'n Harglwydd a'n Gwaredwr, Iesu Grist." (11 Pedr 3:18)

Cyfnod o ddistawrwydd:

Gweddi:

Dduw sanctaidd, ein creawdwr a'n gwaredwr,
yn dy rym creadigol dygaist y byd i fod
a gwnaethost ni ar dy ddelw dy hun
i'th garu a'th wasanaethu.
Gerbron dirgelwch dy gariad
cydnabyddwn mai dy eiddo di ydym.
Gerbron dy fawredd a'th sancteiddrwydd
sylweddolwn ein bychander.
Gerbron dy haelioni a'th ras
gwelwn a chyffeswn ein hannheilyngdod.
Ond er ein beiau a'n diffygion
nid wyt yn ein gwrthod nac yn cefnu arnom,
ond yn dod atom yn dy Fab Iesu Grist,
i faddau i ni ein pechodau
ac i'n harwain i lawnder bywyd.

Waredwr sanctaidd, ein Harglwydd Iesu Grist,
diolchwn i ti am yr hyn a wnaethost drosom
yn dy fywyd, dy farw a'th fuddugoliaeth.
Daethost yn dlawd
er mwyn ein gwneud ni yn gyfoethog.
Fe'th aned i'r byd hwn
er mwyn ein geni ni drachefn i'r bywyd tragwyddol.
Aethost i lawr i ddyfroedd bedydd
er mwyn ein codi ni i edifeirwch.
Yfaist o gwpan dioddefaint
er mwyn i ni yfed o gwpan llawnder a llawenydd.
Gwisgaist goron ddrain
er mwyn i ni wisgo coron gogoniant.
Derbyniaist gosb marwolaeth ar groes
er mwyn i ni dderbyn trugaredd a maddeuant.
Atgyfodaist ac esgynaist
er mwyn i ni rannu â thi yng ngogoniant y Tad.

Ysbryd Sanctaidd, ein nerth a'n diddanydd,
goleuaist i ni ogoniant ein Harglwydd Iesu

a'i wneud yn weladwy i'n ffydd.
Tywynnaist ar ein heneidiau
i wasgar y tywyllwch sydd ynom,
ac i roi i ni ffydd i bwyso ar Iesu.
Addewaist drigo gyda'th bobl yn wastad,
i'w diddanu yn eu gofidiau
a'u hysbrydoli yn eu gwaith.
Gwisgaist dy eglwys â grym
i gyhoeddi'r newyddion da
ac i gyflawni ei chenhadaeth yn y byd.

Dad, Mab ac Ysbryd Glân:
am y grym a'n creodd,
am y gras sy'n ein cynnal,
am y cariad sy'n ein cadw:
i ti y bo'r clod a'r gogoniant dros byth. Amen.

Elfed ap Nefydd Roberts

Cydganu neu gydadrodd Gweddi'r Arglwydd:

Emyn: *Caneuon Ffydd* 367

Anerchiad:
Mae'n werth ein hatgoffa unwaith yn rhagor mai prin yw'r cyfeiriadau yn y Testament Newydd at Iesu'r Gwaredwr a'r hyn sy'n ddiddorol yw fod mwy o gyfeiriadau yn llyfrau mwyaf diweddar y Testament. Tybed, fel yr oedd pobl yn meddwl am Iesu ac o'u profiadau ohono eu bod yn dod yn fwy sicr ohono fel Gwaredwr. Er mai prin yw'r cyfeiriadau penodol ato, does dim amheuaeth am waith achubol Iesu. Edrychwn ar ddau ddigwyddiad yn yr Efengylau.

Darllen: Mathew 8:23–27

Mae'r gair 'achub' yn cael ei ddefnyddio yng nghyd-destun o 'berygl'. Mae Iesu a'r disgyblion wedi'u dal mewn storm ar y môr. Yn eu dychryn a'u hofn mae'r disgyblion yn ceisio deffro Iesu sy'n cysgu yn starn y cwch, "Arglwydd, achub ni, y mae ar ben arnom." (Mathew 8:25) Yn yr un efengyl cawn Pedr wrth iddo ddechrau suddo yn gweiddi ar Iesu, "Arglwydd, achub fi." (Mathew 14:30) Yr un fyddai cri pob un ohonom ninnau yng ngwyneb perygl ac enbydrwydd. Mae Iesu'r Gwaredwr yn cyfarfod â ni ym mheryglon a threialon eithaf bywyd. Mae bywyd yn gallu bod yn union fel y môr yn donnog, yn gyfnewidiol ac yn aflonydd ond neges yr efengyl yw nad oes raid i'r un ohonom wynebu hyn ar ein pennau'n hunain. Profiad eithriadol o ysgytwol yw cael ein dal yng nghanol stormydd bywyd a neb i droi ato, neb i ymddiried ynddo gan deimlo nad oes gan neb na dim ddiddordeb ynom. Cyhoeddi mae'r digwyddiad hwn fod Iesu yn Arglwydd y storm. Mae storm môr Galilea wedi tanseilio ffydd y disgyblion, "... mae ar ben arnom." (Mathew 8:25) Pam na wnei di rywbeth? Pam wyt ti wedi caniatáu'r storm i ysgwyd ein ffydd ni? Pam yr wyt ti mor dawel a di-hid yn cysgu a ninnau mewn ofn? Cwestiynau dirdynnol pob oes. Cwestiynau dirdynnol pob un ohonom yn wyneb trafferthion bywyd. Mae'n werth sylwi ar ymateb Iesu. Nid ateb y cwestiynau gan bwyso a mesur yn ofalus mae Iesu ond gweithredu. Cynorthwyo'r disgyblion i feddiannu eu heneidiau mewn ffydd mae Iesu trwy dawelu'r storm. Mae'r Gwaredwr wrth law o hyd i'n gwaredu o brofiadau dyfnaf bywyd.

Darllen: Marc 5:25–34

Cawn enghreifftiau o'i waith achubol hefyd yn gwella'r cleifion. Yn y darlleniad, clywsom am y wraig a gredai, "os cyffyrddaf hyd yn oed â'i ddillad ef, fe gaf fy iacháu." (Marc 5:28) Efallai ein bod yn dweud nad oes sôn am y gair 'achub' yn y digwyddiad hwn o gwbl ond y ferf yn yr iaith Roeg am iacháu yw *sōzein*. Diddorol felly yw nodi mai'r gair am waredigaeth sy'n cael ei ddefnyddio am iacháu yn ogystal. Edrychwn ar nodweddion personoliaeth Iesu yn y digwyddiad hwn. Yng nghanol y dyrfa, â phobl o'i gwmpas ymhob man, yr unigolyn sy'n cael ei sylw. Rhoddodd ei sylw i gyd iddi hi; ei anghenion hi yn anad neb arall oedd yn mynd â'i holl fryd. Mor hawdd y gallai ddweud ei fod ar ei ffordd i dŷ Jairus a bod ganddo waith pwysig yno, ond rhoddodd o'i amser a'i gynhaliaeth i'r wraig hon. I Iesu mae'r unigolyn, pwy bynnag ydi o, yn bwysig ac yn haeddu ei sylw. Yr ail beth i'w nodi am Iesu yn y digwyddiad hwn yw, bob tro roedd yn iacháu roedd rhyw rinwedd yn mynd ohono. Mae'n amhosib helpu rhywun arall heb i ni deimlo rhywbeth wedi mynd ohonom. Ni ellir rhoi'n gyfan gwbl heb i ni ein hunain gyfri'r gost. Mae hanesion am y rhai sydd â'r ddawn i iacháu, yn dweud eu bod nhw eu hunain yn teimlo'r boen mae'r claf yn ei deimlo. Os bydd claf wedi'i wella o boen arteithiol, cryd cymalau dyweder, bydd y 'meddyg' yn teimlo'r poenau yn ei gorff ei hun. Meddyliwch am ddiwrnod ym mywyd Iesu. Drwy'r amser rhoddai ohono'i hun, nid yn unig roedd yn iacháu, roedd yn rhoddi ei hun bob cyfle, bob dydd. A'r rhoddi mwyaf un oedd ar Galfaria – y rhoi cyfan gwbl yna. Yn y rhoi, mae'r Gwaredwr yn dyrchafu ei hun a rhodd Duw i'w bobl yw'r waredigaeth ac yn Iesu y gwelsom y rhodd hon yn cael ei hamlygu ar ei heithaf.

Cyfnod o ddistawrwydd:

Cwestiynau i'w trafod:
1. Sut fyddech chi'n mynd ati i geisio esbonio beth yw 'Gwaredwr' i ieuenctid dosbarth derbyn neu ddosbarth conffyrmasiwn. Sonnir o dro i dro am ambell chwaraewr pêl-droed fel 'Gwaredwr' am ei fod wedi sgorio gôl dyngedfennol. Pa mor addas yw trafod hyn gyda ieuenctid?
2. Tybed a ydyn ni fel Cristnogion yn rhy barod i gyfyngu ar weithredoedd y Gwaredwr? Pwy sydd i gael ei achub? Ai rhywbeth i'w gyfyngu ydi o i'n 'pobl ni' i'n 'haddoldy ni'?
3. Oes gynno ni hawl i ofyn i bobl 'ydych chi wedi cael eich achub'? Ydi'r unigolyn yn gwybod ei fod wedi'i achub ynteu Duw yn unig sy'n gwybod? Tybed oedd Iesu'n mynd o gwmpas y wlad yn gofyn y cwestiwn 'ydych chi wedi cael eich achub'? Beth oedd dull Iesu?
4. Beth yn eich barn chi ydi ystyr 'Crist Gwaredwr y Byd'?
5. Sut ydych chi'n ymateb i: (a) hanes y storm ar y môr (b) y wraig â'r gwaedlif? Ydi digwyddiadau fel hyn yn pellhau pobl oddi wrth efengyl Iesu Grist gan labelu'r digwyddiadau fel, "ddim yn wir heddiw"?

Cyfnod o ddistawrwydd

Myfyrdod:

Ym mywyd ffydd mae yna osodiad, gwrthosodiad a chyfosodiad. Mae popeth yn llaw Duw, wedi ei ddal ynghyd yn ei bwrpas goruwchlywodraethol. Trwy ras daionus Duw rydym yn profi iachawdwriaeth. Ni raid i ni ond rhoi'n ffydd ynddo ef. Ac eto Duw a'n gwnaeth; gwaith ei law ydym, ac mae ei bwrpas ar ein cyfer yn golygu ein bod yn gweithio dros bopeth sy'n dda, yn bur ac yn gyfiawn. Felly fe'n gelwir i weithredoedd da ac y mae'r rhain yn rhan o bwrpas tragwyddol Duw. Ac eto ni ddaw ein hiachawdwriaeth trwy weithredoedd da yn y diwedd ond trwy ffydd yng ngras a chariad Duw.

John Johansen-Berg, addas Glyn Tudwal Jones

Emyn: *Caneuon Ffydd* 375

Y Fendith:

A bydd tangnefedd Duw y Gwaredwr,
sydd uwchlaw pob deall,
yn ein gwarchod
bob amser, hyd byth. Amen.

Y GAIR

Adnod agoriadol:

"Yn y dechreuad yr oedd y Gair; yr oedd y Gair gyda Duw, a Duw oedd y Gair." (Ioan 1:1) Tybed ai hon oedd yr adnod gyntaf ddysgoch chi yn yr ysgol Sul a'i bod erbyn hyn yn un o'r adnodau sy'n dal i aros yn y cof? Adnod syml i'w chofio oherwydd ei rhythm a'i rhediad ond beth yn union yw ystyr yr adnod? Yn yr oedfa hon dowch i ni geisio, gyda chymorth Duw, fynd i'r afael â'r ystyr.

Emyn: *Caneuon Ffydd* 348

Gweddi:

Ers talwm, roedden ni'n arfer chwarae
yn y gerddi a'r caeau.
Troi pob carreg a gweld y mân greaduriaid
yn sgrialu i'r tywyllwch.
Eu bywyd nhw oedd y tywyllwch a'r mwrllwch,
ddigon hapus eu byd nes i ni godi'r garreg.
Mae yna gyfnodau, Arglwydd,
pan mae dy wirionedd di
yn ein llorio,
yn mynd â'n gwynt ni,
yn ein gwneud yn llipa.
Y goleuni'n rhy lachar,
a'r pryd hwnnw y tueddiad, fel y mân greaduriaid
ydi sgrialu i'r tywyllwch.
Methu deall,
ddim yn deall
a labelu'r cyfan
'Rhy anodd i mi'
a throi cefn
am byth.

Wrth i ni astudio'r 'Gair' heddiw
wnei di ein goleuo o'r newydd,
nid fel cannwyll yn ffenest
bwthyn ein breuddwydion
ond fel goleuni llachar
sy'n ein harwain i adnabod o'r newydd.
Ac yn sydyn mae'r cyfan yn disgleirio.
Nid goleuni na phŵer na Gair
yw'r hyn a addolwn,
ond cariad a enwir Iesu.
Arglwydd, wnei di'n cadw ni yn y goleuni
ac os oes yna ysfa i sgrialu i'r tywyllwch,
symud y garreg, unwaith yn rhagor.   Amen.

Cydganu neu gydadrodd Gweddi'r Arglwydd:

Darllen: Ioan 1:1–14

Myfyrdod:
"Yn y Prolog enwog hwn fe gawn yr allwedd i drysorau yr Efengyl yn ôl Ioan. Y mae dau fyd yn cyfarfod yma, y byd Hebreig a'r byd Groegaidd, ond er bod yr awdur yn dra chyfarwydd â'r olaf, mae'n tynnu mwy ar y blaenaf. Disgrifiodd William Temple adnod 14 fel 'y frawddeg fwyaf yn y llyfr mwyaf yn y byd'. Y Logos (a gyfieithir 'Y Gair') oedd y rheswm dwyfol yn natur ac mewn dyn, meddwl Duw, Realiti. Eithr mewn gwirionedd nid oes dim a'i rhagflaenai mewn Athrawiaeth Groegaidd yn egluro'n llawn yr hyn a gais yr Efengylwr ei ddywedyd, mwy nad oes dim yn y meddwl Hebreig sy'n esbonio'r Ymgnawdoledig. Fe wnaeth Ioan y syniad yn eiddo iddo'i hun, gan ei ehangu a'i ddyfnhau. Dyna Dduw, meddai, wedi dod mewn ffurf ddealladwy i ddynion. 'Nid oedd ffordd arall o ddywedyd "Duw" yn ddealladwy', medd un. 'Fe lefarwyd ystyr yr Anfeidrol', medd un arall.   *T. Glyn Thomas*

Cyfnod o ddistawrwydd i fyfyrio ar y darlleniad a'r geiriau uchod:

Emyn: *Caneuon Ffydd* 694

Cefndir:

Cenhadon oedd cyfathrebwyr cyntaf Ysgrythurau'r Testament Newydd. Mae'n anodd meddwl am yr awduron yn eistedd i lawr i ysgrifennu negeseuon manwl; yn hytrach roedd rhannau helaeth o'r Testament Newydd yn cael eu hysgrifennu i ymateb i broblemau a digwyddiadau penodol. Nid gwaith ar gyfer ysgolheigion a diwinyddion yn unig oedd y cynnwys ond ar gyfer pobl gyffredin yn eu hamryfal oruchwylion?

Ar y cychwyn, doedd hi ddim yn dasg mor anodd â hynny, gan fod y cenhadon yn Iddewon oedd yn cyfathrebu â chyd-Iddewon. Roedden nhw'n siarad yr un iaith ac yn dal yr un syniadau. Comisiwn Iesu i'w ddisgyblion oedd, 'Ewch i'r holl fyd' a bellach roedd dylanwad yr Efengyl yn lledaenu trwy Asia Leiaf. Pan oedden nhw'n cyfathrebu â'r Groegwyr doedd termau fel 'Meseia' a 'Mab Dafydd' yn golygu dim. Os oedd Iesu yn mynd i apelio at y Groegwyr rhaid oedd meddwl am dermau fyddai'n ddealladwy iddyn nhw.

Mae Ioan, awdur y Bedwaredd Efengyl, oedd yn ysgrifennu yn Effesus oddeutu'r flwyddyn 100 OC yn datrys y broblem. Mae'n dehongli Iesu trwy ddefnyddio'r term Logos, y Gair. Byddai'r term hwn yn ddealladwy i'r Iddewon a'r Groegwyr fel ei gilydd.

I'r Iddew roedd pob gair yn uned o nerth a grym. Nid yn unig roedd gair yn 'dweud' ond hefyd yn 'gwneud'. Gwyddom yn iawn am nerth geiriau; gall ein gwneud yn eithriadol o hapus neu ddod â dagrau i'n llygaid. Gall geiriau'r pregethwr newid ein syniadaeth a'n codi ar ein traed i weithredu. Yn llyfr Genesis mae pob rhan o ddrama'r cread yn dechrau gyda'r geiriau, "Yna dywedodd Duw". (Genesis 1:2, 6, 9, 11, 14, 20, 24, 26) Yn ôl Eseia, "felly y mae fy ngair sy'n dod o'm genau; ni ddychwel ataf yn ofer, ond fe wna'r hyn a ddymunaf, a llwyddo â'm neges". (Eseia 55:11) I'r Iddew mae dweud fod Iesu yn Logos yn golygu ei fod yn fwy na llais Duw; mae'n nerth pwerus Duw ar waith.

Ond sut mae'r syniad o'r Gair yn cysylltu â meddylfryd Groegaidd? Daeth y syniad o'r Logos i fyd y Groegwr trwy syniadau Heraclitws. Iddo ef, roedd dwy elfen bwysig yn y bydysawd. Mae popeth yn symudol; does dim byd yn aros yn llonydd. Mae bywyd yn newid gydol yr amser. Ond eto i gyd mae'r bydysawd yn ddibynadwy. Mae pob gweithred yn creu yr un math o adwaith o phob achos yn creu yr un math o effaith. Pan fydd hedyn dant y llew yn syrthio i'r pridd ac yn egino dim ond dant y llew fydd yn tyfu o'r pridd. Beth felly sy'n creu'r drefn hon mewn byd symudol? Yn ôl Heraclitws, y Logos, sef y meddwl, y rheswm mae holl drefn y bydysawd yn dibynnu arno. Ond efallai mai Philo, a aned yn y flwyddyn 20 CC, oedd yn Iddew o Alexandria, sydd wedi dehongli'r Logos orau. Iddo ef y Logos yw'r bont rhwng Duw a dyn; y Logos yw offeryn Duw yng nghreadigaeth y byd, delw Duw wedi ei osod ar y bydysawd, a'r gallu sy'n dal y bydysawd wrth ei gilydd.

Emyn: *Caneuon Ffydd* 103

Anerchiad:
Sut mae pobl yn cyfathrebu? Mae cynifer o wahanol ffyrdd. Gallwn ddangos ein teimladau yn osgo ein corff neu edrychiad. Mae'r byddar yn defnyddio ei ddwylo a siâp ceg ond y ffordd fwyaf effeithiol yw trwy ddefnyddio geiriau. Yn Iesu, mae Duw wedi siarad â phobl. Yn y blynyddoedd cyn dyfodiad Iesu i'r byd roedd Duw wedi llefaru trwy'r proffwydi, "Fel hyn y dywed yr Arglwydd", ond fel y mae awdur y llythyr at yr Hebreaid yn dweud, "Mewn llawer dull a llawer modd y llefarodd Duw gynt wrth yr hynafiaid trwy'r proffwydi, ond yn y dyddiau olaf hyn llefarodd wrthym ni mewn Mab." (Hebreaid 1:1) Iesu yw 'neges' Duw wedi dod yn gnawd a thrwy hynny'n gallu cyfathrebu'n uniongyrchol, wyneb yn wyneb â phobl. Ond yn ôl Ioan1:1 roedd y gair yn bodoli yn y dechreuad. Dweud y mae Ioan fod y "Gair" yn bod cyn i'r greadigaeth gael ei chreu, ac felly'n rhan o dragwyddoldeb. Roedd yno gyda Duw cyn bod amser a chyn bod y byd. Mae'n syniad anodd iawn i'w ddeall a'i amgyffred. Ond dowch i ni edrych ar un ystyr yn unig o'r darlun hwn. Mae'n golygu fod Duw yr un fath yn union â Iesu. Mor hawdd ar brydiau ydi cytuno â'r ferch honno ddywedodd, 'Rwy'n hoffi Iesu Grist ond mi rydw i'n casáu Duw.' Mae eraill yn credu fod Iesu, trwy ei farw, wedi newid agwedd Duw, oherwydd bod Duw yr Hen Destament yn Dduw caled, eiddigeddus, yn farnwr creulon, a bod Iesu trwy ei aberth wedi'i wneud yn Dduw cariadus. Ond beth am y digwyddiadau creulon, cignoeth sy'n cael eu portreadu ar dudalennau'r Hen Destament? Onid

yn araf y daeth dyn i ddeall a dirnad cymeriad Duw? Nid Duw sydd wedi newid; yn hytrach gwybodaeth dyn am Dduw sydd wedi datblygu. Pobl oedd yn ysgrifennu'r geiriau hyn a dyna oedd hyd a lled eu gwybodaeth am Dduw. Yn araf iawn mae dyn wedi dysgu am gymeriad a natur Duw. Mae hanesyn diddorol am blentyn yn gwrando ar un o hanesion gwaedlyd yr Hen Destament a'r athrawes yn dechrau holi'r plant am y digwyddiad ac meddai un ohonyn nhw, "Mae'n siŵr bod yr hanes yna wedi digwydd cyn i Dduw ddod yn Gristion!" Mae'r Gair yn dweud bod Duw wedi bod bob amser yn union fel Iesu.

Beth am yr ail gymal? "Yr oedd y gair gyda Duw." Ystyr hyn yn syml yw, o'r dechrau cyntaf un mae cysylltiad agos, clòs rhwng Iesu a Duw. Does yna neb gwell i ddweud wrthyn sut un ydi Duw. Efallai eich bod wedi symud i ardal newydd i fyw. Rydych yn awyddus i wybod sut rai yw eich cymdogion. Dros y ffordd i chi mae teulu sydd wedi bod yno am ddwy flynedd a drws nesaf mae teulu sydd wedi bod yno am ddeng mlynedd. At ba deulu y buasech yn mynd i gael y wybodaeth orau am eich cymdogion? Y teulu fu'n byw yno hwyaf. Neges Ioan yw'r unig un yn yr holl fydysawd sy'n gallu datgelu i ni sut un ydi Duw a sut mae'n teimlo ac ymagweddu tuag atom.

A'r cymal olaf, "a Duw oedd y Gair". Er mwyn deall y cymal hwn yn iawn mae'n rhaid i ni edrych ar yr iaith Roeg. Na, peidiwch â dychryn, dim ond ychydig bach o ramadeg syml. Pan fo'r iaith Roeg yn defnyddio enw mae bron bob tro yn defnyddio'r fannod benodol gyda'r enw hwnnw. Y gair Groeg am Dduw yw '*theos*' a'r fannod benodol yw '*ho*'. Felly, pan fo'r Groegwr yn sôn am Dduw, mae'n defnyddio "*ho theos*." Pan nad ydi'r iaith ddim yn defnyddio'r fannod benodol yna mae'r enw yn mynd yn fwy tebyg i ansoddair; mae'n disgrifio cymeriad neu ansawdd person. Dydi Ioan ddim yn defnyddio '*ho theos*', neu buasai hynny yn golygu fod y Gair yn union r'un fath â Duw. *Theos* yn unig y mae Ioan yn ei ddefnyddio felly yr hyn mae'n ei ddweud yw o'r un cymeriad, yr un hanfod â Duw. Mae Iesu yr un fath â Duw o ran meddylfryd a phersonoliaeth. Edrychwch ar Iesu; un fel hyn yw Duw.

Cyfnod o ddistawrwydd i fyfyrio ar yr anerchiad:

Cwestiynau i'w trafod:

1. Tybed ydyn ni'n rhy barod i ddweud bod y Beibl yn anodd ac yn astrus heb geisio ei ddarllen a'i ddeall? Ar bwy mae'r bai nad ydyn ni heddiw yn deall y Beibl? Yr ysgol Sul, yr ysgol ddyddiol, yr offeiriaid a'r gweinidogion? Beth am yr unigolyn? Beth yw ei gyfrifoldeb ef?

2. Fyddech chi'n dweud mai bai mawr yr oedfaon heddiw yw eu bod ymhell o'n cyrraedd a bod y cyfathrebwyr yn defnyddio iaith a syniadaeth anodd a phell o'n profiad?

3. Beth am le a gwerth y bregeth yn ein haddoliad heddiw? Beth am y syniad o drin a thrafod, a chyfle i ddweud eich dweud, a hynny o fewn fframwaith oedfa?

4. Sut fyddech chi'n mynd ati i gyfathrebu â phobl heb gefndir Cristnogol sy'n byw yn eich bro. Sut mae cyflwyno Iesu i ieuenctid heddiw?

5. Beth am fynd ati i lunio oedfa ar gyfer eich cynulleidfa chi. Cofiwch, does dim rhaid cael pregeth bob tro!

Munud i feddwl:

'A daeth y Gair yn gnawd.' 'Dyma'r frawddeg fwyaf yn y llyfr mwyaf yn y byd,' meddai'r Archesgob William Temple. Meddwl Duw yn cael corff. Y tragwyddol yn dod yn rhan o hanes. Yr ysbryd creadigol yn dod yn rhan a chyfran o'r byd creëdig. I'r byd Helenistaidd dyma'r gosodiad mwyaf syfrdanol yn yr Efengyl i gyd. Defnyddir y gair 'cnawd' yn fwriadol. Golyga nid corff ond dyn o'i gyferbynnu â Duw, ac nid rhith o ddyn fel y dysgai'r Docetiaid, yr heresi gyntaf y bu rhaid i'r Eglwys ei hymladd, sef gwadiad o ddyndod Crist. Felly nid peth i'w ddirmygu yw'r cnawd megis y gwnâi'r Gnosticiaid, nac i'w ddinistrio fel gelyn, ond cyfrwng i'r Ysbryd weithio drwyddo. Daeth y Gair yn gnawd a phabellu ymhlith dynion. Fe welwyd cymaint ag a oedd yn bosibl o'r gogoniant dwyfol o dan amodau dynol yn Iesu Grist. Disgrifir y gogoniant fel yn llawn gras a gwirionedd. Ni cheir y gair 'gras' ond yma yn Efengyl Ioan, a dieithryn yw yn yr efengylau eraill hefyd. Gair Paul ydyw, yn golygu'n gyffredinol gariad Duw tuag at yr anhaeddiannol. Y mae gwirionedd eto yn un o eiriau mawr Ioan.

Isaac Jones

Emyn: *Caneuon Ffydd* 607

Y Fendith:
I'n Duw ni, a ddaeth atom yn y Gair Dwyfol,
y bo'r mawl, y gogoniant a'r doethineb a'r diolch
a'r anrhydedd a'r gallu a'r nerth byth bythoedd. Amen.

Y MAEN

Galwad i addoli:

Arglwydd, cynorthwya fi i osod fy serch arnat
ac i ddarostwng fy holl natur i ti;
dwysbiga fy nghydwybod â'th sancteiddrwydd;
portha fy meddwl â'th wirionedd;
pura fy nychymyg â'th brydferthwch;
agor fy nghalon i'th gariad;
plyg fy ewyllys i'th bwrpas,
a chynorthwya fi drwy'r cyfan i'th foli di,
fy Nuw a'm Gwaredwr. Amen.
> *Gweddi yn seiliedig ar eiriau'r Archesgob William Temple.*

Rhagarweiniad:

Er nad yw Iesu yn cyfeirio ato'i hun fel 'maen' eto i gyd mae cyfeiriadau ar dudalennau'r Testament Newydd lle mae'r syniad amdano fel y 'gonglfaen' yn ymddangos. Mae Iestyn Ferthyr, un o'r tadau eglwysig, yn ceisio profi yn ei gyfrol, *Dialogue with Trypho* fod yr Ysgrythurau yn cyfeirio at Iesu fel 'Brenin ac Offeiriaid a Duw ac Arglwydd ac Angel a Dyn a Chapten a Maen'. Mae'n mynd ymlaen i ddweud, "fod Crist i ddioddef a byddai'n cael ei alw yn Faen". Dewch i ni drin a thrafod y teitl yn yr oedfa hon.

Emyn: *Caneuon Ffydd* 870

Darllen: Marc 12:1–11

Cefndir:

Mae Iesu yn y ddameg hon yn dangos fel mae'r tenantiaid wedi anafu a churo'r gweision ac yn y diwedd maen nhw'n lladd mab perchennog y winllan. Ydi Iesu yn rhag-weld ei ddiwedd ei hun yng ngeiriau'r ddameg hon? Mae'n mynd rhagddo i ddweud fod hyn yn cyflawni geiriau'r Ysgrythur, "Y maen a wrthododd yr adeiladwyr, hwn a ddaeth yn faen y gongl; gan yr Arglwydd y gwnaethpwyd hyn, ac y mae'n rhyfedd yn ein golwg ni." Mae Iesu yn cymryd y dyfyniad o'r Hen Destament ac yn ei gymhwyso ato ef ei hun. Cawn Pedr yn defnyddio'r union eiriau yn un o'i bregethau. Cyhudda'r Iddewon o groeshoelio Iesu a bod Duw wedi ei atgyfodi ac â ymlaen i ddweud, "Iesu yw y maen a ddiystyrwyd gennych chwi yr adeiladwyr ac a ddaeth yn faen y gongl". (Actau 4:11) Yn ei lythyr at y Rhufeiniaid mae Paul yn peintio'r un darlun pan mae'n cyhuddo'r Iddewon o wrthod Iesu, "Syrthiasant ar y 'maen tramgwydd' y mae'r Ysgrythur yn sôn amdano: 'Wele, yr wyf yn gosod yn Seion faen tramgwydd, a chraig rhwystr, a'r rhai sy'n credu ynddo, ni chywilyddir mohonynt'." (Rhufeiniaid 9:32, 33) Cawn gyfeiriadau eraill at y maen yn Effesiaid 2:20 a hefyd yn llythyr cyntaf Pedr. (1Pedr 2:6–8) Er bod y cyfeiriadau hyn wedi'u gwasgaru ar hyd a lled y Testament Newydd mae'r gwreiddiau yn yr Hen Destament. Beth am olrhain y ffynonellau yno?

Yn ôl Salm 118:22, 'Y maen a wrthododd yr adeiladwyr a ddaeth yn brif gonglfaen', gwelir yma gyfeiriad at genedl Israel. Edrychai'r Iddewon ymlaen yn hyderus at y diwrnod y byddai Duw yn dyrchafu'r genedl ac yn rhoi lle amlwg iddi ymhlith cenhedloedd y byd. Y maen, hynny yw, Israel, a wrthododd yr adeiladwyr, hynny yw, a fychanwyd gan y cenhedloedd eraill, fydd ryw ddydd yn dod yn gonglfaen, sef yn dod yn genedl wedi ei dyrchafu i'r entrychion ac yn derbyn pob anrhydedd. Mewn gair, yr hyn a geir yw hanes cenedl, er gwaethaf condemniad y byd, yn cael ei dyrchafu ymysg cenhedloedd y byd.

Ceir dau gyfeiriad yn llyfr Eseia. Mae'r cyfeiriad cyntaf, Eseia 8:14, yn anodd ac yn gymhleth. Cyfeirir at y maen fel magl, yn faen tramgwydd, yn graig rhwystr, yn rhwyd ac yn fagl i drigolion Jerwsalem. Mae Duw yn gymorth i'r rhai sy'n credu ynddo ond i'r rhai di-gred, rhwystr, llyffethair a bagl yw – dim ond niwsans llwyr i'r rhai nad ydynt yn credu. Ond ymhellach ymlaen yn y broffwydoliaeth cawn Dduw yn "gosod carreg sylfaen yn Seion, maen a brofwyd, conglfaen gwerthfawr, sylfaen safadwy". (Eseia 28:16) Mae'r di-gred yn gosod eu nod ar bethau sy'n dadfeilio ac yn sigledig ond mae Duw yn cynnig, i'r rhai sy'n credu, sylfaen gadarn, ddi-syfl i'w bywydau.

Cyfnod o ddistawrwydd:

Emyn: *Caneuon Ffydd* 740

Gweddi:
Mor hawdd ydi hel atgofion am ddoe.
Cofio'n blentyn yn yr ysgol Sul,
y trip, y parti Nadolig,
ond cofio fawr ddim am y gwersi
a'r dosbarth derbyn wedyn, yr hwyl ar y ffordd adref
ac wrth dyfu i fyny.
Ac, yn raddol, dechrau gwerthfawrogi
ein bod ni'n byw mewn gwlad Gristnogol,
a'n bod ni'n perthyn i genedl Gristnogol,
cenedl lle mae Duw wedi rhoi
o'i fendith yn helaeth iddi.
Bron nad ydyn ni'n siarad fel y Salmydd
ac yn rhag-weld y dydd yn dod
y'n dyrchefir ni ymhlith cenhedloedd y byd,
a rhyw bwyso ar ein rhwyfau ydyn ni a byw
ar y syniad hwnnw.

Ond beth sydd wedi digwydd erbyn heddiw?
Cenedl wedi'i dyrchafu?
Gwrandewch ar yr ystadegau moel,
capeli'n cau,
ysgolion Sul yn dirwyn i ben,
nifer yr aelodau yn lleihau o flwyddyn i flwyddyn.
Gweinidogion ac offeiriaid yn prinhau,
anfoesoldeb yn rhemp
ac mor hawdd ydi mynd ymlaen,
ymlaen,
ac ymlaen efo'r ystadegau.
Cenedl a ddyrchefir ymhlith y cenhedloedd yn wir!

Ac mae gan bob un ohonom le i ddiolch am ein cenedl,

am brydferthwch a godidowgrwydd ei thirwedd,
am ei hanes,
am y rhai fu'n palmantu'r ffordd ar ein cyfer,
am ein hiaith,
ynddi y diogelwyd hanes ein gorffennol
a thrwy'r iaith y mynegwyd ein profiadau dyfnaf.
Gweddïwn heddiw dros ein cenedl,
ein cymdogaethau,
ein cartrefi,
ein hysgolion a'n colegau,
ein sefydliadau cyhoeddus,
ein diwydiannau,
ein cefn gwlad,
ein hysbytai,
ein heglwysi,
a gweddïwn am ledaeniad y deyrnas yn ein plith.

Heria ni, i ddangos i bwy rydyn yn perthyn,
ein bod yn perthyn i genedl
a'n bod yn perthyn i Ti.   Amen.

Cydadrodd neu gydweddïo Gweddi'r Arglwydd:

Emyn: *Caneuon Ffydd* 827

Munud i feddwl:
Y mae dau berygl yn ein perthynas â'r Maen. Y naill yw ei wrthod, ar llall yw ei wneud yn addurn. Ei wrthod y mae'r byd, a daw'r naill wareiddiad ar ôl y llall ar bennau dynion yn deilchion. Ei wneud yn addurn yw perygl yr Eglwys – ni wrthododd hi Ef erioed – ond yr un yw'r canlyniad, "ac ar bwy bynnag y syrth y maen hwnnw, efe a'i mâl ef yn chwilfriw". Gwelais dro'n ôl mewn papur newydd lun gorymdaith o urddasolion eglwysig yn eu hurddwisgoedd. O'u blaen cerddai llanc ieuanc yn cario croes – croes fach aur. Synnais nad croes aur yn cael ei chario gan lencyn oedd ei Groes Ef, ond croes bren fawr drom, geinciog, yn ei wasgu i'r ddaear. "Y mae'r rhain," meddwn, "yn gwneud

106

y Groes yn addurn, yn lle ei gosod yn ei lle ei hun." A'r un mor euog yw Anghydffurfiaeth - y mae'n haws gennym roi'r groes i hongian wrth gadwynau gyddfau a chadwynau oriaduron na'i gosod yn ei lle ei hun – ar ein hysgwyddau, yn ei holl drymder. Yr un yw'r canlyniad – hollti'r adeilad, a'i fwrw i lawr yn gyrbibion - nid am fod y gweithwyr yn ddibrofiad a'r defnyddiau'n wael, ond am na roddir ei le ei hun i'r Maen. Ni ellir codi na gwareiddiad na chyfundrefn eglwysig, a'i ddiystyru Ef, heb iddynt ddyfod yn deilchion ar ein pennau.   *T. Glyn Thomas*

Anerchiad:

Yn y Testament Newydd mae Iesu'n cael ei bortreadu fel y maen mae'r gweithwyr wedi ei wrthod ac sydd yn ei dro wedi dod yn brif gonglfaen. Daw yr ystyr yn glir ym mywyd daearol Iesu. Er iddo gael ei wrthod, ei fychanu a'i groeshoelio eto i gyd mae'r fuddugoliaeth derfynol yn eiddo iddo Ef. Mae yna ryw gyneddfau anorchfygol yn perthyn iddo. Ar ôl cyffes Seimon Pedr yng Ngheserea Philipi a'r Gweddnewidiad ar Fynydd Hermon sonia'n gyson am ei ddioddefaint a'i farwolaeth ac ar yr un pryd mae'n sôn am fuddugoliaeth y Trydydd Dydd.

Pan oeddent gyda'i gilydd yng Ngalilea dywedodd Iesu wrthynt, "Y mae Mab y Dyn i'w ddraddodi i ddwylo dynion, ac fe'i lladdant ef, a'r trydydd dydd fe'i cyfodir." (Mathew 17:22, 23)

"Dyma ni'n mynd i fyny i Jerwsalem; ac fe gaiff Mab y Dyn ei ddraddodi i'r prif offeiriaid a'r ysgrifenyddion, condemniant ef i farwolaeth, a'i drosglwyddo i'r estroniaid... a'i ladd, ac wedi tridiau fe atgyfoda." (Marc 10:33, 34)

Cyfeirir at Iesu fel y prif gonglfaen ac yn llythyr Paul at yr Effesiaid cyfeirir ato, "a'r conglfaen yw Crist Iesu ei hun". (Effesiaid 2:20) Beth yn union yw ystyr ac arwyddocâd yr ymadrodd hwn? Meddyliwch am fwa pont; y brif garreg yn y bwa yw'r un sydd ynghanol y bwa ac os tynnir hon i ffwrdd bydd y bwa i gyd yn dymchwel. Neu fe all olygu y gonglfaen, sef y garreg sy'n dal yr adeilad i gyd ar ei draed, ar y garreg hon mae holl bwysau'r adeilad yn gorwedd. Pa un bynnag ydi'r ystyr cywir, arwyddocâd hyn i gyd yw, os bydd carreg ganol y bwa neu gonglfaen yr adeilad yn cael ei dynnu ymaith bydd yr adeilad i gyd yn dymchwel. Iesu Grist, ac ef yn unig, sy'n dal yr eglwys gyda'i gilydd. Gall credoau wahanu pobl; gall trefn gwahanol enwadau gadw pobl ar wahân; dim ond Iesu Grist sy'n gallu creu undod a chytgord. Mae'n syniad ni o beth yw eglwys weithiau yn troi o gwmpas esgob ac offeiriad, gweinidog a blaenor ond nid ar y rhain mae eglwys wedi ei sylfaenu a'i chodi ond ar Iesu. Pan fydd eglwys wedi ei chodi ar sylfaen Iesu, bryd hynny, a phryd hynny'n unig, mae'n eglwys. Iesu yn unig yw'r un sy'n gallu cadw corff bywiol yr eglwys mewn undod.

Cyfnod o ddistawrwydd:

Cwestiynau i'w trafod:
1. O'n hastudiaeth ni o'r 'maen' mae'n amlwg nad carreg wedi ei osod mewn lle amlwg ar dop yr adeilad yw'r maen ond yn hytrach yn y gwaelod. Pa mor arwyddocaol ydi'r darlun hwn yn ein hadnabyddiaeth o Iesu Grist? Fyddech chi'n dweud mai'r 'amlwg' a'r 'arwynebol' sy'n cael y lle blaenaf yn ein cymdeithas heddiw?
2. Ydi Iesu yn cael ei le ym mywyd ein heglwysi heddiw? I ba raddau mae'n wir dweud mai ein mympwyon, ein daliadau, ein syniadau a'n ffyrdd ni sy'n cael y blaen bob tro? Sut mae rhoi'r lle dyladwy i Iesu ym mywyd ein heglwysi?
3. Pa mor wir yw'r honiad fod Iesu yn gallu bod yn gysur ac yn hafan ond hefyd yn faen tramgwydd? Ydi Iesu yn Waredwr a Barnwr yn un? Sut mae cysoni hyn?
4. Yn y Bregeth ar y Mynydd mae Iesu yn mynnu na fydd unrhyw adeilad yn saff os na fydd wedi ei adeiladu ar sylfaen gadarn. (Mathew 7:24–27.) Beth yn eich barn chwi yw 'sylfaen gadarn' ar gyfer cymdeithas heddiw? Sut mae mynd ati i weld bod y sylfeini hyn yn cael eu codi? Pa rôl sydd gan yr Eglwys yn y gwaith hwn?
5. Fyddech chi'n dweud fod eich bywyd chi wedi'i sylfaenu'n gadarn? Beth yw'r nodweddion? Sut mae dylanwadu ar eraill (a) o fewn y teulu (b) o fewn yr eglwys leol (c) o fewn y gymuned?

Cyfnod o ddistawrwydd:

Gweddi:
Dyma ni'n dod ar dy ofyn di unwaith yn rhagor.

Mi yda ni wedi codi cymaint o furiau
ac ar y dechrau roedden ni'n meddwl
eu bod nhw'n gysur ac yn warchodfa,
ond erbyn hyn maen nhw'n rhwystr.
Mae'r cysur wedi mynd yn dagfa
ac mae'r warchodfa wedi mynd yn rhwydau
sy'n ein dal ni'n ôl
a'n cadw ni'n saff,
yn ddiogel,
rhy saff.
Nid diogelwch sydd yna bellach ond carchar,
carchar o'n gwneuthuriad ni ein hunain.
A dyna lle'r ydyn ni o fewn muriau caeëdig.
Does dim amdani bellach ond eistedd
oddi mewn i ddiogelwch ffug
ein bywydau arwynebol, bas.

A phan ydyn ni'n dechrau morthwylio
ein ffordd allan
bownsio mae'r morthwyl,
ac mae'n hymdrechion yn gwbl ddiwerth.

Rho nerth newydd i bob un ohonom, Arglwydd,
i wynebu'r byd,
y gymdeithas o'n cwmpas,
ac i ddod allan o ddiogelwch y muriau
i wynebu dy oleuni di.
Yno mae bywyd yn mynd yn ei flaen.
Yno mae bywyd yn datblygu a thyfu
ac yno rwyt Ti am i ni fod,
ac os cawn ni newid y darlun am funud,
fel y lefain yn y blawd
a'r halen yn y bwyd.

Mae'n hwyrhau, Arglwydd,
a ninnau wedi treulio gymaint o amser o fewn y muriau

fel mae'n anodd dygymod â rhyddid newydd.

Llawenydd ac antur – pethau dieithr i ni.
Mi welwn yr haul a chlywed synau adfywiad.
A dy weld di, o'r newydd – yn herio.

Amen.

Emyn: *Caneuon Ffydd* 843

Y Fendith:
Boed i'r Maen, Iesu Grist ei Hun,
fod yn sylfaen ein bywydau
ac yn her i ninnau fynd allan i'r byd
i helpu eraill i sylfaenu eu bywydau
ar y Maen hwnnw.   Amen.

YR OEN

Adnodau agoriadol:
"Trannoeth gwelodd Iesu'n dod tuag ato, a dywedodd, "Dyma Oen Duw, sy'n cymryd ymaith bechod y byd!"" Ioan 1:29

"Trannoeth yr oedd Ioan yn sefyll eto gyda dau o'i ddisgyblion, ac wrth wylio Iesu'n cerdded heibio meddai, 'Dyma Oen Duw!'" Ioan 1:35, 36

Gweddi agoriadol:
Caniatâ i mi, O Arglwydd, i wybod yr hyn sy'n werth ei wybod,
i garu yr hyn sy'n werth ei garu,
i foli yr hyn sy'n rhyngu dy fodd di,
i drysori yr hyn sy'n werthfawr yn dy olwg di,
i gasáu yr hyn sy'n atgas gennyt ti.
Gwared fi rhag barnu yn ôl yr hyn a welaf,
na dedfrydu yn ôl yr hyn a glywaf,
ond i fedru dirnad yr hyn sydd yn rhagori,
ac uwchlaw pob dim i chwilio
a gwneud, yr hyn sydd wrth dy fodd di,
trwy Iesu Grist ein Harglwydd.   Amen.

Thomas á Kempis

Emyn: *Caneuon Ffydd* 538

Darllen: Ioan 1:29-34

Cefndir:
Beth oedd yn mynd trwy feddwl Ioan Fedyddiwr pan lefarodd y geiriau hyn? Tybed oedd o'n meddwl am Oen y Pasg? Yn ôl hen stori'r Pasg, achubwyd tai yr Israeliaid gan waed yr oen, "Bydd y gwaed yn arwydd ar y tai y byddwch chwi ynddynt: pan welaf y gwaed byddaf yn mynd heibio i chwi, ac ni fydd y pla yn eich difetha pan drawaf wlad yr Aifft."

(Exodus 12:13) Y noson honno, gwaed yr oen a achubodd y bobl yng ngwlad yr Aifft a'r diwrnod hwnnw gwelodd Ioan, yn Iesu, yr oen fyddai'n gwarchod ac achub ei bobl unwaith ac am byth.

Gwyddai Ioan, ac yntau'n fab i offeiriad, am ddefodau'r Deml yn Jerwsalem. Bob dydd aberthid dau oen blwydd am bechodau'r bobl, un yn y bore a'r llall yn yr hwyr. Pan oedd pobl yn newynu hyd yn oed, byddai'r ddefod hon yn digwydd. Daeth y ddefod hon i ben pan ddinistriwyd y Deml yn y flwyddyn 70 OC. Yma, gwelodd Ioan mai Iesu oedd yr unig obaith fyddai'n gallu achub pobl o'u pechodau.

Yn nyddiau'r Macabeaid, yn y cyfnod rhwng yr Hen Destament a'r Testament Newydd roedd yr oen, ac yn arbennig yr oen corniog, yn symbol o goncwerwr ac arweinydd llwyddiannus. Cynrychiola'r oen y concwerwr, sef darlun o bŵer a nerth. Tybed ai Iesu yw'r un a ymladdodd â phechod a drygioni, a gorchfygu. Mewn un weithred gofiadwy ymladdodd â phechod a choncro.

Unig gyfraniad Ioan oedd arwain pobl at Dduw.

Doedd ef yn ddim a Christ yn bopeth. Ni chwenychodd unrhyw statws na safle iddo'i hun. Agorodd y llenni a gadawodd i Iesu gymryd y llwyfan iddo ef ei hun.

Gweddi:
Mor hawdd ydi sefyll yn y llif oleuadau,
sefyll ar ganol y llwyfan
a mwynhau'r sylw a'r gymeradwyaeth
a chwyddo yn nisgleirdeb
y funud.
Gweld dim na neb arall
ond y fi
y fi
y fi,
neb arall.
Arglwydd, rwyt ti'n cael amser anodd
yn ceisio delio efo'n siort ni.
ydyn, rydyn ni'n defnyddio'r geiriau iawn,
y labelau, a'r holl ymadroddion crefyddol
ond pan mae'r awr yn dod i anghofio ni ein hunain

ac i newid ein steil,
ein dull o fyw
dydi'r geiriau crefyddol, aruchel,
a'r gweithredoedd
rywsut ddim yn syncryneiddio.
Pan ydyn ni'n dod atat i ofyn am gymorth
a phan mae hwnnw yn cael ei gynnig i ni,
dydyn ni ddim yn sicr ohono;
gwell gynnon ni ddilyn llwybr arall,
llais arall,
a dyna ni wedyn
yn yr un hen le.
Mi ydyn ni'n ei chael hi'n anodd weithiau,
i fynegi'n glir beth yw ein dyheadau,
beth yn union rydyn ni eisiau.
Rwyt ti'n ein hannog i ymlacio
i ymwadu â'r 'fi fawr',
yr hunan, yr ego.
Ond dydio ddim yn hawdd;
mae yna gymaint ohonon ni'n hunain
yn brigo i'r wyneb.
Gormod o lawer.
Eisiau'n ffordd ein hunain
a mynnu ffordd ein hunain.
Arglwydd, y cwbl fedran ni'i wneud
unwaith eto ac unwaith eto
ydi gofyn am dy gymorth
i roi ein bywydau yn
gyfan gwbl yn dy ddwylo di.
Agor ein dwylo,
er mwyn i ni
lacio'n gafael
a disgwyl,
disgwyl i ti ddod i feddiannu'n bywydau. Amen.

Cydganu neu gydadrodd Gweddi'r Arglwydd:

Emyn: *Caneuon Ffydd* 767

Myfyrdod:

Mae 'na berygl i ninnau fynd ar goll wrth fod mor hunanol:

Un nos Sul yr oedd Duw wedi trefnu oedfa yn y capel lle yr ydych chi fel teulu yn aelodau. Ac yr oedd pawb o'r aelodau, gan eich cynnwys chi, yn gwybod amdani. Yn un peth, yr oedd yr oedfa wedi cael ei chyhoeddi y nos Sul cynt. A peth arall, ers cyn cof i chi, y mae wedi bod yn arfer gan Dduw drefnu cwrdd â'i aelodau yn y capel ar nos Sul, Wel, beth bynnag, yr oeddech chi yn gwybod, ac yn gwybod ei bod hi'n gyfrifoldeb arnoch chi i fod yno.

Tra oedd yr aelodau yn mwynhau prynhawn Sul, rai ohonyn nhw yn gwylio'r teledu, eraill yn cysgu a rhai ar ganol yfed te, dyma Duw yn anfon gair atyn nhw. 'Dewch', meddai Duw, 'mae'r oedfa am chwech'. 'O na', meddai un o'r tu ôl i'r Sunday Express, 'rwy wedi bod yn oedfa'r bore. Dos di i chwilio am y rhai oedd heb fod yn honno'. Meddai un arall, a oedd wedi bod wrthi drwy'r bore yn golchi ei gar, 'Wel, mae'n ddrwg 'da fi, Dduw, ond rwy wedi addo i'r wraig ein bod ni'n mynd am dro bach heno. Fe ddown ni Sul nesa, 'falle'. 'Beth amdanat ti?' gofynnodd Duw i un a oedd newydd agor y Radio Times, 'Ddoi di?' Meddai hwnnw, 'Mae yn raglen dda ar y teledu yn dechrau am ugain munud wedi saith. Os af i i'r oedfa, 'dw i byth yn siŵr a fydda i adref i weld dechre'r rhaglen, ac mae rhywbeth fel 'na yn fy ypsetio i am y noson.'

Wn i ddim faint o weithie y bu Duw gyda thi yn gofyn a fyddet ti'n dod, ti a dy deulu. Lawer tro y prynhawn hwnnw wnaethoch chi ddim hyd yn oed agor y drws iddo Fe, dim ond ei gadw fe i ddisgwyl ar drothwy eich meddylie. A hyd yn oed pan wnaethoch chi ateb y drws yr oedd eich esgusodion chi yn dorcalonnus o dwp.

Y noson honno, pan welodd Duw gyn lleied oedd ar y ffordd i'r capel, fe alwodd E yno bawb a oedd heb fod yn aelod yn unman. a dyma nhw'n dechre dod, bob yn un ac un, dod o gartref ac o glwb, pagan ar ôl pagan ohonyn nhw yn eu hedifeirwch, nes bod y capel yn orlawn. Dyna beth oedd oedfa! Fe all Duw newid ei dîm unrhyw bryd.

John Gwilym Jones

Cyfle i fyfyrio:

Emyn: *Caneuon Ffydd* 753

Anerchiad:

Er mwyn pwyso a mesur ystyr 'Oen' yn y Testament Newydd mae'n rhaid troi i Lyfr Datguddiad ac yno cawn naw ar hugain o gyfeiriadau at Iesu fel yr 'Oen'. Er fod yr Oen yn cael ei bortreadu yn union fel yng ngweddill y Beibl, sef y syniad aberthol amdano, er enghraifft sonnir am 'waed yr oen' (Datguddiad 7:4) ond mae yna nodweddion gwahanol yn amlygu eu hunain. Er bod addfwynder a'r aberth yn dal eu tir, mae yna gefndir newydd yn ymddangos. Ar y cychwyn mae'r elfennau hyn yn gwrthddweud ac yn gwrthdaro yn erbyn ein syniadau ni o'r Oen. Yn llyfr Datguddiad portreadir yr oen yn nhermau nerth a gogoniant, awdurdod a goruchafiaeth. Oen pwerus, yw Oen llyfr y Datguddiad; mae'r oen hwn â saith o gyrn a saith llygad ac yn y Beibl mae corn bob amser yn symbol o nerth. "Gwelais oen yn sefyll yn y canol, gyda'r pedwar creadur byw, rhwng yr orsedd a'r henuriaid. Yr oedd yr Oen fel un wedi ei ladd, ac yr oedd ganddo saith o gyrn a saith o lygaid." (Datguddiad 5:6)

Mae'r Oen yn symbol o awdurdod. Perthyn llyfr y bywyd i'r Oen. Yn y dwyrain roedd gan bob brenin a phob arweinydd gofrestr o'u holl ddeiliaid oedd yn fyw ac yn driw iddyn nhw. Mae llyfr y bywyd yn gofrestr o ddeiliaid Teyrnas Dduw a pherthyn hwn i'r Oen, "Bydd holl drigolion y ddaear yn ei addoli ef, pob un nad yw ei enw'n ysgrifenedig er seiliad y byd yn llyfr bywyd yr Oen a laddwyd." (Datguddiad 13:8) Yn ôl Ioan y Difinydd, awdur llyfr y Datguddiad, mae buddugoliaeth yr Oen yn sicr. Bydd y drygionus yn gwrthryfela yn ei erbyn a byddant yn cael eu dinistrio ym mhresenoldeb yr Oen. Mae'r diwedd i'r drygionus yn bendant, "Fe ryfelant yn erbyn yr Oen, ac fe orchfyga'r Oen hwy, oherwydd y mae ef yn Arglwydd arglwyddi a Brenin brenhinoedd, a'i osgorddlu ef yw'r rhai a alwyd ac a etholwyd ac sy'n ffyddlon." (Datguddiad 17:14)

O ble daeth y delweddau hyn o'r Oen? Yn y cyfnod rhwng y ddau Destament soniwyd am ŵyn corniog. Daw hyn i'r amlwg yn llyfr Enoc. Sonia am ŵyn yn tyfu cyrn ond roedd un Oen â chyrn mwy na'r gweddill fel na allai'r eryrod, y fwlturiaid na'r cigfrain wneud dim iddo. Cyfeiriad sydd yma at orchestion Jwdas Maccabeus. Dyma'r darlun sydd yn Datguddiad. Byddai darllenwyr y gyfrol yn deall yn iawn beth oedd ym meddwl yr awdur.

Dau ddarlun, dwy ddelwedd sydd yn llyfr y Datguddiad a'r awdur wedi asio'r ddwy ynghyd i greu darlun crwn, cynhwysfawr. Mae wedi cymryd yr hen ddarlun o'r oen yn cael ei aberthu ac mae'n dangos i ni Iesu wedi ei ladd. Ni ellir anghofio'r aberth; mae'r boen a'r dagrau yno'n glir. Ond at y darlun hwn mae wedi ychwanegu y darlun o'r oen corniog, y concwerwr. Mae wedi ychwanegu at y darlun o boen ac artaith ddarlun o ogoniant a nerth. Ac i goroni'r cwbl mae wedi gosod "yr Oen ynghanol yr orsedd". (Datguddiad 7:17) Bydd yr Oen "yn eu bugeilio hwy ac yn eu harwain i ffynhonnau dyfroedd byw". (Datguddiad 7:17)

I gloi, y darlun a gawn o'r Oen yw darlun o addfwynder a mawredd, y dioddefaint a'r gogoniant, y gwaradwydd a'r oruchafiaeth a'r cyfan yn datgelu mawredd Iesu Grist.

Darllen: Datguddiad 7:9–17

Myfyrdod ar y darlleniad:
Darllenir y darn hwn o Ysgrythur yn aml mewn angladdau er mwyn cysuro teuluoedd yn eu galar wedi colli ohonynt rywun annwyl. Y mae'r olygfa a ddarlunnir yn yr adnodau yn brydferth iawn ac yn llawn cysur: y dorf a waredigion yn cael eu bugeilio gan yr Oen a'u cysuro gan Dduw ar ôl iddynt ddod trwy'r cystudd mawr. Diau fod y cysur a gynigia'r Ysgrythur yma ar gyfer dynion ymhob oes, ac eto ni ddylem anghofio mai pwrpas Ioan oedd ysgrifennu er mwyn calonogi Cristnogion gorthrymedig ei ddydd. Rhydd yma ddisgrifiad o ddiwedd gogoneddus y saint, ac yn y penodau sy'n dilyn y mae'n eu rhybuddio o'r profedigaethau a allai ddod i'w rhan cyn iddynt gael profi'r gogoniant hwnnw. Darlunia wobr sy'n odidog cyn darlunio treialon sy'n frawychus, ac os llwydda'i ddarllenwyr i gadw'r wobr mewn golwg y mae Ioan yn hyderus yr ânt drwy'r treialon yn fuddugoliaethus. Nid oedd Ioan, nac ysgrifenwyr eraill y Testament Newydd, yn petruso dim am ddefnyddio y syniad am wobr er mwyn hyrwyddo'r gwaith o berswadio dynion i

dderbyn yr Efengyl a gyhoeddent. Yr ydym ni heddiw yn rhy soffistaidd i wneud hyn a chanwn yn hunangyfiawn efelychiad Dafydd Jones o Gaeo o emyn Charles Wesley:

> Mae arnaf eisiau sêl
> I'm cymell at dy waith,
> Ac nid rhag ofn y gosb a ddêl,
> Nac am y wobr chwaith;
> Ond gwir ddymuniad llawn
> Dyrchafu cyfiawn glod
> Am iti wrthyf drugarhau,
> Ac edrych arna'i 'rioed.

D. Hugh Matthews

Cyfnod o ddistawrwydd i fyfyrio:

Cwestiynau i'w trafod:

1. Sut fyddech chi'n pwyso a mesur gweinidogaeth Ioan Fedyddiwr? Ai llais yn unig oedd Ioan?

2. Fedrwch chi feddwl am weithgareddau hunanol o'ch eiddo chi? Trafodwch nhw ymhlith eich gilydd. Sut mae pwyso a mesur beth yw hunanoldeb?

3. Ydi'r darlun o'r Oen yn llyfr Datguddiad wedi'ch dadrithio? Onid darlun o addfwynder a thynerwch yw'r darlun o'r Oen? Beth am yr oen corniog?

4. A ydyn ni'n rhy barod i dynnu darlun siwgwraidd o Iesu? Onid oes eisiau dangos yr ochr gadarn, gref o'i gymeriad? A ddylem bwysleisio mwy ar ddigwyddiadau'r Groglith a'r Pasg yn hytrach na'r Nadolig?

5. Oni fyddai enwau fel "Eglwys yr oen" neu "Eglwys y Bugail Da" neu "Eglwys yr Alpha a'r Omega" yn enwau llawer gwell ar ein capeli na Seion, Sardis a Salem?

Cyfnod o ddistawrwydd i fyfyrio:

Emyn: *Caneuon Ffydd* 616

Y Fendith:

Arglwydd, gwna fi'n offeryn dy hedd.
Lle mae casineb, boed i mi hau cariad,
Lle mae camwedd, maddeuant,
Lle mae amheuaeth, ffydd,
Lle mae anobaith, gobaith,
Lle mae tywyllwch, goleuni,
Lle mae tristwch, llawenydd.
Trwy dy Fab, ein Harglwydd Iesu Grist. Amen.

Sant Ffransis

Y PROFFWYD

Brawddegau agoriadol:

Wrth i ni feddwl am y teitl 'proffwyd' ar Iesu gallwn edrych ar hyn o ddau gyfeiriad gwahanol. Y cyfeiriad cyntaf yw barn eraill am Iesu. Ar ôl iddo gyfodi mab y weddw o Nain, barn y rhai oedd yn dyst o'r digwyddiad oedd, "Y mae proffwyd mawr wedi codi yn ein plith." (Luc 7: 10) Yng Ngheserea Philipi, pan ofynnodd Iesu, "Pwy y mae pobl yn dweud yw Mab y Dyn?" ateb y disgyblion oedd, "Mae rhai'n dweud Ioan Fedyddiwr, ac eraill Elias, ac eraill drachefn Jeremeia neu un o'r proffwydi." (Mathew 16:13–14) Ac wrth iddo farchogaeth i Jerwsalem ar Sul y Blodau y farn gyhoeddus oedd "Y proffwyd Iesu yw hwn, o Nasareth yng Ngalilea." (Mathew 21:11)

Yr ail gyfeiriad yw o safbwynt Iesu ei hun. Pan gafodd ei wrthod yn ei bentref genedigol meddai, "Yn wir, rwy'n dweud wrthych nad oedd dim croeso i'r un proffwyd ym mro ei febyd." (Luc 4:24) Pan rybuddiwyd ef o'r perygl o fynd i Jerwsalem ei ateb oedd, "Eto, heddiw ac yfory a thrennydd y mae'n rhaid i mi fynd ar fy nhaith, oherwydd ni ddichon i broffwyd farw y tu allan i Jerwsalem." (Luc 13:33.)

Mae'n amlwg o'r cyfeiriadau hyn fod Iesu yn barod i dderbyn y teitl 'proffwyd' amdano ef ei hun.

Gweddi:

O Dduw, diolch i ti am godi proffwydi ymhob cyfnod.
Boed i ni heddiw glywed llais y proffwyd
sy'n llefaru dy eiriau di
wrth gyfnod sydd wedi pellhau oddi wrthyt.
Unwaith eto, llefara trwy dy broffwydi
a gad i ninnau wrando ac ufuddhau
yn enw Iesu Grist, ein Harglwydd.   Amen.

Emyn: *Caneuon Ffydd* 340

Darllen: Deuteronomium 18:14–22

Cyfnod o ddistawrwydd neu chwarae'r offeryn yn dawel, dawel:

Darllen: Deuteronomium 34:1–12

Yn rhan gyntaf y darlleniadau mae'r awdur fel petai'n cyfeirio at unigolyn ond fel mae'r adran yn mynd rhagddi mae'n amlwg nad cyfeirio at unigolyn a wneir ond at fwy nag un sy'n cael eu hanfon i gyhoeddi negeseuon oddi wrth Dduw. Gellir maentumio na fydd Duw byth yn gadael ei bobl heb dyst yn eu plith. Yn yr ail adran o bennod olaf y llyfr, ar yr olwg gyntaf mae'r awdur fel petai'n dweud bod y bobl yn disgwyl am broffwyd tebyg i Moses i ymddangos a bod y proffwyd hwnnw i ddod yn y dyfodol. Credai'r Samariaid yn angerddol yn y gred hon. Iddynt hwy dim ond y Pum Llyfr, y Pentateuch, sef y Gyfraith, oedd yn cyfri. Doedden nhw ddim yn derbyn gweddill yr Hen Destament, e.e. llyfrau'r proffwydi. Eu cred hwy oedd y byddai Moses yn ymddangos unwaith yn rhagor fel Jaheb, cyfunwr pob peth. Cawn adlais o hyn yn efengyl Ioan. Barn rhai ar ôl bwydo'r miloedd oedd, "Hwn yn wir yw'r Proffwyd sy'n dod i'r byd." (Ioan 6:14) Yn y bennod ddilynol cawn yr un ymateb, "Hwn yn wir yw'r Proffwyd." (Ioan 7:40) Mae'n ddiddorol sylwi fod y gair proffwyd yn y ddwy adnod hyn yn dechrau â phrif lythyren sef cyfeiriad at yr unigolyn, yr ail Foses, oedd ar ddyfod i'r byd.

Ym mhregethu cynnar yr Eglwys Fore cyfeiria Pedr yn ei araith yng Nghloestr Solomon, "Bydd yr Arglwydd eich Duw yn codi i chwi o blith eich cydgenedl broffwyd, fel fi. Arno ef yr ydych i wrando ym mhob peth a lefara wrthych." (Actau 3:22) Ond mae Steffan yn fwy uniongyrchol fyth, "Hwn yw'r Moses a ddywedodd wrth blant Israel, 'Bydd Duw yn codi i chwi o blith eich cydgenedl broffwyd, fel y cododd fi'." (Actau 7:37) Erbyn yr ail ganrif, roedd yn rhan o'r gred Gristnogol mai Iesu oedd y proffwyd yr oedd Moses wedi ei addo i'w bobl.

Gweddi:
Cwestiwn sy'n ein poeni, Arglwydd,
fel llawer i gwestiwn,
ond mae hwn yn peri penbleth i ni.
Pam wyt ti'n galw rhai ac nid eraill,

os wyt ti'n Dduw yr holl bobloedd?
Pam mae rhai yn cael eu galw a'u neilltuo
i fod yn bobl arbennig i ti?
I fod yn llais i ti.
Pam Abraham? Pam Moses?
Pam Eseia? Pam Jeremeia? Pam Amos?
Proffwyd ar ôl proffwyd ar ôl proffwyd.
Ond yr wyt ti'n galw pobl
nid i safle freiniol ond i swydd gyfrifol,
nid i wobr freintiedig ond i waith arbennig,
nid i fod yn ffefrynnau i ti
ond yn hytrach i fod yn gyfryngau dy genhadaeth yn y byd.
Rwyt ti'n dal i alw proffwydi yn ein cyfnod ni
i adael popeth ac i fod yn rhan o antur y deyrnas,
i gefnu ar y cyfarwydd a'r diogel,
i fentro i feysydd dieithr,
i ganfod llwybrau newydd
a dulliau newydd o gyhoeddi'r newyddion da
a chyhoeddi dy neges
yn ddiflewyn-ar-dafod
heb ofni neb na dim
ond plygu i dy ewyllys di.
'Dy ewyllys di a wneler.'   Amen.

Cydganu neu gydadrodd Gweddi'r Arglwydd:

Emyn: *Caneuon Ffydd* 842

Myfyrdod:
Yn ei gyfrol deyrnged i Tegla, *Llenor a Phroffwyd* mae Islwyn Ffowc
Elis yn portreadu Tegla fel proffwyd yn ei ddydd. Dyma dri dyfyniad i ni
fyfyrio arnyn nhw:
❖   "Yr oedd Tegla'n rhy fawr i 'grefydd' ei gynnwys am ei fod yn byw
beunydd ar fin yr Efengyl. A'i anniddigrwydd mewn cyfundrefn grefyddol
ry gyfyng iddo, ac mewn cyfnod crefyddol rhy lygredig iddo, a'i gwnaeth
yn broffwyd." (t. 106)

121

❖ "Un o nodweddion ei athrylith ef yw medru edrych ar bob pwnc o safle newydd. Llusgo'i feddwl ar hyd rhigolau a wnaed gan eraill a wna'r pregethwr a'r llenor cyffredin. Torri cwysi newydd a wna'r pregethwr a'r llenor anghyffredin, a hynny'n aml er mwyn newydd-deb, ac fe adewir y cwysi'n gochion. Mae Mr Tegla Davies yn fwy na'r ddau. Diflas ganddo gerdded yn rhigol rhywun arall. Ond er bod ei natur annibynnol yn ei orfodi i dorri'i gŵys ei hun, mae'n gofalu ei fod yn rhoi had ynddi." (t 115)

❖ "Oherwydd nid llenyddiaeth a sgrifennwyd fel hobi mohonynt, nid llenyddiaeth eisteddfod na llenyddiaeth fwrw - ysfa, ond proffwyd yn niffeithwch ei oes yn ysgrifennu ingoedd a gorfoleddau ei enaid, ac wrth gyhoeddi'i broffwydoliaeth yn sicrhau ei le ei hun ymhlith anfarwolion llên." (t. 135)

Cwestiwn i'w drafod:
1. A fyddech chi'n dweud mai person yn gweithredu y tu allan i'r gyfundrefn yw'r gwir broffwyd? Tybed ydi'r gyfundrefn yn mygu'r proffwyd? Ai person anniddig yw'r proffwyd sy'n mynnu cyhoeddi gair Duw doed a ddelo?

Y gwir broffwyd yw'r un sy'n agor ei gŵys ei hun. Pa mor wir ydi'r gosodiad hwn? Oes yna broffwydi yng Nghymru heddiw?

Myfyrdod:
Yn 2003 urddwyd Rowan Williams, Cyn-Archesgob yr Eglwys Anglicanaidd yng Nghymru, yn Archesgob Caergaint, y Cymro cyntaf erioed. Ym marn sawl un, ef yw'r proffwyd sy'n llefaru'n huawdl heddiw. Ond ymhlith llawer o'i glerigwyr, ei esgobion a'i braidd, ymhell ac agos, mae gwrthwynebiad chwyrn iddo ef a'i ddaliadau. Ydi'r gwrthwynebiad hwn yn y rhan mae'n rhaid i bob proffwyd ei wynebu? Yn ôl Cynwil Williams, yn ei gyfrol dreiddgar ar fywyd a chyfraniad Rowan Williams, cawn frawddeg fel hyn, "I'r Archesgob, mae'n cystuddiau yn rhan hanfodol o'n byw yn y byd, a hebddynt ni allwn dyfu ac aeddfedu." (t. 229)

Cwestiwn i'w drafod:

1. Ai bywyd o unigedd, poen a chystudd yw bywyd y proffwyd yn y byd?

Fyddech chi'n dweud fod yr elfennau hyn yn amlygu eu hunain ym mywydau proffwydi'r Hen Destament ac ym mywyd Iesu ei hun? Ydi'r darlun hwn yn rhy eithafol tybed?

Emyn: *Caneuon Ffydd* 811

Anerchiad:

Dwy elfen sy'n amlygu eu hunain yn y ffordd roedd y proffwyd yn cyfathrebu â'r bobl oedd trwy (a) weithredoedd symbolaidd, dramatig a (b) thrwy ddamhegion.

Ym mhroffwydoliaeth Jeremeia, ac yntau'n sicr y byddai Nebuchadnesar, brenin Babilon, yn dod gyda'i fyddin i goncro Israel, gwisgodd iau ac anfonodd ieuau at frenhinoedd Edom, Moab, Ammon, Tyrus a Sidon i ddangos, mewn ffordd symbolaidd, ddramatig, yr hyn oedd yn mynd i ddigwydd iddyn nhw. (Jeremeia 27:1–11) Yn y bennod ddilynol mae proffwyd arall, Hananeia fab Assur, yn credu fod neges Jeremeia'n gamarweiniol ac yn gelwydd ac felly mae'n mynd ati i dorri'r iau oddi ar gefn Jeremeia. (Jeremeia 28:10, 11)

Mae Iesu'n defnyddio'r dull hwn hefyd. Enghraifft o hyn yw'r Swper Olaf. Digwyddiad dramatig, symbolaidd oedd hwn yn yr Oruwch ystafell. Roedd y bara'n symbol o gorff Iesu yn cael ei dorri ar y groes a'r gwaed yn symbol o'r gwaed oedd yn diferu o'i gorff drylliedig. Mae torri'r bara ac yfed y gwin yn symbol gweledig o aberth Iesu dros ei bobl. Anodd iawn fyddai cyfleu hyn mewn geiriau felly mae Iesu'n mynd ati i ddefnyddio un o ddulliau'r hen broffwydi i argyhoeddi ei ddisgyblion.

Mae sawl enghraifft yn yr Hen Destament o'r proffwydi "yn llefaru ar ddamhegion". Cawn Eseia yn rhybuddio'i bobl yn nameg neu Gân y Winllan (Eseia 5:1–7) ac mae'r neges yn hollol glir a diamwys. Yma, fel mewn mannau eraill o'r Hen Destament, ceir yr awgrym i Israel dderbyn yn helaeth o law Duw; felly mae'r disgwyliad yn fawr a'r gosb yn drwm. Po fwyaf yw'r fraint mwyaf yn y byd yw'r cyfrifoldeb a pho fwyaf yw'r cyfrifoldeb yna gwaetha fo'r gosb. Yn namhegion Iesu mae'r syniad o 'winllan' yn ganolog. Yn nameg y Winllan a'r Tenantiaid (Marc

12:1–9) daw ateb i gwestiwn perchen y winllan yn hollol glir, "Beth ynteu a wna perchen y winllan? Fe ddaw ac fe ddifetha'r tenantiaid, ac fe rydd y winllan i eraill." (Marc 12:9) Yr un yw'r neges yng nghân Eseia, "Yn awr, mi ddywedaf wrthych beth a wnaf i'm gwinllan. Tynnaf ymaith ei chlawdd, ac fe'i difethir; chwalaf ei mur, ac fe'i sethrir dan draed." (Eseia 5:5) Gan gofio mai un neges ganolog sydd mewn dameg, mae neges dameg y proffwyd Eseia a neges y proffwyd Iesu yn hollol glir – fe ddinistrir y winllan a'r tenantiaid oherwydd eu hanffyddlondeb i Arglwydd y winllan.

Cyfnod o ddistawrwydd i fyfyrio ar neges yr anerchiad:

Munud i feddwl:
Beth am eiriau proffwydol Martin Luther King ar gyfer ein cyfnod ni? Dyma ran o'i neges ar Awst 28, 1963:

Rwy'n dweud wrthych heddiw, fy ffrindiau, ar waetha'r anawsterau a'r rhwystrau fod gen i freuddwyd. Mae'n rhan o freuddwyd America.

Mae gen i freuddwyd y gwelaf y genedl hon yn codi ryw ddydd i fyw yr hyn a ddywed un o erthyglau ei chyfansoddiad: 'Daliwn fod y gwirionedd hwn yn eglur, fod pob dyn yn gydradd.'

Mae gen i freuddwyd y bydd meibion caethweision a meibion eu perchnogion yn abl i eistedd o gwmpas bwrdd brawdgarwch ar fryniau Georgia – rhyw ddydd.

Mae gen i freuddwyd y bydd talaith Mississippi hyd yn oed, rhyw ddydd, ynys sy'n anial o ormes ac anghyfiawnder, yn cael ei newid i fod yn werddon o ryddid a chyfiawnder.

Mae gen i freuddwyd y bydd fy mhedwar plentyn yn medru byw, ryw ddydd, fel rhan o genedl lle bydd cymeriad yn bwysicach na lliw croen.

Mae gen i freuddwyd heddiw.

Mae gen i freuddwyd y bydd talaith Alabama, ryw ddydd, talaith sydd â'i llywodraethwr ar hyn o bryd yn cyhoeddi geiriau o warth a gwawd, y newidir hon i fod yn fan lle bydd bechgyn a merched duon yn abl i gydio yn llaw bechgyn a merched gwynion a chyd-gerdded ar yr heolydd.

Mae gen i freuddwyd heddiw.

Mae gen i freuddwyd: 'pob pant a gyfodir a phob mynydd a bryn a ostyngir, y gŵyr a wneir yn uniawn a'r anwastad yn wastadedd a gogoniant yr Arglwydd a ddatguddir a phob cnawd ynghyd â'i gwêl.'

T. J. Davies

Emyn: *Caneuon Ffydd* 721

Y Fendith:
Boed i'th draed gerdded yn ffordd yr Arglwydd.
Boed i'th lais lefaru Gair yr Arglwydd.
Boed i'th ddwylo wneud ewyllys yr Arglwydd.
Boed i'th fywyd ddangos yn glir gariad yr Arglwydd.
Boed i hedd yr Arglwydd fod gyda thi yn awr ac am byth.   Amen.

Y MESEIA

Brawddegau agoriadol:

Prin yw'r cyfeiriadau at Iesu'r Meseia yn yr Efengylau – dwy waith i fod yn fanwl a hynny yn Efengyl Ioan:
"Y peth cyntaf a wnaeth hwn oedd cael hyd i'w frawd, Seimon, a dweud wrtho, 'Yr ydym wedi darganfod y Meseia (hynny yw o'i gyfieithu, Crist).'" (Ioan 1:41) a 'Meddai'r wraig wrtho, 'Mi wn fod y Meseia (ystyr hyn yw Crist) yn dod. Pan ddaw ef, bydd yn mynegi i ni bob peth.'" (Ioan 4:25)
Y naill adnod yn dod o hanes Andreas yn rhuthro i chwilio am ei frawd Pedr a'r llall yn dod o hanes y wraig o Samaria a ddywedodd wrth Iesu y byddai'r Meseia yn dadlennu'r cyfan iddyn nhw.

Gweddi agoriadol:

O ddydd i ddydd,
tair cainc i'm gweddi arnat sydd:
dy weld yn eglurach,
dy garu'n amlach,
dy ddilyn yn dynnach
o ddydd i ddydd.

Gellir canu'r weddi hon – *Caneuon Ffydd* 988

Emyn: *Caneuon Ffydd* 441

Darllen: Ioan 1:35–42

Myfyrdod:

Beth oedd y syniad Iddewig am y Meseia? Credai'r Iddewon eu bod yn genedl ddewisedig gan Dduw a bod perthynas unigryw rhyngddynt a Duw. I'r Iddew, felly, roedd y berthynas neu'r cyfamod hwn yn golygu braint ac anrhydedd a rhyw ddydd byddai'r genedl yn derbyn ymweliad gweladwy o'r berthynas hon. Dyma fyddai'r uchafbwynt pan fyddai'r

Meseia yn ymddangos. Ar y cychwyn rhywbeth digon syml fyddai hyn – dim mwy na breuddwyd am heddwch a pharhad o dan deyrnasiad brenin o linach Dafydd. Yn aml, nid oedd hyn yn golygu un brenin ond cyfres o frenhinoedd, ond dros y blynyddoedd daeth y syniad i olygu Meseia goruwchnaturiol oedd yn ymylu ar fod tu hwnt i'r dynol. Erbyn cyfnod Iesu credai rhai fod dyfodiad y Meseia wedi mynd heibio ac ni fyddai byth yn dod oherwydd pechod ac anwiredd y bobl. Ond credai rhai Iddewon pybyr pe byddai Israel yn edifarhau'n llwyr am un diwrnod yna byddai'r Meseia yn sicr o ddod neu os byddai'r Iddewon yn cadw dau Sabath, yn union fel y dylent yna byddai'r Meseia'n siŵr o ddod. Credai eraill fod y Meseia wedi'i eni ym Methlehem ond ei fod yn aros yn guddiedig, oherwydd pechodau'r bobl. Y gred oedd y byddai'n ymddangos yn sydyn ac yn arwain ei bobl. Nid oedd Iesu yn ffitio i'r patrwm hwn gan y gwyddai pawb ei fod wedi ei ddwyn i fyny yn Nasareth yn blentyn i Mair a Joseff. I bobl cyfnod Iesu roedd y dyddiau o ddisgwyl am y Meseia wedi hen fynd heibio oherwydd pechodau'r bobl. Credai rhai y byddai'r Meseia, os byddai'n dod o gwbl, yn dod o linach Dafydd ond coleddai eraill y syniad goruwchnaturiol am Feseia Duw.

Gweddi:

Arglwydd Dduw, trown atat heddiw
yn ddisgwylgar.
Fel unigolion, ger dy fron,
teimlwn ar brydiau'n ddiymadferth,
yn ddi-ffrwt a diweledigaeth.
Dydy ni ddim yn sicr iawn
o'n rôl,
o'n gwaith,
o'n cenhadaeth yn ein cymuned.
Mae yna gymaint o waith i'w wneud,
gymaint o achosion i'w cefnogi,
gymaint o bobl i'w caru,
fel mae'r cyfan yn ein gwneud
yn llipa wrth feddwl am y dasg sy'n ein hwynebu.
Gofynnwn, ger dy fron,

127

beth wyt ti am i ni ei wneud,
pob un ohonom,
i hyrwyddo dy deyrnas ar y ddaear?

Fel aelodau o dy gorff di, yr Eglwys,
rydym yn teimlo mor ddiymadferth.
Gweld yr eglwys yn methu ac yn dadfeilio
a bod llais yr eglwys mor wan heddiw
a bod gwaith yr eglwys mor ddibris.
Gofynnwn am dy gynhaliaeth
i gynnal y dystiolaeth yn ein cymuned
trwy wasanaethu pawb.
Defnyddia ein cariad
i fod yn gyfryngau bendith
i'r rhai sydd mewn poen a phryder,
i'r rhai sy'n unig ac mewn trallod meddwl,
i'r rhai sy'n drist ac mewn enbydrwydd,
i'r rhai sydd mewn tlodi a thristwch,
a'r rhai sydd heb obaith.

Pobl ddisgwylgar ydyn ni, Arglwydd.
Eglwys ddisgwylgar yw'r eglwys hon.
Gwrando ein gweddi a deued ein llef hyd atat. Amen.

Cydadrodd neu gydganu Gweddi'r Arglwydd:

Emyn: *Caneuon Ffydd* 841

Anerchiad:

Daw'r gair 'Meseia' o'r gair Hebraeg *mashach* sy'n golygu 'eneinio'. Mae'r gair hwn, yn y cefndir Hebreig, yn gysylltiedig ag eneinio tri math o bobl.

Mae'n gysylltiedig â'r proffwyd. Gorchmynnir Elias, y proffwyd, i eneinio Eliseus yn ei le, "Dywedodd yr Arglwydd wrtho, 'Dos yn ôl i gyfeiriad anialwch Damascus, a phan gyrhaeddi, eneinia Hasael yn frenin ar Syria, a Jehu fab Nimsi yn frenin ar Israel, ac Eliseus fab

128

Saffat o Abel - Mehola yn broffwyd yn dy le." (1 Brenhinoedd 19:15, 16) Credai'r proffwyd yn Israel fod ysbryd yr Arglwydd arno oherwydd bod Duw wedi'i eneinio i bregethu'r newyddion da. Meddai'r trydydd Eseia, "Y mae ysbryd yr Arglwydd Dduw arnaf, oherwydd i'r Arglwydd fy eneinio." (Eseia 61:1) Credai'r proffwyd ei fod yn negesydd Duw, yn cyfathrebu neges neu air Duw i'w bobl ac, felly, wedi ei eneinio gan Dduw i gyflawni ei waith.

Mae'n gysylltiedig â'r offeiriad. Roedd yr offeiriaid wedi eu heneinio i arwain addoliad y genedl. Neges Duw yn llyfr Exodus oedd, "Yr wyt i'w gwisgo am Aaron dy frawd a'i feibion, a'u heneinio, eu hordeinio, a'u cysegru, er mwyn iddynt fy ngwasanaethu fel offeiriaid." (Exodus 28:41) Yn y bennod sy'n dilyn cawn ddisgrifiad manwl a llawn o gysegru offeiriaid a rhan o'r ddefod oedd, "Cymer olew'r ennaint a'i dywallt ar ei ben, a'i eneinio." (Exodus 29:7)

Mae'n gysylltiedig â'r brenin. Pan welodd Samuel y Dafydd ifanc, meddai'r Arglwydd wrtho, 'Anfon amdano; nid awn oddi yma nes iddo ef ddod.' Felly anfonodd i'w gyrchu. Yr oedd yn writgoch a chanddo lygaid gloyw ac yn hardd yr olwg. A dywedodd yr Arglwydd, 'Tyrd, eneinia ef, oherwydd hwn ydyw'. (1 Samuel 16:11, 12) Cawn hanes Sadoc yr offeiriad a Nathan y proffwyd yn eneinio Solomon yn frenin Gihon, "Ac eneiniodd Sadoc yr offeiriad a Nathan y proffwyd ef yn frenin Gihon, a daethant i fyny oddi yno dan lawenhau, a chynhyrfodd y ddinas." (1 Brenhinoedd 1:45)

O'r dechreuad roedd y syniad o Feseia yn cynnwys y proffwyd, yr offeiriad a'r brenin ac fel y gwelwn mae'r tair elfen yma wedi eu hasio ym mherson Iesu. Ond roedd ei weledigaeth ef yn gliriach ac yn ehangach. Er mai gweledigaeth ar gyfer cenedl Israel oedd y syniad o Feseia mae Iesu yn mynd ymhellach. Er mai cenhadaeth i ddefaid colledig Israel oedd ei neges ar y dechrau mae'r weledigaeth yn ehangu ac yn y diwedd yn cofleidio'r byd i gyd. Bydol oedd nod y Meseia ar y dechrau, sef gorthrymu a difetha'r gorthrwm mawr, sef Rhufain, ond gwelai Iesu nod a gobaith cwbl wahanol. Gwelai ef, yn ei eiriau yn y weddi a ddysgodd i'w ddisgyblion, ddarlun llawer mwy eang oedd yn cynnwys y nefoedd a'r ddaear, "gwneler dy ewyllys ar y ddaear fel yn y nef". (Mathew 6:10) Yn ôl y pictiwr Iddewig golygai'r Oes Fesanaidd danchwa gosmig a thrychinebau ond yn ôl neges Iesu rhywbeth i dyfu'n raddol ond yn bendant oedd y syniad yn hytrach na thrychineb apocalyptaidd. Eithr y darlun mwyaf eithafol o'r Meseia oedd y darlun o'i allu i ddifetha pechaduriaid yn llwyr. Y peth olaf y byddai'r Meseia; yn cael ei alw fyddai Gwaredwr. Difetha pechaduriaid oedd rôl y Meseia, achub, cynnal a chodi pechaduriaid ar eu traed oedd ffordd Iesu. Er fod rhagoriaethau'r proffwyd, yr offeiriad a'r brenin ynghlwm yn Iesu, mae ef, fel y gwnâi mor aml yn ystod ei weinidogaeth, yn mynd ymhellach.

Cyfnod o dawelwch i fyfyrio ar gynnwys yr anerchiad:

Emyn: *Caneuon Ffydd* 292

Cwestiynau i'w trafod:

1. Ydych chi'n credu fod cenedl Israel yn genedl ddewisedig gan Dduw? Beth yn union yw ystyr y gair "dewisedig"?

2. Pa mor bwysig yw bod yn 'bobl ddisgwylgar'? Disgwyl am beth?

3. Ydych chi'n credu bod Iesu yn ystyried ei hun yn Feseia yn nhermau'r Hen Destament?

4. Fel y clywsom roedd bywyd a dysgeidiaeth Iesu yn gwbl wahanol i ddyheadau'r bobl. Tybed ai ar ôl yr Atgyfodiad y dechreuodd pobl feddwl am Iesu fel Meseia?

5. Pam tybed fod Iesu mor dawedog ynglŷn â'r syniad hwn? Tybed a fyddai pobl wedi camddeall ei neges yn llwyr petai wedi honni'n gyhoeddus mai ef oedd Meseia Duw? Fyddai hyn wedi gwneud mwy o ddrwg yn y pen draw?

Cyfnod o dawelwch i fyfyrio:

Munud i feddwl:

Y peth cyntaf a wnaeth Andreas, yn ôl efengyl Ioan, oedd mynd â'r newydd da i Simon ei frawd a rhannu'i lawenydd gydag ef. Y newydd da oedd ei fod wedi darganfod y Meseia. Mae Ioan yn esbonio'r gair Hebraeg er mwyn i'r Groegiaid ei ddeall. Yr un yw ystyr y ddau air Meseia a Christ, sef Eneiniog. Fel y clywsom eisoes câi brenhinoedd yn yr hen fyd eu heneinio wrth eu coroni. Brenin Eneiniog Duw oedd Iesu.

Ychydig iawn a wyddom am Andreas, ond yn ôl y digwyddiad, yn y bennod gyntaf o Ioan, mae gennym ddigon i ddweud dau beth o leiaf amdano. Roedd yn barod i gymryd yr ail safle ac fe'i hadwaenid ef fel brawd Simon Pedr. Un yn mynnu ei le yng nghefn y llwyfan oedd Andreas. Rhoddai hynny le i'w frawd, Pedr, i gael y lle amlwg, y golau llachar.

Yr ail beth amdano oedd ei fod yn awyddus i gyflwyno eraill i Iesu. Gweithred gyntaf Andreas, yn ôl Ioan, oedd chwilio am ei frawd er mwyn rhannu'r darganfyddiad. Mae'r brwdfrydedd a'r llawenydd yn ei lais, "Yr ydym wedi darganfod y Meseia." (Ioan 1:41) Ond nid yn unig dweud wrth Pedr wnaeth ei frawd ond ei gymell i ddod i weld, "Daeth ag ef at Iesu." (Ioan 1:42) Cawn yr un ymadrodd yn hanes Andreas yn dod â phlentyn at Iesu yn hanes porthi'r pum mil. Gweld golygfa gwbl amhosibl wnaeth Philip ond Andreas yr un ymarferol a welodd y bachgen â'r pum torth haidd a dau bysgodyn.

Cawn hanes Andreas hefyd yn rhoi help llaw i Philip pan ddaeth y Groegiaid ato yn chwennych gweld Iesu, "Syr, fe hoffem weld Iesu." (Ioan 12:21) Rhannu'r cwestiwn efo Andreas wnaeth Philip ac aeth y ddau efo'i gilydd i weld Iesu.

Y dyn ymarferol, gweithgar, diymhongar, yn gweld ei gyfle ac yn gweithredu oedd Andreas. Dydio ddim yn syndod i Andreas gael ei ddyrchafu, o'r cyfnod cynharaf yn hanes yr eglwys, yn nawdd sant cenhadon Iesu Grist.

Ymson Andreas

Gwaith caled oedd pysgota ar Fôr Galilea,
telyn o lyn a dyffrynnoedd culion
yn rhedeg i lannau'r dŵr.
Y stormydd creulon, yn codi ar amrantiad.
Gwaith diddiwedd, diddiolch.
Y diwrnod hwnnw a'r Bedyddiwr
wedi cynhyrfu pob gewyn yn fy nghyfansoddiad,
ei bregethu ymfflamychol yn yr anialwch
a'i neges danllyd

yn cynhyrfu enaid dyn.

'Wele Oen Duw,' meddai,
gan gyfeirio at Iesu.
Fedrwn i ddim ymatal.
Gwyddwn pwy i'w ddilyn.
Fedrwn i ddim aros.
Fedrwn i ddim cadw'r gyfrinach.
Fedrwn i ddim dal dim mwy;
roedd rhaid rhannu'r wefr.
A phwy'n well, na rhannu gyda'm brawd.
Dod ag ef at Iesu,
a dyna fu'r hanes byth wedyn.
Dod â phobl ato Fo.
Y plentyn a'i bicnic,
y Groegiaid a'u cwestiynau.
Dod â nhw ato Fo.

Ond droeon y gofynnais,
tybed oedd y cyfan yn ofer?
Pan welais Ef yn marw ar Galfaria,
y geiriau, y gweithredoedd,
y cyfan yn cael ei rwygo.
Oen y Pasg yn aberth
ac adlais o'r dyddiau cynnar,
'Dyma Oen Duw.'
Ond dychwelodd, ar ôl
tri diwrnod du!
Ein Harglwydd yn ei fedd.
Gwawriodd bore arall.
Mae'n fyw!

Emyn: *Caneuon Ffydd* 338

Y Fendith:

I'th ddwylo di, O Dduw Dad,
y cyflwynwn ein hunain, a'n gilydd
gan ofyn i ti ein defnyddio
i gyflawni dy ewyllys
ac i helaethu terfynau dy Deyrnas
trwy Iesu Grist, Meseia Duw.   Amen.

YR ATHRO

Adnod agoriadol:
"Rabbi, fe wyddom iti ddod atom yn athro oddi wrth Dduw." (Ioan 3:2)

Dyma gyfarchiad Nicodemus pan ddaeth at Iesu Grist liw nos. Ar ôl iddo olchi traed ei ddisgyblion meddai wrthynt, "Yr ydych chwi'n fy ngalw i yn 'Athro' ac yn 'Arglwydd', a hynny'n gwbl briodol, oherwydd dyna wyf fi." (Ioan 13:13)

Roedd y disgyblion unwaith eto wedi bod yn ymrafael ymhlith ei gilydd a dyma Iesu'n dangos iddyn nhw trwy weithred symbolaidd beth oedd ystyr gwir safle yn y deyrnas. Mae'n cymryd agwedd y *doulos,* y lleiaf ymhlith y gweision, ac yn golchi traed y disgyblion. Y Meistr yn plygu i lefel y caethwas.

Gweddi agoriadol:
Dydy ni ddim eisiau dysgu, Arglwydd.
Ein ffordd ni yw'r ffordd orau,
ein dulliau ni yw'r dulliau gorau,
ac mae'n meddyliau ni yn uwch na dy feddyliau di.
Dysg ni, trwy gyfrwng yr oedfa hon,
i fod yn fwy parod i ddysgu
a hynny gennyt ti,
Arglwydd, Bywyd a Marwolaeth. Amen.

Emyn: *Caneuon Ffydd* 710

Gweddi:
Arglwydd, rwyt ti'n mynd mor gyflym
fel na allwn ddal i fyny.
Rydym yn ei chael hi'n anodd
i anwybyddu a throi cefn ar ein ffordd o fyw.
Mor anodd ydi dod yn rhydd.

Yr unig beth sy'n dal ein bywydau wrth ei gilydd
ydi'r mân reolau o'n heiddo ni.
Maen nhw mor hwylus.
Rydyn ni'nn gwybod yn union sut i drefnu'n bywydau,
digon simsan, mewn ffrâm o sgaffaldiau.
Wedi'u rhoi ddarn wrth ddarn
dros y blynyddoedd, yn drefnus
a pheryglus o saff.
Parsel o uniongrededd
sy'n cyd-fynd efo oes o garantî
na fydd dim byd anghonfensiynol
yn torri trwodd.
Mi ydyn ni'n gwybod pwy yw ein ffrindiau,
pwy i wahodd i swper, pwy sy'n dderbyniol
a phwy i'w cadw led braich.
Ac mae dy weld di, o bawb, Arglwydd,
yn ymddwyn fel petai rheolau ddim yn cyfri dim
a chonfensiynau yn mynd drwy'r ffenestr
yn ein dychryn,
yn ein gwneud ni'n simsan.
Mae dy weld di, yn agor bolltau
ein sicrwydd a fframwaith ein bywydau
a gadael i'n sicrwydd a'n trefnusrwydd
ddiflannu drwy'r drws
yn ddigon i'n dychryn.

Felly roedd y disgyblion y noson honno,
yn gwybod eu lle.
Er bod 'fi fawr' ambell un
wedi cael y gorau arno.
Eto, wrth feddwl amdanat ti a nhw,
doedd yna ddim dadl.
Ti y Meistr, hwythau y disgyblion.
A dyma droi'r byrddau, nid yn llythrennol
ond, y Meistr yn cymryd y tywel
a dechrau golchi traed y disgyblion.

Ac yn sydyn, rydym ninnau heno'n anesmwytho.
Mae'r tywel am dy ganol, yn barod.

Mae yna bobl sydd o'n cyrraedd,
nid ein cyfrifoldeb ni,
na dyletswydd,
na braint,
na dim arall.
Ddim yn troi yn yr un cymdeithas...

Ond heddiw rwyt ti yn rhoi siawns i ni
ddod allan o gyfforddusrwydd ein cocŵn
clyd a chynnes
ac i gymryd ein lle efo nhw,
a thithau efo ni.
Arglwydd, dyma gymryd risg gwir berthynas
lle mae cariad, nid confensiwn, yn
dweud wrthyn ni beth i'w wneud. Amen.

Cydadrodd neu gydganu Gweddi'r Arglwydd:

Myfyrdod:

Pan oeddech chi yn yr ysgol, gynradd neu uwchradd, fedrwch chi feddwl am athro neu athrawes oedd yn gwbl arbennig? Beth oedd yn gwneud y person hwnnw'n wahanol i'r athrawon eraill yn yr ysgol? Awgrymaf bersonoliaeth neu gymeriad yr athro neu'r athrawes. Rhywun roeddech chi'n medru closio ato a chael eich denu gan y bersonoliaeth. Gwelodd pobl Galilea yr elfennau hyn yn Iesu. Roedd o'n bersonoliaeth gadarn ond eto'n dyner ac annwyl fel y gallai plant bach glosio ato. Y cadernid a'r tynerwch yn mynd law yn llaw. Taranai yn erbyn pechodau amlwg y Phariseaid ar y naill law a chymerai blant bach yn ei freichiau ar y llall. Mor sicr oedd o'i bwnc. Gwyddai yn iawn pa ffordd roedd am ei cherdded ac os byddai'n rhaid gweithredu fe wnâi hynny ar ei union. Athro sicr o'i daith oedd hwn. Trwy gydol ei weinidogaeth saethwyd cwestiwn ar ôl cwestiwn tuag ato; bob tro byddai'r ateb yn glir a diamwys. Fedrwch chi wahaniaethu rhwng yr athro a'i neges, mwy na'r pregethwr a'r bregeth? Pregethu yw personoliaeth yn dadlennu'i hun o flaen ei gynulleidfa; dysgu yw'r bersonoliaeth yn ymagor led y pen gerbron y dosbarth. Po fwyaf o'r athro sy'n dod i'r golwg grymusaf oll yw'r wers a rhagoriaeth y wers oedd ei bod yn dod â'r athro i'r amlwg.

Cyfnod o ddistawrwydd i fyfyrio ar neges y myfyrdod:

Emyn: *Caneuon Ffydd* 384

Darlleniad: Mathew 5: 16

Cefndir:
Dychmygwch eich bod ar lethrau'r mynydd yn gwrando. Does yna ddim byd i'ch cynhyrfu yn fan'ma. Dim gwyrth wedi digwydd i chi gytuno neu anghytuno – dim ond eistedd yn dawel ar y gwair neu'r graig i wrando ar yr athro. Nid gwers i bawb sydd yma, hynny ydi y dyrfa oedd yn ei ddilyn i bob man; na gwers i'r disgyblion ydi hon – chi a finnau. Yr un ydi'r neges i'w ddisgyblion heddiw fel ag yr oedd i'w ddisgyblion yn nyddiau'i gnawd. Mi faswn ni wrth fy modd petawn i'n gweld eu hwynebau – y disgyblion cyntaf yna. Dwi'n siŵr bod yna dynnu wynebau, methu deall, gwneud llygaid ar ei gilydd. Beth mae o'n geisio'i ddweud? Ydan ni wedi glywed o'n iawn? 'Gwyn eu byd y rhai sy'n dlodion yn yr ysbryd' a 'Gwyn eu byd y rhai sy'n galaru.' Y cyfoethog sy'n wyn eu byd a'r llawen a'r hapus sy'n wyn eu byd. Teyrnas Nefoedd? Dwi'n siŵr mai teyrnas ar y ddaear y byddai rhai'n eu chwennych, a dim mwy o ryfela, dinistrio a lladd. Ond maen nhw'n eistedd mor llonydd fel dosbarth o blant yn yr ysgol am y tro cyntaf erioed ond yn deall fawr o ddim. Ond maen nhw wedi deall un peth. Mae'r deyrnas mae'r athro'n sôn amdani yn rhywbeth o fewn calonnau a bywydau pobl, nid rhywbeth i'w gweld yma o'n cwmpas fel teyrnas y Rhufeiniaid ydi hon. Cyflwr ysbrydol oedd hwn. Ac mi welwch chi fod ambell un o'r disgyblion yn dechrau ei gweld hi. Ambell un. Dechrau aflonyddu mae Jwdas.

Cyfnod o ddistawrwydd i fyfyrio:

Pedr dorrodd ar y distawrwydd. 'Mae hyn i gyd yn newydd i mi. Dydw i erioed wedi clywed peth fel hyn o'r blaen. Ddeudodd o ddim gair amdano ni yn gadael ein swyddi i'w ddilyn, dim byd am ein cenedl ni; dim gair am gael gwared â'r iau sy'n ein gorthrymu, a soniodd o ddim am y Deml yn Jerwsalem, dim am gyfraith Moses nac enwaedu na dim o'r fath. Be amdanoch chi, hogia, ydach chi'n difaru eich bod chi wedi gadael eich swyddi, gadael sicrwydd a chyflog a gadael eich teulu i ddilyn hwn? Deudwch y gwir, rŵan, ydi o'n ofid i chi? Ryw deimladau digon cymysg sydd gen i. Does yna r'un ohonoch am ddweud gair o'i ben? Beth amdanat ti Iago?'

'Mae mhen innau'n troi hefyd. Ond mae yna un peth sydd wedi codi nghalon i. Beth fydd athrawon y Gyfraith a'r henuriaid yn ei ddweud am ei ddysgeidiaeth tybed? Os bydd yr Athro yn mynd ymlaen fel hyn, mi fydd o'n siŵr o gynhyrfu'r dyfroedd a chodi gwrychyn. Cofiwch, mae eisiau dangos i rai o'r Rabbiniaid yna pwy sy'n iawn. Mae yna rai ohonyn nhw'n rhy fawr i'w sgidia. Maen nhw'n meddwl mai nhw ydi pinacl pob daioni. Dwi'n siŵr y bydd yr Athro yn dangos eu bod *nhw*, hyd yn oed, yn cyfeiliorni.'

Oedd, mi oedd neges yr Athro hwn yn wahanol!

Myfyrdod:

Prin fod yna ddim byd ymosodol yn y geiriau hyn. Dim rhuddin o hunanhoniad, dim sôn am fygwth a thalu'r pwyth am ddrygioni eraill. Ai dyma egwyddorion sylfaenol, gwaelodol y Deyrnas? Ond sut y gallai hyn ddod i rym mewn cymdeithas mor dreisgar ac ymfflamychol? Tybed a oedd o'n digwydd ym mherson Iesu? Tybed a oedd yr athro ei hun yn byw y wers. Onid oes perthynas glos rhwng y gwir athro a'i neges? Roedd o'r byd hwn ac eto roedd seiniau byd arall, cwbl wahanol, yn perthyn iddo. I lawr y daethon nhw o'r mynydd ac adleisiau o'r wers yn dal i fynd a dŵad yn eu meddyliau. Dal i feddwl, dal i fethu deall. Gwers anodd a gwers wahanol oedd honno ar ochr y mynydd.

Beth oedd yn wahanol am yr Athro hwn? Newydd-deb ei neges. Mor wahanol oedd ei neges i'r hyn roedden nhw wedi arfer ei glywed. Chwe gwaith yn y bumed bennod o Efengyl Mathew cawn y geiriau hyn, "Clywsoch fel y dywedwyd wrth y rhai gynt.... Ond rwyf fi'n dweud wrthych..." Tybed a ofynnodd un o'r disgyblion, 'Pwy mae o'n feddwl ydio?' Dwi'n amau hynny! Mae llais awdurdod yn llefaru! Ydi mae hwn yn llefaru ag awdurdod ond craidd y gwahaniaeth yw hyn. Nid dilyn rheolau er mwyn dilyn rheolau sydd yma ond agwedd hollol ddigymell yn ymateb i ddigwyddiadau a throeon bywyd. Crefydd hwn, yn syml, oedd crefydd wedi ei sylfaenu ar Dduw fel Tad cariadus sy'n awyddus i'w blant fod yn fodlon, yn rhydd o unrhyw bryder ac yn gallu mwynhau bywyd i'r eithaf. Yn sicr doedd o ddim yn feirniadol, yn gweld beiau ac yn genfigennus o bobl eraill. Rhaid gadael y barnu i Dduw.

Cyfnod o ddistawrwydd i fyfyrio:

Emyn: *Caneuon Ffydd* 714

Cwestiynau i'w trafod:

1. Mae'n siŵr fod athrawon, yn ystod eich cyfnod yn yr ysgol, oedd yn atgas gennych. Fedrwch chi feddwl pam? Beth oedd nodweddion yr athrawon hyn?
2. Ewch ati i feddwl am nodweddion yr athro da a cheisiwch eu cysylltu â dulliau Iesu o ddysgu?
3. Onid ydi'n hen bryd i'n heglwysi heddiw fabwysiadu cynllun neu raglen arbennig o ddysgu a hyfforddi'r cynulleidfaoedd? Beth fuasai ar dop eich rhaglen chi?
4. Cynlluniwch yn ofalus raglen ddysgu ar gyfer eich eglwys. Fedrwch chi ddim gwneud hyn o fewn hualau oedfa. Beth am gyfarfod yn ystod pnawn Sul neu yn ystod yr wythnos i gynllunio'n ofalus?
5. Oes yna ormod o bregethu yn digwydd yn ein heglwysi heddiw a dim digon o addysgu?

Munud i feddwl:

Hysbyseb feddylgar oedd honno, ac wedi'i hanelu, bid siŵr, at bob tad a mam: silff hir o gyfrolau'r *Encyclopaedia Britannica*, dau blentyn ysgol ar eu pwys – ac yna'r anogaeth gynnil: 'Put them on the threshold of big things.'

Ar y cychwyn, gall yr hyfforddi fod yn swm o ddiflastod, ond yn y man bydd y cyfan yn troi'n fath o reddf, yn union fel petai rhyw gyfaredd wedi'i datgelu a'i gollwng yn ffrwd dros y dysgwr bychan. Mae hynny'n wir am blentyn yn dysgu siarad; ar ôl misoedd o faglu ar draws y sillafau cyntaf hynny, yn fwyaf annisgwyl daw i 'ddeall' cyfrinach parablu, ac o hynny ymlaen bydd yr hen floesgni wedi diflannu oddi ar ei dafod. Onid felly y mae hi hefyd wrth ddysgu nofio? A reidio beic?

Unwaith y meistrolir y ddawn (neu'r gyfrinach), bydd honno wedyn yn aros am oes gyfan; mae'n dod yn ail natur, fel anadlu – yn broses na ellir ei hanghofio fyth mwy.

Erbyn i mi orffen darlithio yn Abertawe, roedd hi'n nos dywyll, a minnau heb un syniad sut i fynd allan o'r ddinas. Ond daeth cyfaill i'r adwy. 'Dilynwch fy nghar i,' meddai, 'ac fe'ch arweinia i chi at ben y ffordd...'

Wrth osod plentyn ar ben ffordd y 'pethau mawr' – egwyddor nobl a doniau dyrchafol byw a bod – y siawns yw mai ar y ffordd y bydd ef yn teithio gydol ei siwrnai: 'pan heneiddio, nid ymedy â hi'.

Robin Williams

Emyn: *Caneuon Ffydd* 381

Y Fendith:
"Wrth i'n wrando'r Iesu
haws adnabod Duw;
ac wrth gredu ynddo
mae'n felysach byw."
Boed i ni ddysgu gwrando
ac o wrando, ufuddhau
ac o ufuddhau, weithredu
ac o weithredu, gwneud dy ewyllys Di.   Amen.

Y BRENIN

Adnod agoriadol:

"Safodd Iesu gerbron y rhaglaw; a holodd y rhaglaw ef: 'Ai ti yw Brenin yr Iddewon?' Atebodd Iesu, 'Ti sy'n dweud hynny.'" (Mathew 27:11)

Efallai fod y syniad o feddwl am Iesu'r Brenin yn atgas gennych. Yn yr hen Destament mae Duw yn cael ei gyffelybu i Frenin dros ddwy fil o weithiau! Ond prin ydi'r cyfeiriadau at Iesu'r Brenin yn y Testament Newydd. Yn nysgeidiaeth Iesu, nid y brenin oedd yn bwysig, ond brenhiniaeth Duw, Teyrnas Dduw neu Deyrnas Nefoedd. Mae yna gyfeiriadau at Iesu'r Brenin a hynny ar ddechrau ei fywyd, sef yn hanes y geni, ac ar ddiwedd ei fywyd daearol pan oedd yn marw ar y Groes. Cwestiwn y sêr ddewiniaid oedd, "Ble mae'r hwn a anwyd yn frenin yr Iddewon?" (Mathew 2: 2) a gwêl Mathew, yn ymdaith Iesu i Jerwsalem ar gefn ebol asyn, broffwydoliaeth Sechareia'n cael ei gwireddu, "Dywedwch wrth ferch Seion, Wele dy frenin yn dod atat." (Mathew 21:5) Yng ngeiriau Peilat, yn yr adnod agoriadol, cawn y cwestiwn uniongyrchol unwaith yn rhagor. Onid yw ateb Iesu yn rhoi rhyw awgrym fod Peilat yn gywir yn ei alw'n frenin ond nad oedd ef na'r Iddewon wedi dechrau deall a sylweddoli beth oedd gwir arwyddocâd ei frenhiniaeth.

Gweddi agoriadol:

Drwy gyfrwng yr oedfa hon, O Dduw,
agor ein llygaid a'n calonnau
i amgyffred o'r newydd
arwyddocâd ac ystyr
dy Deyrnas di ymhlith pobl.
Rho i ni weledigaeth newydd
o nodweddion y Deyrnas
a deled dy Deyrnas
i'n plith. Amen.

Emyn: *Caneuon Ffydd* 242

Gweddi:
Cyflwynwn i ti, O Dduw, ein Tad,
Hosanna ein haddoliad,
am i Iesu Grist ddod yn Frenin
i'n byd a'n bywyd ni.
Am iddo roi heibio ei ogoniant dwyfol
a dod mewn gwyleidd-dra ac addfwynder
yn Frenin hedd ac yn gyfaill pechaduriaid:
    Hosanna yn y goruchaf.
Am iddo rodio'n isel a gostyngedig ar ebol asyn,
a'n dysgu i weld gwerth ac urddas y pethau distadl
ac i barchu popeth a geraist ti:
    Hosanna yn y goruchaf.
Am i'w ddisgyblion ei ddwyn ar ei daith
a rhoi esiampl i ninnau hefyd gerdded yn ei gwmni
a bod yn ffyddlon iddo bob amser:
    Hosanna yn y goruchaf
Am i ganghennau'r palmwydd ymuno yn y mawl, a dangos i
ni fod yr holl greadigaeth yn dweud amdano ac yn canu ei glod:
    Hosanna yn y goruchaf.
Am i byrth y ddinas agor iddo a'i groesawu'n Frenin, a'n
gwahodd ninnau i agor pyrth ein heneidiau i'r Brenin ddod i mewn:
    Hosanna yn y goruchaf.
Ond ni fynnem ei dderbyn, Arglwydd, â brwdfrydedd y foment
yn unig, ac yna ei adael a'i wadu, ond ei groesawu i aros yn
Frenin ac Arglwydd arnom.
Pan fydd canghennau'r palmwydd wedi gwywo,
y dyrfa wedi cefnu,
yr Hosanna wedi distewi
a'r ffordd yn wag,
rho ras i ni barhau yn ffyddlon
i'n Harglwydd a'n Brenin.   Amen.
                    Seiliedig ar weddi allan o Worship Now

Cydadrodd neu gydganu Gweddi'r Arglwydd:

Darllen: Marc 9:33–37 a Marc 10:13–16

Cyfnod o ddistawrwydd i fyfyrio ar y darlleniad:

Darllen: Mathew 5:13–16

Cyfnod o ddistawrwydd i fyfyrio ar y darlleniad:

Emyn: *Caneuon Ffydd* 255

Bendithion y Deyrnas:
Gosododd Iesu ger ein bron obaith teyrnas Dduw;
gyda'n gilydd gadewch i ni gofleidio'r gobaith hwnnw:
boed i ni gerdded ffordd y Crist.
Gwyn eu byd y rhai sy'n dlodion yn yr ysbryd,
canys eiddynt hwy yw teyrnas nefoedd;
gan wybod ein hangen am Dduw:
boed i ni gerdded ffordd y Crist.
Gwyn eu byd y rhai sy'n galaru,
oherwydd cânt hwy eu cysuro;
gyda'r sawl sy'n gyfarwydd â thristwch:
boed i ni gerdded ffordd y Crist.
Gwyn eu byd y rhai addfwyn,
oherwydd cânt hwy etifeddu'r ddaear;
gan sefyll gyda'r tlawd:
boed i ni gerdded ffordd y Crist.
Gwyn eu byd y rhai sy'n newynu a sychedu am gyfiawnder,
oherwydd cânt eu digoni;
gan ymdrechu dros gyfiawnder:
boed i ni gerdded ffordd y Crist.
Gwyn eu byd y trugarog,
oherwydd cânt hwy dderbyn trugaredd;
gan faddau i eraill:

boed i ni gerdded ffordd y Crist.
Gwyn eu byd y rhai pur o galon,
oherwydd cânt hwy weld Duw;
gyda'n holl galon:
boed i ni gerdded ffordd y Crist.
Gwyn eu byd y tangnefeddwyr,
oherwydd cânt hwy eu galw'n blant i Dduw;
gan weithio dros heddwch:
boed i ni gerdded ffordd y Crist.
Gwyn eu byd y rhai a erlidiwyd o achos cyfiawnder,
oherwydd eiddynt hwy yw teyrnas nefoedd;
gan fentro cael ein gwrthod:
boed i ni gerdded ffordd y Crist.
Boed i ni fyw bywyd y deyrnas.
Boed i ni gerdded ffordd y Crist.   Amen.

Michael Vasey

Cyfnod o ddistawrwydd i fyfyrio ar eiriau'r weddi:

Emyn: *Caneuon Ffydd* 274

Anerchiad:
Bu cryn ddadlau ymhlith y disgyblion pwy oedd y mwyaf. Efallai i chi
gofio ymateb Iesu? Doedd o ddim yn ddig wrthyn nhw ond yn hytrach
cymerodd blentyn a'i osod yn y canol, "Yn wir, rwy'n dweud wrthych,
heb gymryd eich troi a dod fel plant, nid ewch fyth i mewn i deyrnas
nefoedd." (Mathew 18:3) Dro arall pan oedd ar ei ffordd i Jerwsalem,
a'r disgyblion ar bigau'r drain, dyma ddechrau ceryddu'r rhieni am ddod
â'u plant at Iesu. Roedd yn ddig y tro hwn ac meddai, "peidiwch â'u
rhwystro, oherwydd i rai fel hwy y mae teyrnas Dduw yn perthyn."
(Marc 10:14) (Yn y ddwy adnod mae teyrnas nefoedd a theyrnas Dduw
yn cael eu defnyddio – yr un syniad, sef brenhiniaeth Duw sydd y tu ôl
i'r ddau ymadrodd.)
      Felly, sail mynediad i'r deyrnas yw ysbryd plentyn. Ystyr hyn yw
bod yn blentyn-debyg ac nid yn blentynnaidd – mae byd o wahaniaeth!

Beth yw nodweddion bod yn blentyn debyg?

Gostyngeiddrwydd plentyn:

Mae'n amlwg bod y disgyblion wedi bod yn trafod ymhlith ei gilydd pwy oedd y mwyaf a pha rai fyddai'n cael y swyddi a'r dyletswyddau brasaf yn y deyrnas. Does gan y plentyn ddim diddordeb mewn safle, dyrchafiad a breintiau. Does gan y plentyn ddim diddordeb yn y lleoedd gorau wrth fwrdd y wledd nac yn y lle amlycaf ar y llwyfan. Dydi hyn ddim yn croesi meddwl plentyn bach. Mae'n bur debyg fod ei rieni yn meddwl am y pethau ac yn awyddus i'r plentyn gael y lle amlwg, ond oedolion hunanol ac ymwthgar yw rheini ar y cyfan sy'n mynnu hawliau a statws i'w plant. Ond nid felly'r plentyn. Anodd iawn ydi closio at y person hunandybus, sydd â meddwl y byd ohono'i hun. Y peth gwaethaf y gallwn ddweud am berfformiwr yw, "Mi roedd o'n dda – ac mi roedd o'n gwybod hynny hefyd." Mae'n rhaid i'r hwn sydd â'i lygaid ar y deyrnas fod yn wylaidd a gostyngedig. Dydi hyn ddim yn anodd pan fyddwn ni'n byw yn agos at Iesu a chymharu ei fywyd ef â'n bywyd ni.

Rhyfeddod plentyn:

Dawn amhrisiadwy yw'r ddawn i ryfeddu. Dawn sy'n eiddo i'r plentyn yw hon. Welsoch chi wyneb plentyn ar fore Nadolig, ar ôl ymweliad Siôn Corn? Welsoch chi wyneb plentyn ar ôl iddo glywed ei fod am gael mynd am dro i le sy'n llawn cyfaredd iddo? Diflasu mae oedolion gan chwilio am y man gwyn man draw o hyd. Sonia W. H. Davies, y bardd a'r tramp, am ymweliad ag Abaty Tintern. Saith mlynedd ar hugain yn ôl aeth yno am y tro cyntaf a chael ei gyfareddu'n llwyr gan sancteiddrwydd y lle ond yr eildro fe'i gadawyd yn oer a digyffro. Mor hawdd ydi colli'r 'thrill' o fyw bob dydd a thrwy hynny golli diddordeb mewn bywyd.

Ymddiriedaeth plentyn:

Meddyliwch gymaint mae plentyn bach yn ymddiried yn ei rieni. Mae'n gwbl ddiymadferth, rhaid ei fwydo, ei ymolchi, ei ymgeleddu, a dyna ymddiriedaeth lwyr. Fel mae'r plentyn yn tyfu a'r teulu'n paratoi i fynd ar eu gwyliau – y paratoi, y pacio, y ticedi a'r pasbort – yr holl bethau hyn ac eto mae'r plentyn yn gadael hyn i gyd i'w rieni heb ofyn gair.

Dyna'r ffordd y dylem feddwl am Dduw. Dylem wybod y bydd Duw yn ein harwain a'i fod yn gwybod beth sydd orau i ni. Mae'n rhaid i ni ymddiried yn Nuw gan fod ymddiriedaeth yn un o hanfodion mynediad i'r deyrnas. Gwyddom hefyd fod yr ymddiriedaeth yn esgor ar ufudd-dod. Pan fo rhiant neu athro'n gofyn i blentyn wneud gorchwyl arbennig bydd yn ymateb yn frwdfrydig ac eiddgar. Mae'n awyddus i wneud ei orau.

Cwestiynau i'w trafod:

1. Beth ydi'r gwahaniaeth rhwng teimlo'n wahanol i eraill a theimlo'n well nag eraill? Sut ddylai'r Cristion ymagweddu?

2. Beth fyddech chi'n ddweud wrth y rhai sy'n dadlau nad oes angen bod yn aelod o eglwys i fod yn Gristion.

3. Beth yw eich syniad chi o deyrnas Dduw/teyrnas nefoedd? Dywedodd Iesu fod y deyrnas o'n mewn. Sut mae dehongli hyn?

4. Os ein dyletswydd yw dangos Iesu i eraill sut fywyd ddylen ni ein hunain fyw?

5. Beth yw gwir wyleidd-dra? Onid arwydd o berson llipa, di-asgwrn-cefn yw person gostyngedig? Sut mae gwahaniaethu rhyngddynt?

Munud i feddwl:

Beth yw hanfod y deyrnas ond perthynas newydd rhwng dyn a Duw? Canfod Duw o'r newydd, a hynny'n gwneud dyn yn ddyn newydd, ailanedig megis. Yn syth daw i edrych ar ddynion a phethau o'i gwmpas mewn goleuni gwahanol. Nid rhyw deyrnas allanol mohoni. Pwy all feddwl am Dduw a Thad ein Harglwydd Iesu Grist yn frenin ar drueiniaid byd sy'n gorfod lladd ei gilydd wrth y miliynau, a'u harweinwyr yn cyfiawnhau'r gwallgofrwydd fel yr unig beth posibl? Ac nid rhyw drefn gymdeithasol na gwleidyddol mo'r deyrnas chwaith: nid hynny yn gyntaf yn sicr, er cymaint yw pwyslais dynion ar drefniadau o'r fath. Bod yn blant i'n Tad nefol yw'r canolbwynt; a thrwy ddyfod i deulu Duw, dyfod i gwlwm brawdol, tangnefeddus, â'r plant eraill ymhob man. Boed hi fel y bo ymhlith teyrnasoedd byd, yn ei hanfod yr un yw'r deyrnas hon, ac fe erys yn ei hanfodion yn ddigyfnewid. Llefara'r Iesu amdani weithiau fel teyrnas bresennol, weithiau fel un ddyfodol, dro arall fel un fewnol; ond nid yw byth yn sôn amdani fel math o sefydliad sy'n debyg i deyrnasoedd yn byd hwn.

Trefn newydd hollol o fyw ar y ddaear ydyw. Mae pob ystyr arall a roddir iddi, os yn gywir, yn tarddu o'r berthynas yna. Wrth gwrs, bydd ymddygiad dyn, oherwydd ei berthynas â Duw ac â'i gyd-ddynion, yn rhwym o newid rhywfaint ar ei amgylchfyd, fel y lefain yn y blawd. Nid yw bod ar wahân oddi wrth y byd da i ddim.

Mynnai Ef i'w hegwyddorion hi roddi cyfeiriad newydd i wleidyddiaeth, a diwydiant, a diwylliant mewn bywyd; ac i'r pwrpas hwnnw dylid ceisio'i deyrnas yn gyntaf. Plannu ei hysbryd hi yng nghalon dyn, ymhob oes ac ymhob man.

Hawdd bod yn huawdl iawn o blaid y deyrnas ym mywyd eraill, ond cyn sôn am bob cyfiawnder o'r fath rhaid ein 'cyfiawnhau' ni bob un gerbron Duw drwy ffydd yng Nghrist. Honno yw'r unig ffordd i ddwyn y 'pethau ychwanegol' i'w lle. Cofir ateb clir yr Iesu i'r Phariseaid a ofynnai iddo pa bryd y deuai'r deyrnas, fel y disgwylient hwy amdani: "Ac ni ddywedant, Wele yma; neu, Wele acw, canys wele, teyrnas Dduw, o'ch mewn chwi y mae." (Luc 18:21)   *William Morris*

Emyn: *Caneuon Ffydd* 259

Y Fendith:
Arglwydd, derbyn offrwm ein haddoliad
a gwna ni, bob un ohonom, yn deilwng o fod
yn ddeiliaid dy Deyrnas di.
Yn enw Iesu Grist, ein Harglwydd.   Amen.

YR ANWYLYD

Adnodau agoriadol:
"Ti yw fy Mab, yr Anwylyd; ynot ti yr wyf yn ymhyfrydu." (Luc 3:22)

"Hwn yw fy Mab, yr Anwylyd; ynddo ef yr wyf yn ymhyfrydu; gwrandewch arno." (Mathew 17:5)

Dwy adnod yn cynnwys bron yr un geiriau. Yr adnod gyntaf, llais Duw yn ystod y Bedydd a'r ail adnod, llais Duw unwaith eto pan weddnewidiwyd Iesu. Mae'r gair 'Anwylyd' yn ymddangos yn y ddwy adnod – Iesu yr Anwylyd.

Gweddi agoriadol:
Ti, yr Anwylyd,
down ger dy fron heddiw.
Boed i ni greu perthynas newydd,
perthynas fydd yn asio,
perthynas fydd yn parhau,
am byth. Amen.

Emyn: *Caneuon Ffydd* 3

Darllen: Luc 3:21–22

Cyfnod o ddistawrwydd i fyfyrio:

Darllen: Luc 9:28–36.

Cyfnod o ddistawrwydd i fyfyrio:

Gweddi:
Arglwydd, rwyt ti'n camu i mewn i'n bywydau

mor ddistaw a dirodres.
Dim baneri, na gorymdeithiau
dim cynnwrf na seindorf.
Ar brydiau, dydan ni ddim yn gwybod
wyt ti yno, ai peidio.
Ond, yno rwyt ti
yn rhan ohonon ni,
yn ddiarwybod,
dawel,
heb sŵn na thryblith.
Yno, yn aros.
Hyd nes y byddwn wedi cael cyfle,
wedi cael eiliad fechan yn ein bywydau prysur, prysur
i droi atat,
i sylweddoli
dy fod ti yno.
A dyna lle rwyt ti'n
disgyn, fel pluen,
fel colomen,
a phryd hynny mae cynhesrwydd dy bresenoldeb yn cau amdanom
yn dynn, dynn.
Weithiau, buasai'n well gennym gael cerydd
am ein hanffyddlondeb a'n diffyg brwdfrydedd
yn hytrach na'n derbyn heb delerau
yn dy ffordd di.
Teimlo cywilydd, dyna ydi o.
Ni'n cefnu ac anghofio,
a thithau'n dal ar bob cyfle
i nesáu a chlosio.
Ond, dyna dy ffordd wedi'r cwbl.
Daethost fel colomen
yn ystod y Bedydd
a chwmwl gwyn
ar y mynydd,
a'r cadarnhad
'Ti yw fy Mab, yr Anwylyd.'

Mae dy eiriau di yn ein clustiau ninnau
heddiw.
Yr un wyt ti heddiw fel erioed
yn ein cymell a'n cadarnhau.
Helpa ninnau i ymateb
ac i ddweud,
"Arglwydd dyma ni." Amen.

Cydganu neu gydadrodd Gweddi'r Arglwydd:

Emyn: *Caneuon Ffydd* 679

Myfyrdod:
Yng ngeiriau'r myfyrdod, cawn gipolwg ar syniad John Henry Newman
am ei fywyd ef ei hun.

Fy Nghenhadaeth
Fe'm crëwyd gan Dduw i gyflawni gwasanaeth penodol.
Ymddiriedodd ryw weithgarwch i mi
nas ymddiriedodd i unrhyw un arall.
Y mae gennyf fy nghenhadaeth –
efallai na chaf wybod amdani yn y byd hwn,
ond fe ddywedir wrthyf yn y bywyd nesaf.
Dolen mewn cadwyn ydwyf, dolen rhwng personau.
Nid i ddim y creodd fi.
Gwnaf ddaioni, gwnaf ei waith Ef.
Byddaf yn angel tangnefedd,
yn bregethwr gwirionedd,
yn fy lle fy hun heb fwriadu hynny –
os gwnaf ond cadw ei orchmynion.
Felly, ymddiriedaf ynddo,
beth bynnag, ble bynnag ydwyf.
Ni fedraf fyth gael fy nhaflu i ffwrdd.
Os ydwyf yn afiach,
gall fy afiechyd ei wasanaethu;

mewn dryswch, gall fy nryswch ei wasanaethu;
os ydwyf mewn tristwch, gall fy nhristwch ei wasanaethu.
Ni wna ddim yn ddibwrpas.
Y mae'n gwybod beth i'w wneud.
Gall ddwyn fy ffrindiau i ffwrdd,
gall fy nhaflu ymhlith dieithriaid.
Gall beri i mi deimlo'n unig ac yn isel fy ysbryd,
gall guddio fy nyfodol oddi wrthyf –
deil i wybod beth mae'n ei wneud.

John Henry Newman

Cyfnod o ddistawrwydd i fyfyrio:

Anerchiad:

Does dim dwywaith fod y teitl 'Anwylyd' yn un o'r rhai prydferthaf am Iesu; ac yn ôl y ddau ddigwyddiad a glywsom yn y darlleniadau, Duw sy'n llefaru bob tro. Dowch i ni edrych ar y ddau hanes.

Y Bedydd yn ôl Luc. Mae'r Bedydd yn garreg filltir ym mywyd Iesu. Gallwn edrych ar ei weinidogaeth fel cerrig milltir – yn ddeuddeg oed yn y Deml, y Bedydd, galw'r disgyblion, Cyffes Pedr yng Ngheserea Philipi, Mynydd y Gweddnewid, Gardd Gethsemane, y Groes a'r Atgyfodiad. Roedd y Bedydd yn garreg filltir roedd Iesu wedi bod yn disgwyl amdani. Rhaid oedd ffarwelio â'r gweithdy yn Nasareth, a'r teulu a'i gynefin gan fod cynyrfiadau'n digwydd. Rhaid oedd iddo yntau bellach uniaethu â'r dynfa a'r chwyldro oedd yn digwydd yn ne'r wlad. Hon oedd ei awr; am hyn y bu'n disgwyl. I Iesu roedd chwyldro a galwad Ioan yn arwydd o alwad i waith a chenhadaeth. Uniaethodd ei hun â'r bobl yn eu hymchwil am Dduw. Ac yn ystod y Bedydd digwyddodd hynny. Mae'n rhaid ei fod wedi gofyn 'a ydw i'n gwneud y peth iawn?' Yn nyfroedd yr Iorddonen, digwyddodd, llefarodd Duw yn uniongyrchol â'r Mab. Profiad personol oedd hwn i Iesu – cadarnhad ei fod ar y llwybr iawn. Ond nid cadarnhad yn unig ond cynlluniwyd taith y dyfodol yn glir iddo. Mae'r allwcdd yn yr adnod, "Ti yw fy Mab, yr Anwylyd; ynot ti yr wyf yn ymhyfrydu." Dau ddyfyniad sydd yma o'r Hen Destament. Daw rhan gyntaf yr adnod, "Ti yw fy Mab, yr Anwylyd" o Salm 2:7 lle mae'r Salmydd yn cyfeirio'n benodol at y Meseia. Dyma ddisgrifiad y

151

Salmydd o'r Meseia. Daw ail ran yr adnod o broffwydoliaeth yr Ail Eseia, 42:1, lle cawn ddisgrifiad o was yr Arglwydd sy'n cyrraedd ei anterth yn y Gwas Dioddefus yn Eseia 53.

"Eto, ein dolur ni a gymerodd
a'n gwaeledd ni a ddygodd –
a ninnau'n ei gyfrif wedi ei glwyfo
a'i daro gan Dduw, a'i ddarostwng.
Ond archollwyd ef am ein troseddau ni
a'i ddryllio am ein camweddau ni;
roedd pris ein heddwch ni arno ef,
a thrwy ei gleisiau ef y cawsom ni iachâd.
Eseia 53:4–5

Yn awr ei Fedydd sylweddolodd Iesu mai ef oedd y Meseia Duw, y Meseia fyddai'n wynebu dioddefaint a chroes. O'r funud honno gwyddai'r Iesu mai ffordd dioddefaint, y Via Dolorosa, ffordd y Groes, oedd y ffordd y byddai'n ei throedio. Ffordd anodd, garegog a thywyll ond ffordd y byddai Duw gydag ef bob cam arni.

Cyfnod o ddistawrwydd neu offeryn yn chwarae'n dawel:

Yn dilyn carreg filltir Cesarea Philipi, mae Iesu'n arwain tri o'i ddisgyblion i fynydd Hermon, ryw bedair milltir ar ddeg o Gesarea. Mynydd â'i gopa bron dair gwaith uchder yr Wyddfa, ond nid ar y copa ond ar lethrau'r mynydd y gweddnewidiwyd Iesu. Unwaith eto, fel yn y Bedydd, mae Iesu'n awyddus i sicrhau ei fod ar y ffordd gywir – ei fod yn unol â phwrpas Duw. Roedd â'i wyneb tua Jerwsalem. Oedd o'n gwneud y dewis iawn? Mae'n amlwg yn ôl Luc ei fod wedi mynd i fynydd Hermon i weddïo, "Tra oedd ef yn gweddïo." (Luc 9:29) Perthynas agos, glòs oedd y berthynas rhyngddo a'i Dad. Ei gwestiwn beunyddiol oedd, "Tybed ydw i'n gwneud ewyllys Duw?" Hwn oedd ei gwestiwn yn unigedd llethrau Hermon.

Credai'r Iddewon y byddai Elias yn ymddangos fel rhagflaenydd y Meseia a chredai rhai athrawon Iddewig, pan fyddai'r Meseia'n ymddangos y byddai Moses hefyd yn ymddangos gydag ef. Ond mae ystyr arall, a daw hyn yn glir yn efengyl Luc, "A dyma ddau ddyn yn ymddiddan ag ef; Moses ac Elias oeddent, wedi ymddangos mewn gogoniant, ac yn siarad am ei ymadawiad, y weithred oedd i'w chyflawni yn Jerwsalem." (Luc 9:30, 31) Daw'r gair 'ymadawiad' o'r Groeg *exodos* sy'n rhoi 'exodus' i ni. Cyfeiria'r 'exodus' at ymadawiad y genedl o'r Aifft i'r diffeithwch fyddai yn ei dro yn eu harwain i wlad yr Addewid. Hon oedd y daith fwyaf anturus yn hanes dynoliaeth. Taith oedd yn golygu ymddiriedaeth lwyr yn Nuw, fyddai'n eu harwain o'r anwybod i oruchafiaeth. A dyma'n union a wynebai'r Iesu ar fynydd Hermon. Mewn ymddiriedaeth lwyr mae'n barod i wynebu taith ingol i Jerwsalem, taith fyddai'n arwain at boen ac artaith y groes a gogoniant yn y pen draw. Mae dau o binaclau'r grefydd Iddewig, Moses ac Elias, yn cadarnhau ei fod ar lwybr Duw. Roedd eu hymddangosiadau yn arwydd i Iesu i gychwyn ar y daith honno, doed a ddêl. Cychwynnodd yntau ar ei 'exodus' o Fynydd y Gweddnewid ond cafodd gadarnhad pellach. Llais Duw, cadarnhad Duw, stamp Duw ar y cyfan. Ymddangosodd y cwmwl, y *shechina*, sef gogoniant Duw yn ei amgylchu. Cyrhaeddodd binacl ysbrydol ar y llethrau; cadarnhaodd hanes ei genedl, ym Moses ac Elias, ei fod ar y llwybr iawn. Ymlaen oedd eu hateb. Cafodd destimonial a chefnogaeth Duw ei Dad ei fod ar y llwybr iawn. Ar fynydd y Gweddnewid y gorchfygodd Iesu'r Groes ac nid yng Nghethsemane. Doedd dim troi'n ôl bellach.

Cyfnod o ddistawrwydd i fyfyrio neu offeryn i chwarae miwsig yn dawel:

Emyn: *Caneuon Ffydd* 485

Cwestiynau i'w trafod:

1. Sut fyddech chi'n mynd ati i esbonio'r term 'anwylyd'? Beth sydd ynghlwm wrth y gair? Oes yna elfennau mwy na bod yn 'annwyl' yn y gair?

2. Wrth ddefnyddio'r gair 'Anwylyd' mae Duw fel petai'n dweud, "Yn Iesu Grist, rydw i'n rhoi fy hun, y cwbl sydd gen i , a phan fydda i wedi gwneud hynny, fydd gen i ddim byd mwy i'w roi." Fyddech chi'n cytuno â hyn?

3.A oedd angen i Iesu gael ei fedyddio, ac yntau yn ôl a ddeallwn yn ddibechod? Bedydd edifeirwch oedd bedydd Ioan. Pam bedyddio Iesu felly?

4. Beth yn eich barn chi ddigwyddodd ar fynydd y Gweddnewid? Beth yw ystyr y digwyddiad hwn i'n cyfnod ni heddiw?

5.Fyddech chi'n dweud fod Iesu wedi gorchfygu'r groes ar fynydd y Gweddnewid?

Munud i feddwl:

Dyma wewyr Gethsemane: Ei weld ei Hun yn taflu ei fywyd dros y diwerth. Yna'r llam gogoneddus: "O Dad, ni welaf fi unrhyw ystyr mewn aberthu er mwyn rhai fel hyn, gan y dengys bob arwydd mai ofer fydd y cwbl, ond os wyt Ti yn gweld yn wahanol, parod wyf fi i wynebu'r cwbl yn ôl dy weledigaeth Di." Cadwodd ei ffydd yn ei Dad.

Ni chafodd neb erioed y profiad hwn o'r blaen, ac fe'i gwnaeth yn amhosibl i neb arall ar ei ôl. Dioddefodd ei ddilynwyr drwy'r oesoedd arteithiau, ond gwyddent fod gwerth i'r aberth, canys oni fuont hwy eu hunain ymhlith yr ysgubion? "Hyn a fu rhai ohonoch chwi," ebe Paul, "ond a olchwyd ac a sancteiddiwyd," trwy'r Hwn a'u carodd "hyd yr eithaf."

Dywedir bod yr Anfeidrol Dad yn dioddef yn nioddef ei Fab. Oedd, ond ni allai fynd i adwy'r anobaith hwn, am reswm arbennig. Pan ddeuthum i'r cylch hwn yn fy ngweinidogaeth gynnar, cyn i hen gapel y Tabernacl, Bangor, gael ei droi'n Theatr Sir, galwodd cyfaill heibio imi ryw fin nos a dweud ei fod y bore hwnnw'n mynd heibio i'r Tabernacl, a gweld trempyn budr a charpiog yn sefyll o flaen y capel gan edrych arno'n syn a dwys a dal ei gap yn ddefosiynol yn ei law. Wrth i'r cyfaill fynd heibio trodd y trempyn ato a dweud - "'Doedd dim ond dau yng Nghymru a allai lenwi'r capel yma."

"Pwy oedden nhw?" ebe'r cyfaill mewn syndod.

Yr ateb oedd: "Owen 'y mrawd a John Evans, Eglwys-bach."

"Pwy oedd eich brawd?" ebe'r cyfaill.

Yntau'n enwi gŵr a wefreiddiodd fy nghyfaill laweroedd o weithiau, ac meddai'n wresog - "Dowch hefo mi i ginio er mwyn eich brawd."

Ysgubion , ysbwriel, ie, ond yn wahanol o'i weld drwy ei frawd.

Nid oes air yn yr Ysgrythur fod Duw'n cymodi'r byd ag Ef ei Hun yn uniongyrchol. Arbedwyd y Tad rhag anobaith y Mab, o ganfod posibilrwydd gogoneddus mewn dynoliaeth, wrth edrych arni fel y gwelai hi yn nynoliaeth ei Fab - Duw YNG NGHRIST sy'n cymodi'r byd ag Ef ei Hun heb gyfrif iddynt eu pechodau. Wrth weld dynion drwy eu Brawd Hwn y syniodd y Tad eu bod yn werth eu codi o'r dom.

Ac ar y Groes cafodd y gwewyr o dybio fod hyd yn oed ei Dad wedi troi cefn arno - "Fy Nuw, fy Nuw, paham y'm gadewaist?" Pwy bynnag a wnâi hynny, ni ddychmygodd y digwyddai hyn. Oni ddywedodd - "Gadewch fi yn unig, ac nid wyf yn unig, oblegid y mae'r Tad gyda myfi." Eithr hyd yn oed yn yr ing hwn NI PHALLODD EI FFYDD, FFYDD YN EI DAD - "O Dad, i'th ddwylo DI y gorchmynnaf fy ysbryd." Dyma fuddugoliaeth Gethsemane - nid buddugoliaeth arwriaeth ar ddioddefaint, fel buddugoliaeth arwyr yr oesoedd, ond peth mwy o lawer - buddugoliaeth ffydd ar anobaith.

"Gan edrych ar Iesu, Pentywysog a Pherffeithydd Ffydd," neu "Arloeswr a Chwblhawr Ffydd". Ef sy'n agor ffordd Ffydd drwy anialdir anobaith, ac Ef sy'n sicrhau y gallwn ei cherdded i'w phen draw.

E. Tegla Davies

Cyfle i fyfyrio

Emyn: *Caneuon Ffydd* 718

Y Fendith:
O Arglwydd, ein Duw, dyro i ni ras
i ddyheu amdanat ti, â'n holl galon,
fel y gallwn ni, o ddyheu amdanat ti,
dy geisio a'th gael di,
ac o'th gael di dy garu di,
ac o'th garu di, gasáu'r pechodau hynny
yr wyt ti wedi'n gwaredu ni rhagddynt. Amen.

Anselm)

Y BARNWR

Brawddegau agoriadol:

Yng nghredoau'r Eglwys Gristnogol, Credo'r Apostolion a Chredo Nicea cawn y darlun o Iesu'n barnu yn brigo i'r wyneb. Meddai Credo'r Apostolion, "ac y mae'n eistedd ar ddeheulaw Dduw Dad Hollgyfoethog; ac oddi yno y daw i farnu'r byw a'r meirw" a chawn bron yr un geiriau yng Nghredo Nicea, "Ac y mae'n eistedd ar ddeheulaw'r Tad. A daw drachefn mewn gogoniant i farnu'r byw a'r meirw: Ac ar ei deyrnas ni bydd diwedd."

Yn un o emynau'r Adfent o eiddo Charles Wesley mae'r syniad o Farnwr yn amlygu'i hun:

> Wele'n dyfod ar gymylau
> Farnwr dyn a Brenin nef;
> Myrdd myrddiynau sydd o'i Seintiau
> Yn ei amgylchynu ef;
> Aleliwia!
> Iesu a deyrnasa byth.

(Gellir canu'r emyn hwn ar y dôn fawreddog 'Helmsley'.)

Gweddi agoriadol:

Mor amharod ydym, Arglwydd,
i'th gydnabod yn Farnwr.
Rydym yn diolch dy fod wedi anfon dy Fab
i'n byd ac am y gobaith, y goleuni a'r gorfoledd
a ddaeth i ni trwyddo.
Ond cofiwn hefyd ei fod trwy ei gariad
yn ein barnu.
Helpa ni i'w adnabod
fel Gwaredwr a Barnwr
trwy gyfrwng yr oedfa hon.   Amen.

Emyn: *Caneuon Ffydd* 439

Gweddi:

O Dduw,
paid â gadael i ni fod mor ffôl
â gwrthod dy ddisgyblaeth di.
paid â gadael i ni fod yn rhy falch
fel na fedrwn ofyn am dy gyngor.
Paid â gadael i ni fod yn rhy hunanfeddiannol
fel na fedrwn dderbyn arweiniad.
Paid â gadael i ni fod yn ddibris o brofiad eraill.
Paid â gadael i ni orlifo o hunanhyder
fel na fedrwn ni dybio ein bod ni'n cyfeiliorni
ac fel na fedrwn dderbyn barn pobl eraill.
Gwna ni'n ddigon call i fedru derbyn ein ffolineb ein hunain,
i gydnabod ein gwendidau
fel y gallwn ddod atat ti,
ffynhonnell pob doethineb a nerth.
Tyrd, Arglwydd, o'r newydd heddiw:
tyrd i'n calonnau i'w glanhau fel y gallwn fod yn bur o galon,
tyrd i'n meddyliau fel y gallwn dy gydnabod yn ffordd, yn wirionedd a
bywyd.
Tyrd pan ydym yn drist, i'n cysuro,
tyrd pan fyddwn wedi blino, i'n hadfywio,
tyrd pan fyddwn yn unig, i'n calonogi,
tyrd pan fyddwn yn cael ein temtio, i'n cryfhau,
tyrd pan fyddwn dan straen, i'n harwain,
tyrd pan fyddwn yn llawen, i ddyblu'r llawenydd.

Pryd bynnag y byddi'n dod,
gobeithio y byddwn yn barod. Amen.

Cydadrodd neu gydganu Gweddi'r Arglwydd:

Darllen:

Mae damhegion Iesu yn llawn o gyfeiriadau at farn Duw. Gawn ni
wrando ar dair dameg.

❖   Dameg yr Efrau ymysg yr ŷd yn gyntaf.

Mathew 13:24–30
❖ Yr ail ddameg yw dameg y ffigysbren diffrwyth.
Luc 13:6–9
❖ A'r drydedd yw dameg y Pharisead a'r Casglwr Trethi.
Luc 18:9–11

Mae'r ddameg gyntaf a glywsom yn dweud bod gwahaniaethu rhwng y drwg a'r da. Mae'r ail yn cyhoeddi fod peidio gwneud defnydd o unrhyw beth yn sicr o esgor ar fethiant a thrychineb yn y pen draw. A neges y drydedd ddameg yn syml iawn yw fod hunangyfiawnder ynddo'i hun yn pellhau'r unigolyn oddi wrth Dduw.

Emyn: *Caneuon Ffydd* 868

Anerchiad:
"Daethant i Jerwsalem. Aeth i mewn i'r deml a dechreuodd fwrw allan y rhai oedd yn gwerthu a'r rhai oedd yn prynu yn y deml; taflodd i lawr fyrddau'r cyfnewidwyr arian a chadeiriau'r rhai oedd yn gwerthu colomennod..." (Marc 11:15)

Dyma hanes cyfarwydd i ni am Iesu yn Glanhau'r Deml a chofnodir y digwyddiad yn y pedair efengyl (Mathew 21:12–17; Luc 19:45–48; Ioan 2:13–22) Y digwyddiad hwn yw'r uchafbwynt yn nysgeidiaeth Iesu lle mae'n dweud mai dyma ddiwedd ar aberthu anifeiliaid fel ffordd o gael mynediad i bresenoldeb Duw a derbyn ei faddeuant. Hyd at y digwyddiad hwn roedd Iesu wedi encilio ac i raddau wedi gwrthod cyhoeddusrwydd – y Crist Cuddiedig, ond yn ystod yr Wythnos Olaf mae'n wynebu'r cyhoedd a'r awdurdodau benben. Marchogodd ar gefn ebol asyn ar y Sul gan dderbyn bonllefau'r dyrfa oedd yn fwy na pharod i dderbyn ei arweiniad. Ond pa fath o arweiniad? Mae'n barod i herio a beirniadu calon y genedl a'r grefydd Iddewig. Cynhyrfodd yr awdurdodau, y prif offeiriaid, yr ysgrifenyddion a'r henuriaid a dyma'i gornelu â'r cwestiwn, "trwy ba awdurdod yr wyt ti'n gwneud y pethau hyn? Pwy roddodd i ti'r awdurdod hwn i wneud y pethau hyn?" (Marc 11:28) Hwn oedd y maen tramgwydd – awdurdod Iesu! Roedd hyn yn amlwg ar ddechrau ei weinidogaeth ym mhulpud Capernaum ond bellach mae'n ei amlygu ei hun yn y man mwyaf cysegredig a sensitif yng nghysegr sancteiddiolaf y bywyd cenedlaethol yn Jerwsalem. Yna mae'n llefaru dameg ar ôl dameg yng nghynteddau'r Deml. Yr un yw ei wrandawyr; yr un yw ei neges, sef barn. Gwelodd fod y ffigysbren a felltithiodd wedi crino ac mae'n anodd deall neges y ddameg hon ond yn nhermau barn a chondemniad. Roedd y genedl wedi methu yn ei hymgais i ymateb i alwad Duw ac am hynny byddai'r canlyniadau'n drychinebus. O ganlyniad i'r damhegion hyn, mae criw o Phariseaid a Herodianiaid yn ceisio'i faglu trwy ei gornelu â chwestiwn, "A yw'n gyfreithlon talu treth i Gesar, ai nid yw?" Os byddai'n ateb, 'ydyw' byddai wedi cynhyrfu'r Iddewon, os 'na' byddai mewn helbul efo'r Ymerodraeth Rufeinig. Ar ôl iddo edrych ar y darn arian ei ateb oedd, 'Talwch bethau Cesar i Gesar, a phethau Duw i Dduw." (Marc 12:17) Mae'r cwestiwn yn fethiant a'r ateb wedi'u llorio.

Barn Iesu, yn ystod ei ddyddiau olaf, oedd fod y genedl wedi bod yn anffyddlon i'w thraddodiad a'i thras. Roedd y gyfraith, yn hytrach na bod o gymorth, yn faich gorthrymus o 613 o reolau caeth. A'r perygl bob amser â rheolau beichus fel hyn yw ceisio ffordd i'w gwrthwynebu a'u torri. Dyma a welodd Iesu, pobl yn defnyddio crefydd i'w dibenion eu hunain, fel y gwerthwyr a'r cyfnewidwyr yn y Deml. Gwir ystyr Torah yw 'dysgeidiaeth' ac nid 'cyfraith'. Nid dod i ddileu'r gyfraith a wnaeth Iesu ond ei chyflawni.

Gallwn eistedd yn ôl yn foddhaus a dweud, "Wel, nid Iddewon ydyn ni ond Cristnogion ac felly dydi hyn ddim yn berthnasol i ni heddiw. Gwrandewch eto. Yr hyn mae Iesu yn ei gondemnio a'i farnu yw anffyddlondeb. Allwn ni ddianc rhag hyn, tybed? Anffyddlondeb mewn priodas, anffyddlondeb mewn materion ynglŷn â busnes, anffyddlondeb ym myd papurau newydd a gwleidyddiaeth ac ymlaen yr awn. Onid un o gymalau mwyaf cyffredin ein cyfnod ni yw, 'yn gynnil efo'r gwirionedd' neu 'gelu'r gwir'. Faint o weithiau ydych chi wedi dweud, "Pwy allwn ni drystio'r dyddiau yma?" Pan fo anffyddlondeb yn rhemp bryd hynny mae egwyddorion yn cael eu hanwybyddu a phryd hynny mae Iesu'r Barnwr yn sefyll yn gadarn a diysgog. Mae'n gweld ein bywyd cymdeithasol a'n bywyd personol yn dadfeilio o'n cwmpas a'n gwerthoedd yn diflannu. Does yna neb yn hoffi cael ei farnu. Efallai ein bod yn casáu'r Iesu hwn. Gwell gennym "Iesu annwyl ac addfwyn". Cofiwn un peth, o'n barnu mae'n dangos i ni ein dallineb ac mae'n awyddus i ni ddewis y ffordd ragorach fyth.

Emyn: *Caneuon Ffydd* 177

Cwestiynau i'w trafod:

1. Sut mae delio â Iesu y ffrind a Iesu'r Barnwr? Onid ydi'r ddau yn gwrth-ddweud ei gilydd?

2. Beth fyddech chi'n ddweud yw neges Dameg y Winllan a'r Tenantiaid? (Marc 12:1–11) Trafodwch ei chynnwys ymhlith eich gilydd. Beth yw'r neges i Gymru heddiw?

3. Ydych chi'n cael anhawster wrth ymdrin â'r digwyddiad o lanhau'r Deml? Ydi'r darlun hwn o Iesu yn afreal a dieithr? Ydi ymddygiad fel hyn, yn ei dro, yn creu ymddygiad tebyg?

4. Fyddech chi'n dweud fod anffyddlondeb i (a) chi eich hunan (b) teulu (c) gwaith (ch) cymdeithas (d) y cread yn un o'n ffaeleddau mwyaf heddiw?

5. Sut mae delio â'r broblem hon? Beth sydd gan addysg a chrefydd i ddweud ac i ddysgu i ni?

Myfyrdod:

Beth am i ni fyfyrio ar ein hanffyddlondeb tuag at y cread. Yn ei chyfrol *Silent Spring* proffwydodd Rachel Carson ddigwyddiadau digon brawychus. Dyma oedd ganddi i'w ddweud:

Rhyw dro yn America, roedd yna dref lle roedd popeth yn byw mewn cytgord â phopeth oedd o gwmpas. Safai'r dref yng nghanol rhwydwaith o ffermydd cyfoethog, o gaeau gwenith a pherllannau ar yr esgeiriau, ac yn y gwanwyn byddai'r coed yn wyn o flodau. Yn yr hydref byddai'r derw a'r bedw yn fflam o liw ar gefndir gwyrdd y coed pîn. Byddai'r llwynogod yn cyfarth ar y bryniau a'r ceirw'n llamu'n ddistaw ar draws y caeau, oedd wedi eu cuddio yn nhawch cynnar boreau'r hydref.

Yna fe ddigwyddodd rhywbeth. Fe ddaeth rhyw falltod dros y wlad ac fe welwyd cryn gyfnewidiadau. Dechreuodd yr ieir glafychu, roedd y gwartheg a'r defaid yn marw. Roedd cwmwl marwolaeth ymhob man. Roedd y ffermwyr yn sôn am afiechyd o fewn eu teuluoedd. Yn y dref roedd meddygon yn poeni am yr afiechyd newydd yma oedd yn lledaenu ymhlith eu cleifion. Roedd yna bobl yn marw'n sydyn, nid yn unig ymhlith yr oedolion ond y plant hefyd. Byddai'r plant yn cael eu taro'n wael wrth gyd-chwarae â'u ffrindiau ac ymhen dim roeddynt wedi marw. Roedd hi'n anodd iawn esbonio hyn.

Ar y ffermydd, roedd yr ieir yn gori, ond fyddai'r wyau byth yn deor. Cwynai'r ffermwyr nad oedd y moch bach yn cael eu gen'n fywi. Er bod y coed ffrwythau'n llawn o flodau doedd yna ddim gwenyn yn suo o'u cwmpas ac felly ni fyddai'r peillio'n digwydd ac felly doedd dim ffrwyth yn yr hydref.

Nid rhyw swyn, na gelyn oedd wedi distewi ail enedigaeth bywyd newydd yn y dref a'r tir o gwmpas. Na, y bobl eu hunain oedd wedi gwneud hyn. Nhw oedd wedi creu gwanwyn heb gyffro – y gwanwyn mud.

Mae'r ystadegau'n dal i gynyddu a rhagolygon Rachel Carson yn cael eu gwireddu. Haf 2005 oedd yr haf poethaf ym mhegwn y Gogledd ers dros bedwar cant o flynyddoedd. Mae'r Arctig bellach yn cynhesu bron i ddwywaith yn gyflymach na gweddill y byd. Yn 2006 cofnodwyd y diwrnod poethaf erioed yng ngwledydd Prydain. Mae llifogydd yn parlysu llawer iawn o'r gwledydd ac mae cartrefi ar lannau'r moroedd, mewn mannau fel Bangladesh, yn diflannu, tra mae mannau eraill o'r byd yn crasu o dan danbeidrwydd haul poeth. Yn ôl gwyddonwyr, mae'r ddau begwn yma yn rhan o nodweddion cynhesu byd-eang.

Cawn ein galw i weithredu. Mae gwledydd Prydain yn gyfrifol am ddau y cant o'r nwyon gwenwynig sy'n llygru'n byd a gallwn ostwng y ffigwr hwn. Gall pob un ohonom chwarae'n rhan. Yn y cartref a'r eglwys mae'n gyfrifoldeb arnom i weithredu heddiw. Beth allwn ei wneud?

Gwres a goleuni:
Insiwleiddio'r tŷ drwyddo draw,
defnyddio bylbiau sy'n arbed ynni,
gwneud yn siur fod y golau'n cael ei ddiffodd yn yr ystafelloedd nad ydyn nhw'n cael eu defnyddio,
cofio diffodd y set deledu yn gyfan gwbl; peidio'i gadael ar y 'golau coch' ,
troi'r gwres i lawr un gradd,
peidio defnyddio'r rheiddiaduron ymhob ystafell;
bod yn ddarbodus wrth ddefnyddio'r dŵr yn y toiled;

dŵr: defnyddio cawod yn lle baddon,
ailddefnyddio dŵr golchi llestri i ddyfrio'r blodau,
tyfu planhigion nad ydyn nhw angen llawer o ddŵr – planhigion
o ardal Môr y Canoldir.

Dyma ddeg o bethau y gallwn eu gwneud yn ein cartrefi. Beth am i ni,
aelodau o'r eglwys hon, roi arweiniad i eraill yn ein cymuned? Gallai
hyn fod yn weithgaredd diddorol a heriol i aelodau'r ysgol Sul neu'r
Clwb Ieuenctid. Dyma ffaith i ni i gyd feddwl amdani, "Petai pob perchen
tŷ ym Mhrydain yn newid tri bwlb golau cyffredin am dri sy'n arbed
ynni, byddai'r ynni sy'n cael ei arbed yn goleuo strydoedd Prydain i
gyd."

Gweddi:
am ofal Duw trosom a thros ei holl greadigaeth:
Diolch, Arglwydd y Cread,
am ddirgelwch bywyd,
am y pethau sy'n gwneud i ni ryfeddu a synnu,
am bethau sy'n gwneud i ni ddotio atyn nhw,
am bethau sydd tu hwnt i'n deall ni,
am bethau sy'n ein harwain ar ein gliniau,
mewn gostyngeiddrwydd a gwyleidd-dra.

Diolch, Arglwydd y Cread,
am fyd hardd a phrydferth,
am amrywiaeth pethau byw,
am gydberthynas rhwng gwahanol rywogaethau,
am gael rhannu'r cread â myrddiynau o greaduriaid,
am ein galw i stiwardio, gofalu, parchu a dangos consýrn tuag at y byd
a phobl eraill.

Diolch, Arglwydd y Cread,
am batrwm a threfn i fywyd,
am godiad haul yn y bore a machlud yr hwyr,
am dro'r tymhorau a threiglad y blynyddoedd,
am gylchdro'r sêr a'r planedau,

ac am gilwg ar alaethau tu hwnt i'n planed ni,
a'r cyfan yn datgelu trefn dy gread Di.
Diolch, Arglwydd y Cread,
am roi i ddyn y gallu i feddwl
ac i chwilio i ddirgelwch dy gread.
Maddau i ni, Arglwydd y Cread,
y trachwant sy'n difetha yfory er mwyn i ni gael diddanwch a chysur heddiw,
y diogi sy'n atal a rhwystro yfory er mwyn i ni gael byd braf heddiw,
y diofalwch sy'n llygru yfory er mwyn i ni gael esmwythdra heddiw,
yr anghyfiawnder sy'n amddifadu yfory er mwyn cyfoethogi ein byd ni heddiw
y ffolineb sy'n anghofio yfory a byw yn unig er mwyn heddiw a'i bleserau.
Arglwydd, heddiw, yfory ac yn dragywydd heria ni yn awr i newid ein hagwedd a byw heddiw gan baratoi ar gyfer yfory.

Helpa ninnau hefyd, Arglwydd y Cread,
i ehangu ein gorwelion
ac i weld tu hwnt i bopeth,
dy fod Ti yn bod.   Amen.

Cyfnod o ddistawrwydd i fyfyrio:

Emyn: *Caneuon Ffydd* 564

Y Fendith:
Rwyt ti yn dal i'n cynhyrfu
ac yn dal i ysgwyd sylfeini ein bodolaeth.
Ysgwyd ni trwy'r hyn a glywsom
yn yr oedfa hon i fynd oddi yma
yn llawn brwdfrydedd a gobaith
i geisio byw yn well
fel na fyddwn
o dan gondemniad
o'th flaen di,
y tragwyddol Dduw.   Amen.

Y MEDDYG

Adnod:
Rho i'r meddyg yr anrhydedd sy'n ddyledus iddo am ei wasanaeth, oherwydd yr Arglwydd a'i carodd yntau. Oddi wrth y Goruchaf y daw ei ddawn i iachau, a chan y brenin y bydd yn derbyn rhodd." Ecclesiasticus 38: 1, 2

Gweddi agoriadol:
Arwain ni, O Dduw, yn ein haddoliad heddiw
i feddwl am Iesu'r Meddyg.
Boed i ddoniau'r Meddyg,
gyffwrdd â ni yn yr oedfa hon
fel y gallwn deimlo
grym ei iachâd a'i lanhad,
yn gwella'n cyflwr,
yn gwella'n cymdeithas,
yn gwella'n byd.
Tyrd yn dy rym i ganol ein bywydau
trwy gyfrwng dy Air a'th bresenoldeb
heddiw a byth bythoedd.   Amen.

Emyn: *Caneuon Ffydd* 804

Darlleniad:
Ar ddechrau'r oedfa clywsom adnodau o lyfr Ecclesiasticus, yn yr Apocryffa. Yn ôl traddodiad ygrifennwyd y llyfr hwn gan Iesu Ben-Sira ac y mae ymhlith llyfrau pwysicaf yr Apocryffa. Perthyn i lenyddiaeth doethineb yr Hebreaid sy'n ei osod yn yr un categori â llyfr Job, Diarhebion a llyfr Pregethwr sy'n ymddangos yn yr Hen Destament.

Yn rhan gyntaf y darlleniad dyry'r awdur ddisgrifiad o safle'r meddyg ymysg ei bobl gan atgoffa ei wrandawyr mai offeryn yn llaw Duw ydyw yn y pen draw ac mai o Dduw y daw'r meddyginiaethau.

Darllen: Ecclesiasticus 38:1–8

Yna mae'r awdur yn mynd rhagddo i ddangos yn glir beth yw dyletswydd y dioddefwr a'r meddyg; mae'n rhaid i'r dioddefwr droi at Dduw, aberthu ac yna troi at y meddyg a bydd y meddyg yn ei dro yn gweddïo y bydd Duw yn rhoi'r medrau perthnasol iddo i ddarganfod a gwella clwyfau'r cleifion.

Darllen: Ecclesiasticus 38:9–15

Gweddi:
Arglwydd, dysg i mi weddïo.
Mae'n swnio'n ddiddorol, yn sialens, yn real.
Mae'n anturiaeth go iawn.
Rhywbeth mwy na rhestru
catalog o bethau dwi eisiau
fel petawn i'n gwneud rhestr
i ryw Siôn Corn anweledig!

Mewn gweddi,
mae'n gyfle i gyfarfod â Thi,
closio at y cariad sydd wedi ngharu i,
y cariad sy'n nghadw i,
y cariad sy'n gwybod amdanaf i.
A dyma'r man cychwyn.
Mae yna gymaint i'w archwilio.
Gymaint mwy ohonot Ti,
dy gariad, dy ofal, dy gysur, dy fawredd...
Efallai y bydd arna i ofn yn y byd dieithr hwn.
Efallai y bydda i'n unig
ond rwyt Ti gyda mi,
yma efo fi,
yn nes nag yn y pen arall yn gwrando,
yn nes ataf na mi fy hun.

Mae'n gyfle i ddysgu mwy amdanaf i

a wynebu yr hyn ydw i.
Cydnabod fy rhwystredigaethau,
fy ffaeleddau,
fy methiannau,
fy nhristwch,
a'm hanobeithion,
a darganfod, o'r newydd,
pan fydda i'n stopio strancio a gweiddi
a gollwng gafael ryw ychydig,
dy fod Ti yn dal yn agos ataf, yn agos iawn, iawn.
Yn dal i garu drwy'r amser.

Weithiau, Arglwydd, yn aml
fydda i ddim yn gwybod beth i'w ddweud wrthot Ti;
mae'r geiriau'n pallu
a'r hyn sydd gen i ddweud wedi mynd ar goll.
A weithiau dim ond eistedd yn hollol lonydd fydda i
a deud dim – dim byd o gwbl.
A'r pryd hwnnw, Arglwydd, y bydda i'n dysgu mwy nag a wnes i erioed;
pan mae'r meddwl yn llonyddu
a'r galon yn arafu,
pan fydda i'n ymlacio a gwrando ar y llef ddistaw fain,
a chofio fod popeth roeddwn i yn mynd i'w ofyn i Ti,
yn wybodaeth i Ti'n barod.
Yna, Arglwydd, yn y llonyddwch
heb eiriau,
heb gymhlethdodau,
na llyffetheiriau,
rwyt Ti yna,
yn dal i garu.

Ga i glosio'n nes atat Ti?
Arglwydd, dysg i mi weddïo. Amen.

Emyn: *Caneuon Ffydd* 222

Myfyrdod:

Yn yr hen fyd roedd cysylltiad agos iawn rhwng crefydd a meddygaeth. Pan fyddai person yn wael, troi at Dduw, at yr offeiriad, gwas Duw, ac i dŷ Dduw y byddai ac nid mynd at y meddyg i'r feddygfa. Mae awdur llyfr Cronicl yn gweld bai ar Asa'r brenin. Yn ôl pob golwg roedd yn dioddef o anhwylder ar ei draed, "ond yn ei waeledd fe geisiodd y meddygon yn hytrach na'r Arglwydd". (11 Cronicl 16:12) Ymhlith yr Iddewon, bryd hynny, yr offeiriad ac nid y meddyg oedd yn archwilio'r claf, fel y gwelwn yn hanes y gwahangleifion yn y Testament Newydd. Neges Iesu i'r gwahanglwyfus yn ôl Marc oedd, "Gwylia na ddywedi ddim wrth neb, ond dos a dangos dy hun i'r offeiriad, ac offryma dros lanhad..." (Marc 1:44)

Roedd hyn yn wir hefyd yn y byd Rhufeinig–Groegaidd gan y byddai person gwael yn mynd ar ei union i deml Aesculapiws. Yno byddai'n mynd trwy broses a elwid *incubatio* sef treulio'r nos yn nhywyllwch y deml gan obeithio y byddai'r duw yn dod â chyffwrdd ynddo a'i wella. Os credai Iesu fod gwella'r cleifion yn rhan o'i genhadaeth yna'n sicr roedd yn cydymffurfio â gofynion ei gymdeithas. Does dim dwywaith na chredai Iesu'n gryf fod gwella'r cleifion yn rhan anhepgor o ddyfodiad Teyrnas Dduw i fyd dynion. Pan anfonodd y disgyblion ar genhadaeth ei gomisiwn oedd, "Iachewch y cleifion, cyfodwch y meirw, glanhewch y gwahanglwyfus... (Mathew 10:8) Credai Iesu fod cysylltiad rhwng dyfodiad y Deyrnas a choncwest ar ddioddefaint, afiechyd, poen a marwolaeth. Iesu oedd cyfryngwr y Deyrnas ac ef hefyd oedd yn gallu gwella corff ac enaid.

Dowch i ni droi at Efengyl Mathew i wrando ar ddigwyddiad o fewn digwyddiad fel petai, wrth i Iesu ymateb i gri 'rhyw lywodraethwr' oedd newydd ddweud wrtho fod ei ferch wedi marw ac yntau ar y ffordd i gartref Jairus. Ond digwyddodd rhywbeth ar y ffordd. Caiff Mathew ddweud yr hanes:

Darllen: Mathew 9:20–22

Distawrwydd: Cyfle i fyfyrio ar y darlleniad.

Emyn: *Caneuon Ffydd* 823

Anerchiad:

Wrth i Iesu fynd ar frys drwy'r dyrfa mae'r wraig hon yn cyffwrdd yn ymyl ei fantell. Mae hi'n cynrychioli'r natur ddynol. Mae ei holl ymwneud â Iesu yn cynrychioli llawer yn ein cymdeithas heddiw.

Nodwn i ddechrau ei salwch. Bu'n dioddef am ddeuddeng mlynedd o ddiferlif gwaed. Erbyn heddiw mae modd gwella'r cyflwr hwn ond nid felly yng nghyfnod y Testament Newydd. Meddyliwn am ddioddefaint, yr anghyfleustra a'r embaras yn fwy na dim. Mae'n siŵr ei bod hi wedi gweld meddyg ar ôl meddyg ond ar ôl deuddeg mlynedd, yr un oedd ei hanes, yr un oedd ei chyflwr. Gall pob un ohonom feddwl am enghraifft o bobl nad oes gwella arnyn nhw. Mae salwch yn gallu'n gwanychu'n feddyliol a'n parlysu'n ysbrydol. Yn y pen draw mae gwaeledd yn gallu concro.

Mae'n werth sylwi hefyd ei bod wedi clywed am Iesu. Gan mai yng Nghapernaum y lleolir y digwyddiad gwyddom am ddigwyddiadau eraill oedd wedi digwydd yn yr ardal. Efallai ei bod wedi clywed am y claf o'r parlys, y dyn â'r llaw ddiffrwyth yn y synagog ac yn y dref hon roedd Mathew wedi ei alw i ymuno â'r disgyblion. Dyna lle roedd hi'n pendroni – "dyma fy nghyfle... mae wedi gwella pobl eraill... mi ydw i am fentro... does gen i ddim i'w golli ond llawer i'w ennill". Ac mi fentrodd. Fe ddown ninnau i gyswllt â phobl ar sawl lefel – y teulu, y cymdogion, aelodau o'r gymuned, ffrindiau yn y gwaith, wrth hamddena. Pa mor aml y byddwn yn rhannu profiadau am Iesu ar y gwahanol lefelau hyn? Rhy swil? Cyffwrdd ag ymyl ei fantell wnaeth y wraig ac roedd hynny'n ddigon iddi.

Beth petai rhywun wedi dweud wrthi y byddai Iesu yn galw i gael sgwrs efo hi? Beth fyddai ei hymateb, os gwn i? Bolltio'r drws neu redeg milltiroedd o'r ardal. Daeth at Iesu ar ei thelerau ei hun, yn ei ffordd ei hun – dim ond cyffwrdd ag ymyl ei fantell, hyd yn oed. Gwelwyd dyn yng nghyntedd eglwys ar fore Sul – cafodd ei annog i ymuno yn yr addoliad ond gwrthododd. Ymhen rhai Suliau wedyn roedd y dyn yng nghyntedd yr eglwys unwaith yn rhagor. Daeth mwy a mwy o'r addolwyr i'w annog i ymuno â nhw ond gwrthododd ac ni welwyd mohono wedyn. Tybed ai dim ond eisiau cyffwrdd yn ymyl ei fantell oedd y gŵr hwn hefyd? Gwyddom fod Iesu â chonsýrn mawr am y colledig, y claf, y dyn ar lawr, a'r anffodusion ac efallai na wnân nhw edrych ym myw llygaid Iesu ond eu bod, fel cam cyntaf, yn barod i gyffwrdd ag ymyl ei fantell. Mae'n rhaid i ni sydd mor barod i bwyntio bys ac i weld bai barchu'r 'cam cyntaf' hwn.

Efallai mai ofergoel a'i denodd at Iesu gan gredu bod rhyw rinweddau yn ei wisg. Credai llawer ar hyd yr oesoedd bod rhyw rin yng ngwisgoedd y saint. Beth bynnag oedd ei chymhellion fe'i gwelodd ei hun yn edrych ar wyneb Duw. Ef oedd y meddyg roedd hi wedi bod yn chwilio amdano gydol ei gwaeledd. Ef sy'n gwella gyda chydweithrediad y claf – a'r ffactor bwysig yn y berthynas hon yw ffydd. Efallai nad ffydd anturus, ond ffydd syml y wraig, "Dim ond i mi gyffwrdd â'i fantell, fe gaf fy iachau." (Mathew 9:21) Roedd ffydd y wraig yn wylaidd a chywir. Mae ffydd yn elfen bwysig yn ein hymwneud â Iesu. Ffydd ydi'r sbardun sy'n cynhyrfu nerth Duw a pheri i ni gael ein hadfywio a'n hadnewyddu. Closiwn a chyffyrddwn ag ymyl ei fantell heddiw.

Gweddi:

Cydnabyddwn, Arglwydd, ein bod ninnau'n debyg i'r wraig hon.
Mae rhyw swildod yn dod drosom,
ofn agosáu,
ofn mentro,
ofn na fedri di'n gwella a'n hadfywio.
Down yn nes, trwy gyfrwng yr oedfa hon,
a chyffwrdd yn ymyl dy fantell.
Dim ond cyffwrdd
mewn ffydd.
Cofiwn am bawb sy'n anghenus heddiw,
y sawl sydd mewn afiechyd a phoen,
dywed air wrthyn nhw i'w nerthu;
y sawl sy'n gweini ar y claf,
rho iddyn nhw nerth i ddyfalbarhau;
y sawl sy'n ymchwilio ym myd meddygaeth
rho iddyn nhw weledigaeth o'r hyn sy'n iawn.
y meddygon, y gweinyddesau a phawb sydd â gofal am y claf,
rho iddyn nhw'r weledigaeth eu bod yn gwneud dy waith di.

169

Gawn ni aros yn y distawrwydd.
(Gellir yma enwi y rhai sydd â chysylltiad â'r eglwys neu aelodau o'r gymdogaeth neu unrhyw un y gŵyr y gynulleidfa amdano.)

Cydadrodd neu gydganu Gweddi'r Arglwydd:

Munud i feddwl:
Agweddau ar bersonoliaeth ddynol gyfan yw'r corff, yr enaid a'r meddwl, a phob un yn dylanwadu y naill ar y llall. Fel y mae cyflwr y meddwl yn effeithio ar gyflwr y corff, y mae iechyd enaid yn cyfrannu at iechyd corff a meddwl. Trwy weddi, myfyrdod a pherthynas â Duw, y mae'r enaid yn ymborthi ar fywyd Duw ei hun, a'r bywyd dwyfol hwnnw yn ei dro yn llifo i'r corff a'r meddwl a phob rhan arall o'r bersonoliaeth yn cael eu puro, eu sancteiddio a'u bywhau.   *Elfed ap Nefydd Roberts*

Cwestiynau i'w trafod:
1. Pan fyddwch chi, neu rywun annwyl gennych, yn wael fyddwch chi'n troi at Dduw mewn gweddi? Oes yna bwrpas o gwbl mewn gweddïo dros y cleifion?
2. Ydych chi'n gwybod am enghreifftiau o bobl sydd wedi'u gwella trwy weddi? Beth fyddai'ch ateb i rywun sydd wedi gweddïo a heb gael ateb i'w weddi?
3. Ydych chi'n credu fod lle heddiw i'r 'Weinidogaeth Iacháu' o fewn yr Eglwys Gristnogol? Beth yw gwerth gweinidogaeth o'r fath?
4. Beth, yn eich barn chi, yw rôl caplan mewn ysbyty neu hosbis? Ceisiwch ddiffinio'n fanwl beth yw ei gyfraniad.
5. Pa mor bwysig yw ffydd yn y weithred o iacháu? Olrheiniwch rai o ddigwyddiadau'r Testament Newydd. Dyma rai cyfeiriadau: Mathew 9:27-31; Marc 1:40-45; Marc 3;1-6; Luc 7:1-10; Ioan 5:1-9.

Ystyriwch:
'Mae'r Barnwr yn ein gweld ar ein gwaethaf,
mae'r Offeiriad/Gweinidog yn ein gweld ar ein gorau,
mae'r Meddyg yn ein gweld fel yr ydym."

Emyn: *Caneuon Ffydd 758*

Myfyrdod ar yr emyn:

Mynegi profiad a wna John Roberts, Llanfwrog. Cawn glywed am ei brofiad o agosrwydd Duw ato ar hyd bob cam o daith bywyd. Cawn ein cymell i rannu yn ei brofiad a rhoi diolch am 'law fy Ngheidwad... a'i gafael ynof er nas gwelaf hi'. Mae'r cyferbyniad yn un effeithiol wrth iddo gyfeirio at law ei Geidwad yn ei gynnal a'i ymgeleddu a'i dywys, hyn i gyd er y ffaith na ellid ei gweld hi trwy lygaid naturiol. Ond o edrych trwy lygad ffydd y mae presenoldeb y llaw i'w weld yn eglur ddigon. Peth felly, yn wir, ydy ffydd, ac mae diffiniad awdur y Llythyr at yr Hebreaid ohoni yn un sy'n crynhoi llawer: 'Y mae ffydd yn warant o bethau y gobeithir amdanynt, ac yn sicrwydd o bethau na ellir eu gweld.' (Heb 11:1) Yn wir, mae'r bennod hon yn y llythyr at yr Hebreaid yn olrhain hanes y rhai sydd wedi gweithredu trwy ffydd yn yr Hen Destament, pob un ohonynt yn ymddiried yng ngallu Duw i'w cynnal nhw ac i gyflawni ei addewidion iddyn nhw. Dynion a merched cyffredin ddigon y sonnir amdanyn nhw, ond a wnaethpwyd yn anghyffredin trwy eu ffydd a'u hymddiriedaeth yn Nuw.

O ymddiried yn Nuw, trwy ffydd fe allwn ninnau weld y llaw sy'n ein cynnal ac, yng nghanol trallodion a brwydrau bywyd, bod 'mwy gyda ni nag sydd gyda nhw'. Gŵyr yr emynydd, o fod wedi profi cynhaliaeth ei Geidwad ar hyd taith bywyd, y bydd hefyd gydag ef 'pan ddaw braw yr alwad fawr i'm rhan', oherwydd fe fu farw'r Ceidwad hwn a chael ei atgyfodi. Trwy ffydd yr ydym yn credu ac yn dal gafael yn hyn, ac am iddo gael ei gyfodi bydd hefyd yn ein cyfodi ninnau, oherwydd, yng ngeiriau Paul: 'Y gwir yw fod Crist wedi ei gyfodi oddi wrth y meirw, yn flaenffrwyth y rhai sydd wedi huno.' (1 Cor 15:20)

Huw Powell Davies

Y Fendith:

> Arglwydd, bydd gyda ni ar ein taith,
> gyda ffydd yn goleuo'n bywydau,
> gyda gobaith yn cyfeirio'n camau,
> gyda llawenydd yn llenwi'n heneidiau
> trwy Iesu Grist ein Harglwydd. Amen.

Y PRIODFAB

Adnod agoriadol:
"Dyma'r priodfab, ewch allan i'w gyfarfod." (Mathew 25:6)

Emyn: *Caneuon Ffydd* 441

Gweddi agoriadol:
O Dad grasol a sanctaidd, rho i ni
ddoethineb i'th ganfod,
deall i'th amgyffred,
diwydrwydd i'th geisio,
amynedd i ddisgwyl wrthyt,
llygaid i'th weld,
calon i fyfyrio arnat,
a bywyd i'th gyhoeddi;
trwy rym Iesu Grist ein Harglwydd.

Benedict Sant

Darllen:
Daeth disgyblion Ioan Fedyddiwr at Iesu gyda phroblem. Iddyn nhw roedd ymprydio yn elfen bwysig o'u crefydd fel yr oedd i'r Phariseaid, a'r broblem neu'r cwestiwn i Iesu oedd pam nad oedd ef a'i ddisgyblion yn ymprydio. Caiff Luc ddweud yr hanes.

Darllen: Luc 5:33-35

Ateb Iesu'n ddigon plaen oedd na 'allwch wneud i westeion priodas ymprydio tra bydd y priodfab gyda hwy'. Ond fe â ymlaen i ddweud y bydd y dyddiau'n dod "pan ddygir y priodfab oddi wrthynt" a'r pryd hwnnw ydi'r amser addas i ymprydio. Does dim dwywaith mai cyfeiriad sydd yma at Iesu ei hun. Fe ddaw yr un ystyr yn glir yn nameg y Deg Geneth.

172

Darllen: Mathew 25:1–13.

Gwendid y genethod ffôl oedd nad oedden nhw'n barod i gyfarch y priodfab pan gyrhaeddodd, "a thra oeddent yn mynd i brynu'r olew, cyrhaeddodd y priodfab, ac aeth y rhai oedd yn barod i mewn gydag ef i'r wledd briodas, a chlowyd y drws." (Mathew 25:10) Fe'u gadawyd y tu allan i'r drws, o'i bresenoldeb – mae rhywbeth terfynol yn y cloi, 'a chlowyd y drws'.

Gweddi:
Arglwydd,
Wn i ddim beth fuasai'n digwydd
petai rhywun cwbl ddieithr
yn troi i mewn i'n hoedfa heddiw.
Rywun, efallai nad oedd wedi
clywed sôn am Iesu a'i Deyrnas.
Sut y buasai'r person dieithr yn ein gweld ni tybed?
Parchus?
Sydêt?
Gwgus?
Ymosodol?
Rhagrithiol?
Di-wên?
Di-serch?
Trist?
Fel petai'r byd ar ben
a phob iot o lawenydd
wedi hen fynd o'n bywydau.
Pam, os gwn i, ydyn ni'n ymddwyn
fel petai Cristnogaeth y peth mwya
diflas,
difywyd,
rhywbeth sydd ymhell o'n bywyd bob dydd?
Rho i ni, Arglwydd,
weledigaeth newydd
o griw o bobl â llawenydd yn llenwi'u bywydau,

gorfoledd ymhob ystum
a serch at gyd-ddyn ymhob nwyd.
Gwna ni'n bobl sydd wedi adnabod y priodfab,
wedi teimlo ei agosrwydd,
wedi teimlo ei ymddiriedaeth,
wedi teimlo ei ffyddlondeb,
ac yn gwybod na ellir
torri'r berthynas rhyngddo ac ef.

Mae'r priodfab yn bresennol efo ni ymhob oedfa,
mae ei bresenoldeb efo ni bob cam o'r daith.
Rhown ein hunain o'r newydd iddo heddiw.   Amen.

Cydadrodd neu gydganu Gweddi'r Arglwydd:

Munud i feddwl:

Fe fu lampau y morwynion ffôl yma yn llewyrchu yn ddisglair dros gryn amser; ond yn lle parhau i oleuo, nes iddynt fyned i dŷ y priodfab, y maent yn diffodd pan oedd mwyaf o angen am eu goleuni. Felly hefyd y gall y gau grefyddwyr ymddangos yn selog a llewyrchus gyda chrefydd am dymor, ond bydd eu sêl, a'u brwdfrydedd, yn debyg o oeri a dirywio mewn amser. Yr oedd lampau gan y morwynion ffôl yma wedi iddynt ddiffoddi, o ddiffyg olew i'w porthi. A'r un modd fe all dyn barhau i broffesu crefydd wedi i'w argraffiadau crefyddol ddiflannu. Ond y mae yn bwysig i ni nid yn unig barhau i broffesu crefydd, ond hefyd gadw teimladau crefyddol yn fyw yn ein calonnau. Mae eisiau porthi y fflam yn feunyddiol ag olew, trwy ddarllen y gair, myfyrio ar bethau ysbrydol, gweddïo yn y dirgel, ac ymwneud yn gyson â phob moddion o ras. Gochelwn ymfoddloni ac ymdawelu am ein bod unwaith wedi teimlo argyhoeddiadau cryfion, ac wedi bod yn ffyddlon a llewyrchus gyda chrefydd; canys nid beth a fu dynion, ond beth ydynt, ar y pryd, dyna yw y pwnc wrth farw.   *Owen Evans*

Emyn: *Caneuon Ffydd* 312

Cefndir:

Mae'n werth i ni aros i ystyried beth oedd trefn priodas ym Mhalesteina yng nghyfnod Iesu. Os ydyn ni'n grwgnach fod priodas yn ein gwlad ni yn achlysur costus a chynhwysfawr meddyliwch am drefniadaeth y briodas Iddewig. Roedd tri cham pendant. Y cam cyntaf oedd yr YMRWYMIAD. Gorchwyl yn perthyn i'r rhieni neu bobl broffesiynol oedd hon. Byddai hyn yn digwydd pan fyddai'r pâr yn blant ac efallai nad oedden nhw erioed wedi cyfarfod â'i gilydd. Mae hyn yn dal i ddigwydd ymhlith Iddewon yn ein dyddiau ni. Erbyn heddiw mae Iddew o waed pur yn berson prin felly bydd teuluoedd merched ifainc yn chwilio'n ddyfal am Iddewon pur fel cymar i'r ferch. Yn ôl ystadegau, er bod y briodas wedi'i threfnu'n ofalus, mae'r priodasau hyn yn hynod o hapus. Efallai y byddai hyn yn rhywbeth i ni ei ystyried y dyddiau hyn yng Nghymru! Tybed?

Yr ail gam yw DYWEDDÏO. Byddai hyn yn digwydd pan fyddai'r pâr yn cyrraedd oedran priodi. O gwmpas y digwyddiad hwn byddai gwledda a chyfnod o fwynhad. Roedd y cam hwn yn eithriadol o bwysig ac ni ellid ei dorri ond trwy ysgariad ac os byddai'r gŵr yn marw byddai'r ferch wedyn yn weddw.

Yna, flwyddyn union ar ôl y digwyddiad hwn, byddai'r BRIODAS ei hun yn digwydd. Dyma gyfnod o lawenydd a rhialtwch i'r pentref cyfan. Yn ôl dywediad Iddewig, 'bydd pob un rhwng chwech a chwe deg yn dilyn drwm y briodas'. Golygai hyn orymdeithio i dŷ'r pâr priod a byddai hyd yn oed y rabiniaid (yr athrawon Iddewon) yn cefnu ar eu gwaith er mwyn ymuno yn y rhialtwch gan eu bod yn credu fod priodas yn rhodd gan Dduw. Doedd y priodfab a'r briodferch ddim yn mynd i ffwrdd ar eu mis mêl ond yn hytrach yn aros gartref oherwydd bod wythnos gyfan o ddathlu yn digwydd. Byddai'r ddau yn cael eu trin fel brenin a brenhines yn ystod yr wythnos hon. Dyma oedd colled y genethod ffôl yn y ddameg yn efengyl Mathew – doedden nhw ddim yn rhan o'r dathliadau.

Ni wyddai neb pa amser y byddai'r priodfab yn cyrraedd. Gwyddom fod y briodferch heddiw yn gallu cyrraedd yn hwyr – bum munud neu hanner awr hyd yn oed! Ond yn y briodas Iddewig gallai'r priodfab gyrraedd heno, nos yfory neu ymhen wythnos. Ni wyddai neb ond ef ei hun pa bryd y byddai'n cyrraedd. Byddai'r genethod yn cael eu hurio i gadw cwmpeini i'r briodferch. Mae'n werth nodi hefyd nad oedd neb yn cael cerdded y strydoedd ar ôl iddi dywyllu heb oleuni lamp. Dyna pam oedd y lampau yn bwysig yn y ddameg a'r munud yr oedd y priodfab wedi cyrraedd byddai'r drws yn cael ei gloi ac ni châi neb fynediad ar ôl hynny. Gwae'r rhai sy'n hwyr ymhob man! Ni fyddai mynediad iddyn nhw!

Beth oedd y neges i wrandawyr Iesu tybed? Drwy'r canrifoedd roedd Duw wedi paratoi'r Iddewon – wedi'u harwain o'u caethiwed, wedi'u hyfforddi trwy eiriau'r proffwydi. Ond i ba ddiben? Pan anfonodd Duw ei Fab fe'i gwrthodwyd a'i groeshoelio. Er fod Duw wedi mynd o'i ffordd i agor drysau ar eu cyfer; mynnu bolltio'r drws hwnnw a wnaeth y genedl. Beth arall allai Duw ei wneud? Nid bai Duw oedd hyn ond bai'r Iddewon.

Ond beth am y neges i'n cyfnod ni?

Byddwch barod! Mae yna gyfnodau lle mae'n rhaid paratoi ymlaen llaw. Beth am baratoi pryd o fwyd? Cogydd neu gogyddes sâl sy'n dechrau paratoi am saith o'r gloch os yw'r gwesteion i ddechrau bwyta am hanner awr wedi saith! Neu beth am y bachgen ysgol sy'n ceisio dysgu'r cyfan noson cyn yr arholiad. O edrych ar y ddameg hon mae'n werth sylwi fod y genethod i gyd, y deg ohonyn nhw, yn awyddus iawn i hebrwng y priodfab ac mae'n amlwg fod y genethod i gyd wedi syrthio i gysgu ond roedd un gwahaniaeth mawr rhyngddyn nhw. Dim ond eu hanner oedd wedi ymorol am olew yn eu lampau. Hwy, a hwy'n unig oedd yn barod am y priodfab pan gyrhaeddodd. Beth oedd yn gyfrifol am hyn? Esgeulustod, difaterwch? Fyddech chi'n dweud mai dyma un o wendidau mawr ein cyfnod ni? Diffyg synnwyr o gyfrifoldeb? Bod yn esgeulus a difater ynglŷn â'r pethau pwysig? Gwelir hyn yn hanes teuluoedd ynglŷn â phriodasau a bedyddiadau. Treulir misoedd i wneud yn siŵr fod gwisg y briodferch yn barod, y gwesty wedi'i drefnu, y blodau a'r holl allanolion yn barod ond pan ddown at y gwasanaeth priodas ei hun, prin fod amser i ddod i'r addoldy o gwbl. Mae'r un peth yn wir yn y sacrament o fedydd, mae'r parti sy'n dilyn yn llawer pwysicach na chyflwyno'r plentyn i Dduw. Difaterwch ynglŷn â'r pethau sy'n cyfri! Rhoi gormod o bwyslais ar y pethau nad ydyn nhw'n cyfri. Rhoi'r eilradd yn gyntaf! Amod mawr y Deyrnas yw bod yn barod a hynny mewn pryd.

Byddwch barod drosto'ch hun. Mae ambell gymal yn y ddameg yn swnio'n anodd ac ar un olwg yn anghristnogol. Cais digon rhesymol oedd eiddo'r rhai heb olew yn eu lampau, "Dywedodd y rhai ffôl wrth y rhai call, 'Rhowch i ni beth o'ch olew, oherwydd mae'n lampau ni yn diffodd.' (Mathew 25:8) Onid y peth Cristnogol fyddai rhannu?" "Na yn wir... gwell i chwi fynd at y gwerthwyr a phrynu peth i chwi eich hunain." (Mathew 25:9) Sut mae dehongli hyn? Wrth gwrs, mae'n ddyletswydd ar bob Cristion i rannu, rhoi a helpu pawb sydd mewn angen. Ond gyda'r doniau ysbrydol mae'n rhaid i bob unigolyn forol am ei adnoddau ei hun. Allwn ni ddim byw ar adnoddau ysbrydol pobl eraill. O safbwynt yr adnoddau ysbrydol ni allwn ond cynghori a chyfarwyddo a rhoi esiampl. Onid gwendid y genethod ffôl oedd tybio y gallant fynd i'r wledd yng nghysgod y rhai call, tybio y gallant fynd i wledd y Deyrnas yng nghysgod eraill? Cyfrifoldeb personol ydi nod amgen mynediad i Deyrnas Dduw. Swm a sylwedd hyn i gyd oedd colli cyfle.

Cyfnod o ddistawrwydd i fyfyrio ar neges yr anerchiad:

Emyn: *Caneuon Ffydd* 591

Cwestiynau i'w trafod:
1. Pa mor wir yw dweud y gall ein parchusrwydd a'n sydetrwydd ein gwneud yn addolwyr di-fflach, dihiwmor? Tybed a all parchusrwydd ladd llawenydd a hapusrwydd?
2. Onid dihidrwydd a diofalwch yw ein pechod pennaf heddiw? Beth sy'n gyfrifol am yr elfennau hyn? Fyddech chi'n dweud fod ein cyfnod esmwyth, diofal ni, yn ein gwneud yn esgeulus a difater?
3. Sut ydych chi'n ymateb i (a) cyd-fyw heb briodi (b) cyd-fyw heb sôn am briodi o gwbl (c) ysgariad? Beth yn eich barn chi yw sylfaen gwir briodas? A ddylid mynd ati i addysgu plant am y gwerthoedd yn ein hysgolion heddiw?
4. Ai gwendid mawr ein cyfnod ni yw rhoi'r pethau eilradd, dibwys yn gyntaf a'r pethau pwysig yn olaf? Ystyriwch hyn yn ein hymwneud (a) â'r teulu (b) y gymdeithas (c) bywyd yr eglwys.

5. Fedrwch chi feddwl am enghreifftiau o'ch bywyd chi pan golloch chi gyfle? Beth oedd effaith hyn arnoch (a) chi eich hun (b) teulu (c) ffrindiau (ch) bywyd eich eglwys leol.

Gweddi:

Arglwydd, wrth i ni droi atat ti ar ddiwedd oedfa fel hyn, gofynnwn i ti agor ein bywydau i ti rhag ofn i ni golli cyfle. Gofynnwn i ti buro cymhellion pob un ohonom a thynnu ohonom bob bwriad drwg a phob uchelgais hunanol fel y gallwn dy wasanaethu yn deilwng, nid er mwyn dwyn clod i ni ein hunain ond i'th ogoneddu di yn unig. Helpa ni, felly, i ymddwyn fel y gweddai i greadur wneud yng ngŵydd ei Greawdwr a gwas yng ngŵydd ei Feistr. Gofynnwn y cwbl yn enw Iesu Grist ein Harglwydd. Amen.

Emyn: *Caneuon Ffydd* 719

Cyfnod o ddistawrwydd i ystyried neges yr oedfa:

Y Fendith:

O Dduw, pob cyfle,
gwared ni, rhag i ni, heddiw,
golli cyfle i'th wasanaethu di
a gwasanaethu'n cyd-ddyn.
Yn enw Iesu Grist.   Amen.

YR ARGLWYDD

Adnod agoriadol:

"Am hynny tra dyrchafodd Duw ef, a rhoi iddo'r enw sydd goruwch pob enw, fel wrth enw Iesu y plygai pob glin yn y nef ac ar y ddaear a than y ddaear, ac y cyffesai pob tafod fod Iesu Grist yn Arglwydd, er gogoniant Duw Dad." *(Philipiaid 2:9–11)*

Gweddi agoriadol:

Arglwydd, hyn yw ein haddoliad:
troi oddi wrth y byd a'i brysurdeb,
oddi wrth atyniad y materol,
oddi wrth waith a gofalon,
i sefyll ym mhresenoldeb yr hyn sydd real
ac i ymgrymu gerbron y tragwyddol.
Arglwydd, hyn yw ein haddoliad:
cael dod yn eiddgar o'th flaen
i rannu â thi ein profiadau,
i ddyrchafu'n bywyd a'n gwaith a'n hanghenion atat,
i ddiolch am yr hyn a gyflawnwyd
a'r hyn a fwynhawyd gennym,
a'u rhannu ag un sy'n deall ac yn derbyn y cyfan.
Arglwydd, hyn yw ein haddoliad:
ymhyfrydu yn dy gwmni,
syllu mewn rhyfeddod ar dy ogoniant,
gwirioni arnat,
dy garu,
dy glodfori,
dy wasanaethu
fel y perffeithir ein ffydd
ac fel y llenwir ein bywyd â'th fywyd di dy hun. Amen.

George Appleton

Emyn: *Caneuon Ffydd* 427

Darllen: Luc 5:1–11

Cyfnod o ddistawrwydd i fyfyrio

Darllen: Marc 7:24–30

Cyfnod o ddistawrwydd i fyfyrio

Darllen: Ioan 4:7–15

Cyfnod o ddistawrwydd i fyfyrio:

Gweddi:
Gogoniant yn y goruchaf i Dduw,
a thangnefedd i'w bobl ar y ddaear.
Arglwydd Dduw, frenin nefol,
hollalluog Dduw a Thad,
addolwn di, diolchwn i ti,
clodforwn di am dy ogoniant,
Arglwydd Dduw, Oen Duw,
yr hwn wyt yn dwyn ymaith bechodau y byd,
trugarha wrthym;
tydi sy'n eistedd ar ddeheulaw'r Tad,
derbyn ein gweddi.
Canys ti yn unig sy'n sanctaidd,
ti yn unig yw'r Arglwydd,
ti yn unig yw'r Goruchaf,
Iesu Grist, gyda'r Ysbryd Glân
yng ngogoniant Duw Dad.
Gloria in Excelsis

Cerdd:
Pedr
Yr Apostol Pedr, yn ôl ei enw, oedd y graig.
Yn llys Caiaffas fe wadodd ei Arglwydd deirgwaith

a hynny wrth ryw sgrafell o forwyn,
ac fe ganodd y ceiliog euog ddwywaith.
Y graig a droes yn dywod, ac yn dywod gwlyb.

Ar ddydd y Pentecost disgynnodd yr Ysbryd ar Bedr,
A'i weddnewid: ac fe gyfododd ei leferydd yn erbyn ei genedl,
Gan gondemnio Iddewon Caersalem am groeshoelio ei Arglwydd,
Ond ar ôl Ei groeshoelio, yr Arglwydd a'i cododd o'r bedd
A'i ddyrchafu i eistedd ar ddeheulaw Duw.
Lleferydd y tyst oedd ei leferydd ef:
Tystiolaeth y graig gadarn.
Y tywod gwlyb a droes yn graig ddi-syfl,
Yn graig o ferthyr.

Gwenallt

Myfyrdod:

Sôn am ddryllio'r delwau! Storm mewn cwpan de. Doedd yr Iddewon a'r Samariaid byth yn cymysgu. Mwy na hynny, doedd dynion Iddewig ddim yn siarad â merched yn gyhoeddus, hyd yn oed os oedden nhw'n Iddewon. Ond siarad efo hon, gan gofio'i chefndir! Un fyddai pawb yn edrych yn amheus arni oedd hon; un y byddai merched y fro yn ymddieithrio o'i chwmni. Gwyddai pawb amdani; gwraig i'w hosgoi, heb amheuaeth!

Ond nid dyn confensiynol oedd Hwn. Ddim pan oedd o'n gweld angen. Gwelodd wraig oedd â'i bywyd yn deilchion, ar gyfeiliorn. Ac er mwyn ei chyrraedd, fe dorrodd y rheolau. Torri trwy'r confensiwn. Agorodd ddrysau oedd wedi'u cloi ers cenedlaethau.

Gwyddai hithau'n iawn pa mor anodd oedd wynebu hwn. Cuddiodd tu ôl i ragfarn. Camddeall! Ceisiodd newid y pwnc gan orfodi Iesu i newid y pwnc. Doedd hi ddim eisiau wynebu ei hunan. Pwy sydd eisiau? Craffodd Iesu trwy'r ffasâd. Yn y man, craffodd hithau, ac o wynebu ei hun fe wnaeth ddarganfyddiad mwyaf ei bywyd. "Syr," meddai wrtho, "rho'r dŵr hwn i mi, i'm cadw rhag sychedu a dal i ddod yma i dynnu dŵr." (Ioan 4:15)

Ni allai hon ddefnyddio 'Syr' gyda'r un angerdd â Phedr pan ddywedodd, 'Arglwydd'. Ond mae man cychwyn i bob perthynas. Nid rheolau yw bywyd ond perthynas, nid cyfraith ond cariad.

Emyn: *Caneuon Ffydd* 739

Anerchiad:
Er bod y wraig o Samaria yn defnyddio ffurf ar y gair Groeg *Kurios* (Arglwydd) pan mae hi'n siarad â Iesu wrth y ffynnon ni ellir dweud bod yr un dyfnder i'r gair â phan oedd Pedr yn ei ddefnyddio. Mae'n wir dweud hefyd fod y defnydd a wnaed o'r gair, ar ôl yr Atgyfodiad, yn ddyfnach ac yn fwy arwyddocaol na phan y'i defnyddiwyd pan oedd Iesu yn nyddiau ei gnawd. Roedd mwy o deimlad ac angerdd yn ystyr y gair. Tybed a ddylid dweud mai'r gair 'Syr' y dylid ei ddefnyddio yn nyddiau ei gnawd ac 'Arglwydd' ar ôl yr Atgyfodiad? Ai darganfyddiad yr Eglwys oedd hyn? Oherwydd ei fywyd, ei farw a'i atgyfodi gan Dduw does dim amheuaeth ei fod yn Arglwydd, "a y cyffesai pob tafod, fod Iesu Grist yn Arglwydd." (Philipiaid 2:11)

Credo syml yr Eglwys Fore oedd bod "Iesu Grist yn Arglwydd". Gweledigaeth Paul, yn ei lythyr at y Philipiaid, oedd gweledigaeth o'r bydysawd; rhyw ddydd byddai pob tafod yn cyffesu fod Iesu yn Arglwydd. Mae 'un Arglwydd, un ffydd, un bedydd.' (Effesiaid 4:5)

Y gred hon ddaeth â'r Eglwys Gristnogol benben â'r Ymerodraeth Rufeinig. Y geiriau hyn a anfonodd gymaint o Gristnogion i'w lladd a'u difa. Mae gwaed y merthyron yn hongian ar y geiriau hyn. Geiriau yw'r rhain sydd wedi eu trochi yng ngwaed y merthyron. Perthynai i'r Ymerodraeth genhedloedd, hiliau ac ieithoedd o bob math a'r nod oedd chwilio am ffyrdd o gyfannu'r Ymerodraeth. Doedd dim dwywaith nad oedd i'r mwyafrif elfennau dwyfol yn perthyn iddi a thalwyd gwrogaeth i'r ddinas Roma. Roedd unigolyn arall oedd yn cael ei addoli hefyd. Yr Ymerawdwr. Hwn oedd y duw ymgnawdoledig; y dwyfol ei hun. Codwyd temlau i'r Ymerawdwyr a byddai'r deiliaid yn dod i'w haddoli. Cychwynnodd hyn yn nwyrain yr Ymerodraeth ond buan iawn y lledaenodd i'r gorllewin. Gwelodd y llywodraeth Rufeinig, o addoli fel hyn, foddion i gyfannu'r Ymerodraeth gyfan. Daeth addoli'r Cesar yn gonglfaen i'r holl weithgareddau ar hyd a lled y taleithiau. Y cam olaf oedd mynnu fod pob dinesydd yn addoli'r Cesar a deyrnasai a thrwy hynny asio'r Ymerodraeth at ei gilydd. Unwaith y flwyddyn roedd hi'n orfodol ar i bob dyn ddod a llosgi pinsiaid o arogldarth i'r Ymerawdwr a dweud, "Cesar sydd Arglwydd". Ar ôl iddo wneud hyn câi fynd ei ffordd ei hun i addoli unrhyw dduw a fynnai. Gwrthodai'r Cristnogion gyd ymffurfio. Doedden nhw ddim yn barod i ddefnyddio 'Arglwydd' am unrhyw un arall ar y ddaear, boed unben neu Ymerawdwr. Iddyn nhw 'Iesu Grist oedd yn Arglwydd' a neb arall. Ni allai neb eu gorfodi. Doedd yna, felly, ddim ond un dewis iddyn nhw, a hynny oedd marw dros eu ffydd. Croesau, fflamau, anifeiliaid rheibus, ac arteithio oedd dulliau'r cyfnod o roi taw a diwedd ar fywydau dilynwyr Iesu. Eu cred yn yr Arglwydd oedd y gair allweddol, *kurios*, a oedd yn brawf o ffydd a gweledigaeth diysgog y Cristnogion cynnar.

Emyn: *Caneuon Ffydd* 776

Munud i Feddwl:
Fel y dengys y bennod hon o'r Actau (Actau 12) gall Herod a'i linach beri llawer o ddifrod i'r eglwys. "Fe laddodd Iago, brawd Ioan, â'r cleddyf." Roedd hon yn ergyd drom i'r eglwys ifanc. Iago oedd y cyntaf o'r deuddeg i farw'n ferthyr. Ac o weld bod hyn yn achos boddhad i'r Iddewon anghrediniol y mae Herod yn penderfynu mynd gam ymhellach: "aeth ymlaen i ddal Pedr hefyd". Dyma, yn awr, gynllwynio ergyd farwol i'r eglwys, sef taro'r arweinydd ei hun, a gosod taw, unwaith ac am byth, ar bregethwr mawr dydd y Pentecost. Mae'n rhyfedd pa mor bell yr â ambell un er mwyn sicrhau poblogrwydd a chefnogaeth y dyrfa.

Yn sicr y mae Herod yn meddu ar allu dinistriol, pwerus. Ac eto, tybed a fuom yn rhy dueddol i briodoli gormod o rym iddo? Os yw'r bennod hon yn darlunio gallu niweidiol Herod y mae hefyd yn dangos fod terfynau pendant i'r gallu hwnnw. "Hyd yma yr ei, ac nid ymhellach." Y mae rhyw gylchoedd na fedr Herod osod gwadn ei droed o'u mewn. Yn sicr ni all dorri ar y gyfathrach rhwng daear a nef, rhwng dyn a Duw.

Ni all Herod lesteirio Gair Duw rhag ymledu. Daw'r bennod ryfeddol hon i ben â'r gosodiad: "Yr oedd Gair yr Arglwydd yn cynyddu ac yn mynd ar led." Ar ddechrau'r bennod mae eglwys Duw mewn enbydrwydd; ar y diwedd mae'n cerdded rhagddi o nerth i nerth. Ar y dechrau ceir Herod yn drygu rhai o'r eglwys, ac yn distewi gweision y Gair; ar y diwedd y mae Gair Duw yn cerdded rhagddo. Ar ddechrau'r bennod y mae popeth yn cyfeirio at farwolaeth Pedr; a Herod sydd ben. Erbyn y diwedd y mae Pedr yn fyw a Herod yn farw: "ac fe'i hyswyd gan bryfed a threngodd". Ac onid hynny fu tynged pob Herod a Nero a Domitian a estynnodd law yn erbyn pobl Dduw? Darfu am eu teyrnasoedd, bob un, eithr erys teyrnas Dduw yn ddiysgog.

Teyrnas ydyw na ddiflanna,
Rhodia'i deiliaid oll yn rhydd;
A phan syrth gogoniant anian
Harddwch hon yn fwyfwy fydd.

Am gyfnod yn unig y teyrnasa Herod; y mae Teyrnas Crist yn dragwyddol. *George John*

Cwestiynau i'w trafod:

1. Ai rhywbeth a dyfodd a datblygu yn adnabyddiaeth dilynwyr Iesu oedd y gair 'Arglwydd'?

2. Byr iawn oedd cred y credinwyr cynnar. Tybed a ydyn ni heddiw wedi cymhlethu'r efengyl Gristnogol a'i gwneud yn anodd ac astrus i'w deall. Fyddech chi'n dweud fod angen symleiddio'r credoau?

3. Lluniwch gredo byr, syml ar gyfer eich eglwys.

4. Pan fo'r eglwys mewn cornel, bryd hynny mae'r eglwys ar ei gorau. Fyddech chi'n cytuno â hyn? Fedrwch chi feddwl am gyfnodau yn hanes yr eglwys pan fo hyn wedi digwydd?

5. Roedd y Cristnogion cynnar yn barod i ddioddef i'r eithaf dros eu cred. Pa mor wir ydi hyn yn ein dyddiau ni?

Cyfnod o dawelwch i fyfyrio ar y drafodaeth:

Munud i feddwl:

Dyma stori am yr Archesgob Oscar Romero a ysgrifennwyd ar gyfer plant. Dowch i ni feddwl am ddewrder yr Archesgob.

Mae'r stori hon yn sôn am ddyn oedd yn Archesgob. Fe safodd yn gadarn dros bopeth oedd yn dda, pethau roedd Iesu Grist wedi eu dweud wrth ei ddisgyblion. Roedd Oscar Romero yn berson dewr iawn. Doedd arno ddim ofn y rhai oedd yn elynion iddo.

Roedd Romero yn Archesgob ar ran o wlad El Salvador yn Ne America. Pan oedd yn pregethu byddai bob amser yn rhoi neges fyddai'r bobl yn ei deall. Roedd gan y bobl feddwl y byd o'r Archesgob. Roedd yn ddyn caredig oedd bob amser yn gofalu am bobl mewn angen.

Un noson ym mhrifddinas El Salvador, sef San Salvador, mae'r Archesgob yn cynnal gwasanaeth arbennig. Yr enw ar y gwasanaeth hwn ydi'r Offeren. Gwasanaeth ydoedd i gofio am yr hyn a ddigwyddodd i Iesu Grist yn ystod ei ddyddiau olaf ar y ddaear. Roedd hefyd yn wasanaeth i gofio am fam ei ffrind gorau.

Yn y papurau newydd ac ar y strydoedd roedd posteri i ddweud wrth y bobl am ddod i'r gwasanaeth arbennig hwn. Ond roedd pobl yn amau a oedd yr Archesgob wedi gwneud peth doeth. Roedd ganddo nifer mawr o elynion. Beth petai rhywbeth yn digwydd?

Roedd y gwasanaeth yn cael ei gynnal mewn ysbyty yn y ddinas. Ar ôl darllen Salm 23, "Yr Arglwydd yw fy mugail..." daeth nifer o ddynion i mewn i'r capel. Ar ôl iddo orffen ei bregeth, fe ddechreuodd rhywun saethu. Roedd yr Archesgob yn sefyll wrth yr allor.

Fe syrthiodd i lawr o flaen yr allor. Roedd pawb oedd yn y capel mewn ofn mawr. Rhedodd lleian i fyny at yr allor i geisio helpu'r Archesgob ond roedd hi'n rhy hwyr. Roedd Romero wedi ei saethu'n farw. Am ei fod wedi siarad yn ddewr yn erbyn ei elynion, roedden nhw wedi troi arno a'i ladd.

Er i'r meddygon yn yr ysbyty gael eu galw ar frys i'r capel doedd yna ddim y gallen nhw ei wneud. Roedd Romero wedi ei saethu trwy ei galon. Bu farw yn y fan a'r lle. Ar ôl i hyn ddigwydd, bu cynnwrf mawr yn y ddinas.

Mae pobl yn dal i gofio amdano hyd heddiw.

Myfyrdod:

Un noson gwahoddais Iesu Grist i'm bywyd. Y fath ddyfodiad!

Nid rhywbeth goruwchnaturiol, emosiynol oedd y digwyddiad na'r dyfodiad.
Roedd yn real.
Digwyddodd rhywbeth a drodd fy mywyd ben i waered.
Daeth i dywyllwch fy nghalon a goleuwyd fy mywyd.
Gwnaeth danllwyth o dân ar yr aelwyd
a diflannodd yr oerni. Cynhesodd y cyfan.
Dechreuodd y miwsig
lle roedd tawelwch ingol wedi bodoli.
Llanwodd y gwagle â'i gariad ei hun.
Dydw i byth wedi difaru
agor y drws i Iesu Grist.

Emyn: *Caneuon Ffydd* 571

Y Fendith:
Arglwydd,
tyrd i mewn a llanwa'n bywydau ni
â dy fywyd Di.   Amen.

DELW DUW

Adnodau agoriadol:

"Os yw'n hefengyl ni dan orchudd, yn achos y rhai sydd ar lwybr colledigaeth y mae hi felly – yr anghredinwyr y dallodd duw'r oes bresennol eu meddyliau, rhag iddynt weld goleuni Efengyl gogoniant Crist, delw Duw." (2 Corinthiaid 4:3, 4)

"Gwaredodd ni o afael y tywyllwch, a'n trosglwyddo i deyrnas ei annwyl Fab, yn yr hwn y mae inni brynedigaeth, sef maddeuant ein pechodau. Hwn yw delw'r Duw anweledig, cyntaf-anedig yr holl greadigaeth." (Colosiaid 1:13–15)

Yn y ddwy adnod agoriadol y gair Groeg am 'delw' yw *eikön*. Mae'n ddisgrifiad dyrchafol o Iesu ond gall ein harwain i dir peryglus iawn. Mae'r gair wedi'i gamddefnyddio. Gwir ystyr *eikön* yw'r undod rhwng Duw a Iesu, rhwng y Tad a'r Mab ond mae'r gair yn cael ei ddefnyddio hefyd i ddynodi tebygrwydd neu bortread, a'r perygl ydi ei ddefnyddio i ddisgrifio Iesu fel portread o Dduw. Da o beth fyddai i ni yn yr oedfa hon geisio gweld yn union beth yw ystyr 'delw Duw'.

Gweddi agoriadol:

Addolwn a chlodforwn di, O Dduw,
am i ti, yng nghyflawnder amser,
anfon dy Fab, Iesu, i'n byd.
Er nad ydym yn deilwng i agosáu atat
ac er na fedrwn amgyffred dy ddyfod i'n plith
yr wyt ti, heddiw yn ein gwahodd i'th bresenoldeb,
a thrwy Iesu, delw Duw,
ac yng ngrym yr Ysbryd
yn ein tywys i rannu yn y cymundeb o gariad
sy'n deillio ohonot ti.
Bendithia ni
ac agor ein llygaid i weled o'r newydd.   Amen.

Emyn: *Caneuon Ffydd* 722

Cefndir:
Ym mywyd bob dydd y Groegwr roedd y gair *eikön* yn cael ei ddefnyddio mewn gwahanol gyd-destunau. Ar y naill law roedd y gair yn golygu delwedd neu ddarlun, tebyg i argraff allai fod yn gywir neu anghywir. Ar y llaw arall gallai'r gair olygu cymhariaeth, er enghraifft, rhywbeth sy'n debyg ond nid yr un fath yn union. A dyna'r perygl. Gall hefyd olygu adlewyrchiad neu hyd yn oed ddelw gerfiedig neu gerflun. O dderbyn yr ystyr hwn gallwn ddweud fod Iesu yn bortread neu'n ddisgrifiad o Dduw. Ond dydi'r ystyron hyn, ynddynt eu hunain, ddim yn ddigonol i drafod ystyr y gair ym mherthynas Duw a Iesu, y Tad a'r Mab, yn y Testament Newydd.

Darllen: Ioan 14:1–14

Myfyrdod:
Y mae i bob unigolyn ddechrau a diwedd: mae'n dod i fod drwy genhedliad ac yn darfod yn yr angau. Ond nid yw'r rhywogaeth yn ddarostyngedig i Amser yn yr un ffordd. Y mae mewn un ystyr yn dragwyddol. Cleddir dynion ond erys dyn; cwympir y derw ond erys y Dderwen; aeth cân yr eos honno a glywaist y llynedd i'r llwch, ond erys Cân yr Eos... Crëwyd dyn hefyd yn yr un modd 'wrth ei rywogaeth', a dyfais at unffurfioli ac ailadrodd unigolion yw'r Hil yn ei hanes yntau. Ond fe ddywed y Beibl beth arall am ddyn sy'n taro cyweirnod gwahanol, sef, darfod i Dduw greu'r dyn ar ei lun ei hunan: "Ar ddelw Duw y creodd Efe ef." A dyma godi i wastad newydd. Ar bob un dyn – pa mor isel bynnag ei werth ym marchnad y byd – fe osodwyd DELW, 'marc', 'argraff', anghyffelybrwydd yr Anfeidrol ei hun. Canys Duw sydd: rhan o ystyr y bod o Dduw yw na ddichon bod mwy nag un ohono'n bod. Ar y patrwm hwnnw y daeth mai un o bob dyn sydd yna hefyd. Y mae cyflenwad dihysbydd o ddynion, ond dim mwy nag un o bob un ohonynt. Mae'r un, yr unigolyn, yr 'unig' – unigryw, yn wahanol, anailadroddadwy. Rhoddodd Duw arno ei 'ddelw', ei farc, ei garictor ei hun – marc ei gyfanrwydd ei hun. *J. R. Jones*

Gweddi:

Mor aml, Arglwydd - a wnei di faddau i ni,
yr ydyn ni'n difrïo, bychanu a chondemnio pobl.
Pobl – dy blant di,
yr unigolyn, unigryw
sy'n blentyn i ti.
Gweld y beiau a'r brychau,
weithiau'n methu gweld,
gwrthod gweld
yr unigolyn, unigryw
sydd wedi'i greu
ar dy lun, a'th ddelw dy hun.

Helpa ni, heddiw, i eiriol dros arall,
yr hwn sydd heb grystyn na llymaid o ddŵr,
yr hwn sydd yng nghanol rhyfel a dinistr,
yr hwn sydd mewn poen a galar,
yr hwn sydd mewn pryder,
yr hwn sydd yn cael ei lethu gan densiwn ac ofn
yr hwn sy'n wael ac yn dioddef
a phob unigolyn y gwyddon ni amdano neu amdani.

Er mwyn yr unigolion hyn, Arglwydd
rho gymorth i ni, trwy dy Fab a nerth yr Ysbryd Glân
i agor ein calonnau i fynegi dy gariad,
i agor ein genau i gyhoeddi dy neges o gysur a gobaith,
i agor ein meddyliau i ddatgelu dy ewyllys,
i ddefnyddio'n cyrff i gyfryngu dy dosturi
ac i roi o'n hamser er mwyn eraill.

Heria ni, o'r newydd, i weld fod pob unigolyn
yn frawd neu'n chwaer i ni
ac yn blentyn i ti. Amen.

Cydganu neu gydadrodd Gweddi'r Arglwydd:

Emyn: *Caneuon Ffydd* 805

Anerchiad:

Gwelsom yn barod wrth olrhain ystyr y gair *eikön* mewn Groeg seciwlar fod ei ddefnydd yn amrywio. Mae'n bur debyg fod Paul yn gwybod ei fod yn defnyddio gair a allai olygu fod tebygrwydd rhwng Iesu a Duw a dyna i gyd. Ond mae'n golygu llawer mwy na hyn. Mae'n golygu ei fod yn gopi perffaith ac i'w roi mewn ieithwedd grefyddol gellir dweud fod Iesu yn un mae Duw wedi gwneud ei hun yn wybyddus i'w bobl. Yn Iesu, gwelwn Dduw fel y mae; hon yw'r enghraifft glasurol o Dduw. Duw yw'r Cynddelw dwyfol a Iesu yw'r delw dynol ohono.

Cawn ein rhybuddio i beidio edrych yn uniongyrchol ar yr haul; fe all wneud niwed mawr i'n llygaid. Pan fo diffyg ar yr haul cawn ein rhybuddio i ddefnyddio sbectol arbennig i edrych i gyfeiriad yr haul. Os nad ydym, felly, i edrych yn uniongyrchol arno gallwn edrych ar belydrau'r haul. Gallwn deimlo grym yr haul bob dydd yn rhoi goleuni i ni ac ar ddiwrnod poeth o haf gallwn deimlo'i wres. Pelydrau'r haul yw *eikön* yr haul, amlygiad yr haul. Iesu yw cynrychiolydd gweledol y Duw anweledig. Yn Iesu mae Duw yn weladwy, mae Duw yn amlygu'i hun.

Yn y darlleniad o efengyl Ioan, mae'n bur debyg fod y geiriau hyn o eiddo Iesu wedi cynhyrfu'r gwrandawyr a'r darllenwyr. I'r Groegwr y bod anweladwy oedd Duw. I'r Iddew credai nad oedd neb wedi gwel Duw, ac er bod Duw wedi datgelu ei hun i Moses, meddai Duw, "ni chei weld fy wyneb, oherwydd ni chaiff neb fy ngweld a byw." (Exodus 33:20) Ac yma yn y bennod a ddarllenwyd ar ddechrau'r oedfa meddai Iesu'n syml, "Y mae'r sawl sydd wedi fy ngweld i wedi gweld y Tad." (Ioan 14:9) Sut mae dehongli hyn? Mae Duw wedi dod i fyw y bywyd dynol.

Daeth i gartref syml at deulu cyffredin: Nid ym mhalas y brenin y ganed Iesu ond mewn beudy. Nid i rieni cyfoethog y'i ganed ond i bâr ifanc cyffredin. Trwy ei ddyfod fel hyn i'n byd, mae wedi sancteiddio'r aelwyd gyffredin a dyrchafu plentyndod am byth. A thrwy ei fywyd uniaethodd â'r cyffredin a'r gostyngedig, y diymadferth a'r anghenus. Roedd ei enedigaeth yn fynegbost o'r ffordd roedd am ei cherdded.

Dydi Duw ddim ofn diwrnod gonest o waith. Daeth i'r byd i weithio fel pob un arall. Saer yn Nasareth oedd Iesu. Gwyddai am oblygiadau diwrnod o waith. Gwyddai i'r dim am ludded diwedd dydd. Gwyddai am y cwsmer diegwyddor oedd yn gweld popeth o'i le ac yn amharod ar ddiwedd y dydd i dalu'r pris yn llawn. Gwyddai pa mor anodd oedd hi ar brydiau i gael dau ben llinyn ynghyd. Mae'n gwybod yn iawn am yr holl rwystrau a rhwystredigaethau rydyn ninnau yn eu hwynebu. Yn yr hen, hen stori yn llyfr Genesis, roedd gwaith yn felltith, a'r felltith honno ar ddyn am ei bechod yng ngardd Eden oedd, "Trwy chwys dy wyneb y byddi'n bwyta bara." (Genesis 3:19) Yn y Testament Newydd mae gwaith yn fendithiol gan fod gogoniant Duw ei hun wedi cyffwrdd â phob tasg o eiddo dyn.

Yn Iesu, gwelwn Dduw yn dioddef ar y groes. Oes yna rywbeth mwy anhygoel na hyn yn yr holl fyd? Duw, creawdwr y bydysawd yn gwaedu ar ddarn o bren? Mor hawdd ydi meddwl am Dduw sy'n barnu, yn condemnio, yn taro'n ôl, yn difetha ac os ydi pobl yn ei wrthod mor hawdd fyddai eu dinistrio'n llwyr. Pwy freuddwydiai y byddai Duw yn marw ar y groes? Dewisodd Duw, yn Iesu Grist, y groes er ein mwyn ni, er mwyn dangos hyd, lled a dyfnder ei gariad tuag atom.

Heriodd ei ddisgyblion trwy gynnig prawf ei fod yn *eikön* Duw. Un prawf oedd trwy ei eiriau. Mae Iesu fel petai'n dweud, "Pan fyddwch chi'n gwrando arnai, onid ydych chi'n sylweddoli fy mod i'n cyhoeddi gwirioneddau Duw?" Fyddwch chi weithiau yn gwrando ar siaradwr ac mae rhywbeth yn eich taro chi'n syth. Mae'n anodd dweud beth yn union ond eto i gyd mae rhywbeth gwahanol, awdurdodol yn y geiriau. Rydych yn cael eich gorfodi i ddweud, "Petai'r byd yn gwrando ar y geiriau hyn, byddai'n dipyn gwell arnon ni." Yr un modd gyda geiriau'r Iesu. Byw y geiriau, byw y ddysgeidiaeth, dyna'r gamp.

Y prawf arall oedd trwy ei weithredoedd. Pan anfonodd Ioan Fedyddiwr ei ddisgyblion at Iesu gyda'r cwestiwn ai ef oedd y Meseia neu a oedd raid disgwyl am rywun arall. Mae ateb Iesu'n glir, "Ewch a dywedwch wrth Ioan yr hyn yr ydych yn ei glywed ac yn ei weld. Y mae'r deillion yn cael eu golwg yn ôl, y cloffion yn cerdded, y gwahangleifion yn cael eu glanhau a'r byddariaid yn clywed, y meirw yn codi, y tlodion yn cael clywed y newydd da." (Mathew 11:4, 5) Mewn gair, dyma'r prawf.

Neges Iesu yw: Gwrandewch arnaf. Edrychwch arnaf a chredwch. Nid trwy ddadlau mae dod i adnabod Iesu a'r ffordd

Gristnogol, ond trwy wrando arno a gweld ei weithredoedd. Bydd y ddwy elfen yma'n sicr o'n hargyhoeddi.

Cyfnod o ddistawrwydd i fyfyrio:

Cwestiynau i'w trafod:

1. Sut fyddech chi'n ymateb petaech yn un o ddisgyblion Iesu ac yntau'n honni, "Y mae'r sawl sydd wedi fy ngweld i, wedi gweld y Tad"? Sut fath o deimladau fyddai gennych?

2. Beth yn union a olygir fod dyn wedi'i greu ar lun a delw Duw?

3. Pam y dylen ni eiriol dros eraill a gwneud ein gorau dros eraill? Beth yw cyfrifoldeb yr unigolyn?

4. Pa wahaniaeth mae'n ei wneud i'n bywydau bob dydd fod Duw wedi dod i'n bywydau yn Iesu Grist?

5. Beth sy'n rhwystro pobl rhag derbyn Iesu ar air a gweithred? Beth am y gwyrthiau iacháu a oedd yn digwydd mor aml yng ngweinidogaeth Iesu?

Emyn: *Caneuon Ffydd* 723

Cerdd:

Aileni

Wyneb mewn drych, gwelwyd adlewyrchiad
Ar ddisgleirdeb y Duwdod yw dyn,
Yn ceisio ffoi rhagddo ef ei hun;
A'r drych yn ei wynebu ymhob tueddiad.
Yn ei hela trwy wythi bywyd fel rhuthr coch gwaed,
Yn bytheua amdano trwy fryniau anufudd-dod,
A thrwy geinciau prennau crin fel y pryf sy'n ysu.

Dangos inni, Dad, mewn dioddef, ddelw'r ddynoliaeth,
Ac ar groesbren bris dileu y ddrychiolaeth
Er codi o'r llwydni fywyd liliwyn a rhoswrid,
Colofn dân y dyn newydd, mor wynias
Nes nad oes arno bryd a adwaenir.

Gwyn Thomas

Emyn: *Caneuon Ffydd* 725

Y Fendith:
"Bydd gras, trugaredd a thangnefedd gyda ni,
oddi wrth Dduw y Tad ac oddi wrth Iesu Grist,
Mab y Tad, mewn gwirionedd a chariad." Amen.

(2 Ioan 1:3)

AWDUR BYWYD

Adnodau agoriadol:

"Lladdasoch Awdur bywyd, ond cododd Duw ef oddi wrth y meirw." (Actau 3:15)

"Hwn a ddyrchafodd Duw at ei law dde yn Bentywysog a Gwaredwr, i roi edifeirwch i Israel a maddeuant pechodau." (Actau 5:31)

"Oherwydd yr oedd yn gweddu i Dduw, yr hwn y mae popeth yn bod er ei fwyn a phopeth yn bod drwyddo, wrth ddwyn pobl lawer i ogoniant, wneud tywysog ein hiachawdwriaeth yn berffaith trwy ddioddefiadau." (Hebreaid 2:10)

"Am hynny, gan fod cymaint torf o dystion o'n cwmpas, gadewch i ninnau fwrw ymaith bob rhwystr, a'r pechod sy'n ein maglu mor rhwydd, a rhedeg yr yrfa sydd o'n blaen heb ddiffygio, gan gadw ein golwg ar Iesu, awdur a pherffeithydd ffydd." (Hebreaid 12:1,2)

Y geiriau allweddol yn yr adnodau hyn yw 'Awdur', 'Pentywysog' neu 'Tywysog' gan fod y geiriau hyn yn dod o un gair, yn yr iaith Roeg, sef *archëgos*. Gallwn ddadansoddi'r gair fel hyn: *arche* y cyntaf ac *ago* i arwain. Hwn yw'r prif arweinydd sy'n barod i arwain.

Gweddi agoriadol:

Diolch, Arglwydd,
dy fod ti, yn Iesu Grist
wedi bod yn barod
i arwain,
ac arloesi,
i ddangos hyd a lled a dyfnder
bywyd,
ac i'n harwain
tu hwnt i'r bywyd hwn

194

i fywyd gyda Thi.
Mae dy arweiniad
wedi'n cyfoethogi,
a'n grymuso,
ac wedi rhoi i ni
obaith a chysur.
Diolch, Arglwydd.   Amen.

Emyn: *Caneuon Ffydd* 27

Gweddi:
Rhyw hen feddyliau cymysg, Arglwydd,
sy'n mynd a dod.
Y syniad o'r prif Arweinydd.
Mi ydan ni wedi gweld gymaint o
brif arweinwyr
yn tramgwyddo,
ac yn ymhyfrydu yn eu pwysigrwydd eu hunain,
yn troi pob dim i'w melin eu hunain,
gan ofyn beth sydd yna i mi.
Sut y galla i elwa a chael y gorau?
Meddyliau felly sy'n mynd a dod, Arglwydd.
Meddyliau cymysg.
Wn i ddim am y 'Pentywysog' chwaith?
Mae'n gadael blas drwg
a chreu delweddau
breiniol a brenhinol.

Rho arweiniad i ni yn yr oedfa hon.

Yn ystod gweinidogaeth dy Fab
fe roddodd i ni addewid o dangnefedd.
Wnei di'n helpu i ymagor,
fel blodyn dan wenau'r haul,
fel bydd dy dangnefedd yn llenwi'n meddyliau,
yn gorlifo i'n calonnau

ac yn distewi'n hofnau.
Rwyt ti, hefyd, wedi rhoi addewid i ni o fywyd,
y bywyd llawn, y bywyd helaethach, y bywyd cyflawn.
Rwyt ti yn ein galw i fywyd o gariad
ac i gyfranogi o'th natur di dy hun.
Yn yr addewidion hyn mae'r darlun
o'r prif arweinydd yn newid ac yn cymryd siâp newydd.
Prif Arweinydd sy'n barod i roi y gorau i'w bobl
heb falio dim amdano'i hun.
Mae'r darlun, Arglwydd, yn dod yn gliriach
a'r ystyr yn ddyfnach.

Diolch, Arglwydd, am dy arweiniad.   Amen.

Cydganu neu gydadrodd Gweddi'r Arglwydd:

Emyn: *Caneuon Ffydd* 255

Myfyrdod:
Ym mis Hydref 1859 bu trychineb fawr ar y traeth ger pentref Moelfre, ar ochr ddwyreiniol Ynys Môn. Yn ystod storm fwya'r ganrif aeth llong, oedd ar ei ffordd o Awstralia i Lerpwl, ar y creigiau a chollodd dros bedwar cant o bobl eu bywydau, yn ddynion, merched a phlant. Yn ystod oriau mân bore'r drychineb, pan dorrodd y llong yn ddwy, penderfynodd un o'r criw, gŵr o Ynys Malta, y byddai'n mentro'i fywyd. Llwyddodd, yn nhywyllwch a mwrllwch y bore i neidio o sgerbwd y llong ar y creigiau cyfagos a rhoddodd raff am ei ganol oedd wedi'i chlymu i ran o'r llong. Y syniad oedd creu 'bosn's chair' i geisio denu'r rhai oedd yn fyw i ddod ar hyd y rhaff i ddiogelwch y creigiau. Er i Joseph Rodgers, oedd yn nofiwr tan gamp, fentro'i fywyd, prin bod eraill yn barod i wynebu'r môr brochus. Pont fregus iawn oedd honno rhwng y lan a'r llong ac er mai ugain llath oedd rhyngddynt gwrthododd y teithwyr fentro. Bu oedi a dadlau am bron i hanner awr; hanner awr dyngedfennol. Mentrodd y gŵr o Falta ei fywyd er mwyn ceisio achub eraill. Ef oedd yr un a gymerodd yr awenau a mentro ar ei liwt ei hun. Joseph Rodgers oedd yr arloeswr y diwrnod hwnnw.

Cyfnod o ddistawrwydd i fyfyrio:

Emyn: *Caneuon Ffydd* 735

Darllen: Luc 4:1–12

Munud i feddwl:
Mae bod yn arweinydd yn golygu cael eich clwyfo.
Mae bod yn arweinydd yn golygu bod yn amherffaith.
Mae bod yn arweinydd yn golygu bod yn naïf.
Mae bod yn arweinydd yn golygu bod yn ddibynadwy.
Mae bod yn arweinydd yn golygu bod yn onest.
Mae bod yn arweinydd yn golygu bod yn unigryw.
Mae bod yn arweinydd yn golygu bod yn rhydd.
Mae bod yn arweinydd yn golygu bod yn ostyngedig.
Mae bod yn arweinydd yn golygu bod yn gyfanwaith o'r rhinwedd hyn i gyd.

Yn ôl un ymchwil a wnaed i bwyso a mesur gallu ac ymroddiad arweinwyr daethpwyd i ddau gasgliad:

❖ mae'n rhaid i'r arweinydd fod yn ddibynadwy, yn gywir ac yn un sy'n deilwng o ymddiriedaeth.
❖ rhaid iddo fod yn un sy'n gallu rhannu'i weledigaeth ag eraill.

Anerchiad:
Tasg gyntaf pob arweinydd yw diffinio ei gynlluniau'n glir.

Fe wnaeth Iesu hynny ar ddechrau ei Weinidogaeth yn y synagog yn ei bentref genedigol, Nasareth. Dechreuodd ddarllen o lyfr Eseia, "Y mae Ysbryd yr Arglwydd arnaf, oherwydd iddo fy eneinio i bregethu'r newydd da i dlodion..." (Luc 4:18) Wedi iddo gau'r sgrôl a dechrau annerch y gynulleidfa, bu cynnwrf ymhlith y bobl a bwriwyd ef allan o'r dref at ael y bryn, i'w luchio dros y clogwyn. Digwyddiad rhyfeddol i un o blant y pentref. Ond roedd wedi gosod y nod yn glir, sef 'i bregethu'r newydd da'. Er mwyn hyn yr anfonwyd Ef i'r byd, i gyhoeddi gair a neges Duw ar gyfer ei bobl. A thrwy gydol ei weinidogaeth ceisiodd ddysgu a hyfforddi ei ddisgyblion beth yn union oedd ei nod a'i gynlluniau. Dewisodd ddisgyblion i fod yn gwmni iddo ar daith bywyd ac i'w hyfforddi ar gyfer y gwaith o ledaenu Efengyl y Deyrnas. Fe'u hanfonodd allan ar genhadaeth, bob yn ddau, i gael profiad uniongyrchol o'r gwaith oedd o'u blaenau. Doedd dim dwywaith mai ei nod oedd cyhoeddi cenadwri Duw i'w bobl.

Mae'n rhaid i'r arweinydd fod yn ddibynadwy, yn gywir ac yn un sy'n deilwng o ymddiriedaeth. O'r cychwyn cyntaf, mae'n amlwg fod y disgyblion wedi profi rhin ei gymeriad a'i bersonoliaeth. Ar lan môr Galilea, ymateb Pedr, Andreas, Iago ac Ioan oedd gadael eu rhwydau a dilyn y llais oedd yn galw, 'Dewch ar fy ôl i'. (Mathew 4:19) Yr un oedd ymateb Mathew wrth y dollfa, "Canlyn fi." Cododd yntau a chanlynodd ef. (Mathew 9:9) Pysgotwyr, dynion busnes, yn gadael y cyfan i'w ddilyn a Mathew, y casglwr trethi, oedd mae'n debyg yn gwneud poced go dda, yn gadael y dollfa i'w ddilyn. Roedd hwn yn amlwg yn ddyn cywir a gonest ac yn deilwng o ymddiriedaeth y bobl. Dro ar ôl tro yn yr Efengylau mae hyn yn brigo i'r wyneb, yn enwedig yn ei ymwneud â phobl yr ymylon, pobl oedd yn cael eu condemnio gan gymdeithas. Yn hwn, mae'r cardotyn, y claf a'r dyn ar lawr yn cael modd i fyw.

Rhaid i'r arweinydd rannu ei weledigaeth ag eraill. Yn ei neges am y bugail myn Iesu mai nod ei weinidogaeth oedd, "Yr wyf fi wedi dod er mwyn i ddynion gael bywyd, a'i gael yn ei holl gyflawnder." (Ioan 10:10) Dangosodd hynny o'r dechrau. Yn ei demtiadau yn yr anialwch mae'n ymgodymu â'r ffordd orau, ddelfrydol o gyflwyno a chyhoeddi ei neges. Roedd dau lwybr yn agored iddo – llwybr y byd a llwybr Duw. Gorchfygodd lwybr y byd a dewisodd lwybr Duw, y llwybr oedd yn arwain i'r Via Dolorosa a llwybr y Groes. Llwybr o ddioddefaint ac ing, o dreialon a chystuddiau. Gwrthododd y ffordd hawdd, o roi bwyd ym moliau'r bobl, o wneud sioe ohono'i hun a chyfaddawdu â dulliau'r byd, a rhoddodd ei stamp ei hun ar ei neges a'i grwsâd. Ceisiodd ymhob ffordd rannu'r weledigaeth hon â'i ddisgyblion ac eraill. Dyma yw nod yr arweinydd.

Cyfnod o ddistawrwydd i fyfyrio:

Cwestiynau i'w trafod:

1. Sut fyddech chi, heddiw, yn pwyso a mesur cyfraniad arweinwyr ein heglwysi? Ai diffyg arweiniad ydi un o fethiannau'r eglwys heddiw?

2. Beth yw eich barn chi am y gosodiadau hyn fel canllawiau i arweinwyr:

❖ Rwy'n cyfaddef i mi wneud camgymeriad.

❖ Mi wnest ti job dda.

❖ Beth yw dy farn?

❖ Os gweli'n dda.

❖ Diolch yn fawr.

❖ ni

Onid y gair lleiaf ei ystyr i bob arweinydd yw 'fi'?

3. O bwyso a mesur gweinidogaeth Iesu oni fyddai wedi gwneud mwy o gyfraniad petai wedi sefyll yn fwy cadarn ac aros yn ei unfan yn hytrach na chrwydro ar hyd a lled y wlad. Oni fyddai'n well petai wedi aros yng Nghapernaum, dyweder, a thrafod problemau'r bobl yno?

4. Beth am fynd ati i lunio deg o bwyntiau fyddai'n help i'ch eglwys chi gyrraedd targedau.

5. Tybed a oes angen un i arwain yn ein heglwysi? Onid gwaith tîm neu'r gynulleidfa gyfan yw'r gwaith o arwain? Pa mor ymarferol fyddai hyn?

Myfyrdod:

Sut ydych chi'n ymateb i'r arweinydd hwn o Japan? Tybed a oedd nodweddion arweinydd yn perthyn iddo?

Bachgen anhapus iawn oedd Toyohiko. Roedd ei fam a'i dad wedi marw pan oedd o'n bedair oed. Bu'n rhaid iddo symud i fyw i bentref mawr. Yn y pentref roedd pawb yn dlawd iawn. Byddai'r plant yn chwarae ar y strydoedd. Pan symudodd Toyohiko i'r pentref doedd neb eisiau chwarae efo fo. Ar ochr y stryd, ar ei ben ei hun, y byddai Toyohiko bob amser. Weithiau byddai'n siarad efo'r adar, dro arall byddai'n siarad efo'r anifeiliaid. Nhw oedd ei ffrindiau. Wrth ymyl yr adeilad lle byddai Toyohiko'n cysgu bob nos roedd fferm. Yn y bore byddai'n siarad efo'r gwartheg, y defaid a'r geifr.

Un diwrnod daeth gŵr cyfoethog i'r pentref. Y gŵr cyfoethog hwn oedd ewythr Toyohiko. Bu'n chwilio amdano ar hyd y strydoedd, yn yr adeiladau ac yn y fferm. Daeth o hyd iddo ryw fore yn siarad efo'r gwyddau gwylltion.

"Rwyf am i ti ddod efo mi," meddai ei ewythr, "mae gen i ddigon o arian i ti fedru mynd i'r ysgol i ddysgu darllen a sgwennu."

Ar ôl iddo ddechrau yn yr ysgol, fe ddaeth yn ffrind mawr ag un o'r athrawon. Fe ddysgodd hwn iddo ddarllen y Beibl. Pan glywodd ei ewythr ei fod yn darllen y Beibl roedd yn ddig ac yn flin iawn. Doedd ei ewythr ddim yn credu yn Iesu Grist.

"Chei di ddim aros efo mi," meddai'i ewythr. "Ffwrdd â ti, does yna ddim croeso i ti yma. A chofia fydd yna ddim mwy o arian i ti."

Gadawodd Toyohiko gartref ei ewythr a mynd yn ôl i'r ysgol i ddysgu bod yn weinidog i Iesu Grist. Bob bore byddai'n dysgu am Iesu Grist, ac yn y pnawn byddai'n mynd allan i helpu'r bobl dlawd. Bob cyfle gâi fe fyddai'n sôn am *Yaso* sef y gair Japanaeg am Iesu. Aeth i fyw i blith y bobl dlawd. Cafodd dŷ syml yng nghanol y pentref. Roedd y tŷ yn agored i bawb. Byddai lladron, pobl wael, pobl heb gartrefi a phlant bach yn mynd i'r tŷ. Roedd croeso mawr i bob un yng nghartref Toyohiko.

Un diwrnod, pan gododd, fe deimlodd boen yn ei lygaid. Pan aeth i weld y meddyg fe ddywedodd hwnnw ei fod yn mynd i golli ei olwg. "Rwy'n caru pawb," meddai, "mae'n rhaid i mi eu helpu."

Am amser maith bu'n helpu'r bobl dlawd. Roedd rhaid cael gwaith i'r bobl. Bu'n darllen llyfrau am bobl mewn gwledydd eraill. Dysgodd lawer oddi wrth y llyfrau hyn. Aeth yr hanes amdano drwy Japan i gyd. Roedd pawb yn gwybod am Toyohiko Kagawa.

Ym 1923 bu daeargryn mawr yn y wlad. Roedd yr adeiladau yn y brifddinas, Tokyo, wedi dymchwel i'r llawr. Roedd dros filiwn o bobl wedi colli eu cartrefi. Roedd hwn yn gyfle newydd i Toyohiko helpu ei bobl.

"Yma rydw i am aros efo fy mhobl fy hun. Er fy mod yn hen erbyn hyn a bron yn ddall, mi rydw i am ddal i weithio'n galed i helpu pawb." Dyma oedd neges Toyohiko bob amser. Trwy ei fywyd bu'n sôn am Iesu Grist, yn ysgrifennu llyfrau a gweld bod pawb yn cael chwarae teg. Un felly oedd Toyohiko Kagawa.

Cyfnod o ddistawrwydd i fyfyrio:

Emyn: *Caneuon Ffydd* 612

Y Fendith:
Bydd di yn Arweinydd
i ni ar daith bywyd.
Bendithied yr Arglwydd ni,
cadwed ni rhag pob drwg,
a'n dwyn i fywyd tragwyddol.　Amen.

Y PEN

Adnodau agoriadol:

"Ef hefyd yw pen y corff, sef yr eglwys." (Colosiaid 1:18) a "Darostyngodd Duw bob peth dan ei draed ef, a rhoddodd ef yn ben ar bob peth i'r eglwys; yr eglwys hon yw ei gorff ef, a chyflawniad yr hwn sy'n cael ei gyflawni ym mhob peth a thrwy bob peth." (Effesiaid 1:22, 23)

Gweddi agoriadol:

O Dduw, gwna ddrws y tŷ hwn
yn ddigon llydan i dderbyn pawb
y mae angen cariad dynol a chymdeithas dda arnynt;
yn ddigon cul i gadw allan
bob eiddigedd, balchder ac ymryson.
Gwna ei drothwy yn ddigon llyfn
fel na fyddo'n faen tramgwydd i blant,
nac i draed crwydredig,
ond yn ddigon garw i gadw grym y temtiwr draw.
O Dduw, gwna'r drws hwn
yn borth i'th deyrnas dragwyddol di. Amen.

Eglwys Sant Steffan, Llundain

Emyn: *Caneuon Ffydd* 618

Darllen: Effesiaid 1:15–23

Gweddi:

Arglwydd, wnei di faddau i ni,
petaen ni'n dweud pa mor
anodd ydi dy geisio a'th gael.
Mor hawdd fuasai hi petaen ni'n
gwybod ble, sut a phryd i

chwilio amdanat ti.
Gwneud cysylltiad, dyna i gyd.
Ond droeon, pan ydyn ni'n chwilio amdanat
does 'na ddim ond gofod, lle hollol wag.
A'r lle y buasem yn disgwyl dy weld
d'wyt ti ddim yno chwaith.
Mae byw, neu geisio byw, yn dy ymyl
yn gêm fawr, gêm chwarae cuddio.
Chwarae mig, cyfri i ddeg,
ond dwyt ti ddim yno,
er chwilio a chwilio a chwilio.
Yn y cysegr, y capel, yr eglwys
mi rydan ni'n dal i chwilio amdanat ti.
Rhwng hen barwydydd
a llyfrau brau,
mewn pulpud ac allor
bedyddfan a bwrdd cymun.
Meddwl y buasem yn dy weld yn fan'no,
yng ngeiriau'r emyn,
profiadau pobl eraill,
o fewn cloriau'r Gair,
dy neges Di,
ym mara a gwin y wledd
a dŵr y bedydd.
Dal i chwilio.
Ym mhob profiad byw,
y weddi
o'r llyfr,
o'r frest,
y saeth weddi.
Teimlo nad oes cysylltiad,
y gwifrau'n gymysg i gyd,
a'r gwasanaeth a'r cyswllt
wedi peidio â bod.
Buasai 'gadael neges',
mi galwa i chi'n ôl
pan fo amser yn caniatáu.

Buasai hynny'n gymorth.
Ond dal i chwilio a chwilio a chwilio.
Ac eto, mewn capel a llan,
rwyt ti yno
a phan ydyn ni d'angen fwy nag erioed,
bryd hynny, cawn y teimlad ein bod yn ddieithr,
ein bod wedi torri'r cysylltiad,
a bod ein lleisiau fel carreg ateb
yn bowndio'n ôl.
A phan fyddwn yn clustfeinio o ddifri
clywn y llef ddistaw fain:
"Wele, yr wyf gyda chwi..."
Weithiau, Arglwydd, dydyn ni ddim
yn hoffi'r neges.
Dysg ni, aelodau dy gorff ,
i dyfu i fyny.   Amen.

Cydadrodd neu gydganu Gweddi'r Arglwydd:

Emyn: *Caneuon Ffydd* 611

Myfyrdod:
Addoli ac Ufuddhau
Y mae'r eglwys yn bod er mwyn addoli ac er mwyn dysgu addoli. Ei swydd gyntaf yw tystiolaethu wrth ddynion mai Duw yw diben eu bodolaeth, nid hwy eu hunain na'u pethau. Drwy addoli y mae yn ail-greu ewyllys dyn, yn ei droi oddi wrtho'i hunan at Dduw. Y weddi, felly, yw canolfan bywyd yr eglwys a chanolfan bywyd y byd; y gymdeithas agos â Duw sydd yn y gwasanaeth Cymun, ac yn yr awr weddi gyffredin: lle mae Crist yn bresennol a'r addolwyr yn ymwybodol o hynny.

Y mae'r eglwys hefyd mewn bod er mwyn ufuddhau a dysgu ffordd yr ufudd-dod. Ond y mae'n werth inni gofio y dylai ein gweddi a'n gwasanaeth fod yn un. Os yw ein haddoliad yn gywir, yn ein dwyn i gyffyrddiad â bywyd Duw, bydd y bywyd hwnnw o angenrheidrwydd yn taro ar ein bywydau beunyddiol ac yn newid ei ysgogiadau. Bydd

Duw, megis yn ymwthio, drwy ein cydsyniad ni, i'r siop a'r gegin, i'r Cyngor Sir, a'r Swyddfa Newyddiadur. Dyna un agwedd. Ac yna, fel y digwydd hyn, bydd ein bywyd beunyddiol yn ein dysgu sut i weddïo. Deallwn yn well-well pa gymorth sydd arnom eisiau, pa ystafell yn yr enaid sydd ar osod, pa frwydr sydd i'w hymladd. Ac yn wir, yn ôl tystiolaeth yr holl saint, fel y deuwn i ymgydnabyddu â Duw deuwn hefyd i ddeall ein pechod a'n hanallu ein hunain a'i fawr drugaredd Ef. Fel gwennol y gwehydd y mae'r addoliad a'r ufudd-dod yn gweithio'r patrwm, ystof ac anwe drwy ei gilydd.   *Gwenan Jones*

Cyfnod o ddistawrwydd i fyfyrio:

Emyn: *Caneuon Ffydd* 602

Anerchiad:
Beth yw'r eglwys? Efallai bydd rhai o'r pethau a drafodir yn yr anerchiad hwn yn eich styrbio a'ch gwneud yn anghyffyrddus. Yn y lle cyntaf pobl yw eglwys. Ystyr y gair Groeg am eglwys, *ekklesia,* yw cynulliad o bobl. Nid adeilad yw eglwys, nid brics a mortar ond pobl Dduw yn ymgynnull yn gymuned addolgar, weithgar, fyw. Mae'r capel neu'r eglwys lle rydych chi'n ymgynnull heddiw yn gynulliad o bobl amrywiol eu diddordebau, eu daliadau, eu ffordd o fyw, eu dyheadau a'u breuddwydion a'r hyn sy'n eu cysylltu yw Iesu Grist, pen y corff neu ben yr eglwys. O ddadansoddi'r Testament Newydd, mae tri math o gynulliad yn bodoli, sef y mawr, y canolig a'r bach. Sonnir yn aml am drefn driphlyg: o ddathliad, cynulleidfa a chell. Mae'n werth aros efo'r tri math a dysgu oddi wrthyn nhw.

Cynulliad mawr o ddilynwyr Iesu yw'r dathliad. Yn nyddiau'r Hen Destament byddai'r bobl yn ymgynnull i'r dathliadau neu'r cyrddau mawr ar y Pasg, y Pentecost a'r Pebyll, y tair prif ŵyl. Mewn eglwysi mawr heddiw, gall hyn ddigwydd bob Sul, neu pan fo nifer o eglwysi llai yn cydgyfarfod i ddathlu. Gall cyfarfodydd fel hyn fod yn eneiniedig iawn a gellir cael ymdeimlad byw o fawredd Duw a bod yn gyfrwng i ddangos presenoldeb byw yr eglwys ym mywyd cymuned. Gall y math hwn o addoliad hefyd fod yn bell ac oeraidd ac anodd iawn yw creu agosatrwydd, cyfeillgarwch a chymdeithas. Anodd iawn yw gweld twf a datblygiad mewn cyfarfod fel hyn.

Cyfarfod o faint canolig yw cynulleidfa. Fel arfer bydd maint y gynulleidfa yn y degau. Mae'n gyfle i greu cymdeithas a chynnal cyfeillgarwch. Yn y math hwn o gynulleidfa gellir datblygu a meithrin doniau. Bydd gan y gynulleidfa ei nod a'i rhaglen. Yma gellir dysgu a hyfforddi aelodau i arwain addoliad, i ymweld â'r claf, i wneud gwaith gwirfoddol yn y gymuned. Mae'r gynulleidfa'n faint rhagorol i rannu i wneud gwaith Iesu yn y byd.

Perthyn i'r dosbarth olaf mae'r gell neu'r grŵp bach – gall y rhain amrywio o ddau neu dri i ddwsin. Efallai bydd aelodau yn y grŵp hwn sy'n amharod, ar y dechrau, i ymuno â'r gynulleidfa am nifer o resymau, megis swildod neu anaeddfedrwydd ond mae'n rhaid eu cymell. Nodau'r gell yw bod pobl yn dod i adnabod ei gilydd ar dir personol, yn gallu rhannu profiadau a chyfrinachau a'u bod yn barod i ddysgu oddi wrth ei gilydd. Ydych chi wedi meddwl am eich eglwys chi yn y termau hyn? Onid ein capel ni, ein set ni, a'n ffordd ni sydd heddiw'n mygu'r efengyl yng Nghymru. Agorwch eich calonnau a byddwch yn barod i gael eich newid.

Yn y darlleniad o lythyr Paul at y Colosiaid, clywsom mai Iesu "yw pen y corff, sef yr eglwys." Mae Paul yn datblygu'r darlun hwn yn ei lythyr cyntaf at yr Eglwys yng Nghorinth, pennod 12. Y mae'r corff yn un ond dydi'r undod hwn ddim yn golygu unffurfiaeth.

Beth ddylai'n hagwedd fod, felly, tuag at wahanol rannau o gorff Crist?

Mor hawdd yw teimlo'n annigonol a theimlo nad oes gennym ddim i'w gynnig – teimlo'n israddol ac yn ddiwerth. Efallai mai'r darlun fyddai'n cydio yn ein cyfnod ni fyddai darlun o dîm pêl-droed. Mae pob aelod o'r tîm yn cyfri. Mewn gêm bêl-droed mae'n rhaid cael golwr ond does dim angen i bob aelod fod yn y gôl; mae angen cefnwyr a blaenwyr. Mae pob aelod o'r tîm yn effeithio ar y tîm cyfan. Cydchwarae a chyd-ddyheu. Os bydd y tîm yn ennill y gêm, nid cymeradwyaeth i'r blaenwr yn unig yw hi ond cymeradwyaeth i bawb, i'r tîm i gyd. Mae pob aelod yn rhan greiddiol o'r Eglwys. Ein gwendid yng Nghymru yw gosod y pulpud a'r allor, y gweinidog a'r offeiriad yn ganolbwynt eglwys. Na, y bobl i gyd, gyda'i gilydd, ac amrywiaeth doniau sy'n gwneud eglwys a'r Pen yw Iesu, ei hun. Beth yw dyfodol yr eglwys? Tybed ai eglwys debyg fydd eglwys yfory? Onid ydi gweinidog ac offeiriad mewn sawl bro a llan wedi cael eu dyrchafu yn y gorffennol a'n gwneud i feddwl bod eglwys yn troi o'u cwmpas nhw yn unig. Onid eglwys debyg fydd eglwys yfory? Mae angen chwyldro mawr yn ein syniad o eglwys Iesu Grist. Gweddïwn yn daer am arweiniad. Tybed a ydym yn meddwl gormod am 'fynd i'r eglwys' yn hytrach na 'bod yn eglwys'?

Cyfnod o ddistawrwydd i fyfyrio:

Cwestiynau i'w trafod:
1. Trafodwch ymhlith eich gilydd, yn onest, beth yw eich syniad chi o eglwys. A oes angen diwygio hyn yng ngoleuni dysgeidiaeth Iesu?
2. Pam mae rhai pobl yn gallu bod mor atgas a chadarn eu barn pan fo sôn am gau capel neu eglwys yn y gymuned? Ai addoli brics a mortar mae addolwyr Cymru heddiw?
3. Beth yw eich barn chi am y tri math o gynulliad? Fyddech chi'n gallu gweithredu fel hyn yn eich bro? Beth am i'r enwadau i gyd ddod at ei gilydd unwaith y mis i ddathlu? Beth yw'r rhwystrau?
4. Beth yw eich doniau chi fel unigolyn? Pa mor bwysig ydi'r rhain yng ngweithgarwch eich eglwys?
5. "Yr eglwys ydi'r unig gymdeithas yn y byd sy'n bodoli er mwyn eraill." Sut ydych chi'n ymateb i'r gosodiad hwn? Ai dyma'r halen a'r goleuni y sonnir amdanynt yn y Bregeth ar y Mynydd?

Munud i feddwl:
Pwy all ein harwain ni ar y fenter newydd hon? Pwy ond Iesu. Nid Iesu Hans Küng na hyd yn oed Bonhoeffer, nid Iesu Calfin na Luther, nid Iesu Thomas o Acwin na Iesu'r Sgolasticiaid. Rhaid mynd yn ôl y tu hwnt i Awstin a Tertwlian er cystal oedd y rheini. Tu hwnt hyd yn oed i Ioan y Difinydd a'r Apostol Paul, yn ôl at Iesu'r efengylau, yr Iesu byw hwnnw a dyfodd yn ddyn i'n herio ni â'i eiriau a'n herio ni yn yr un modd wedyn â'i weithredoedd. Dyw'r cawl o athrawiaethau am Iesu, athrawiaethau sydd wedi bod gyda ni ers bron ddwy fil o flynyddoedd, ond yn delio â rhyw Iesu syniadol. Ac mae'n amlwg fod y dull yna o wisgo'r Iesu mewn dillad mawr ddim wedi hyrwyddo ei dyfiant e. Yn

sicr dyw'r athrawiaethau ddim wedi llwyddo. Mae hyd yn oed y Cristion, wedi dwy fil o flynyddoedd o athrawiaethu, yn dal i ladd ei gyd-ddyn. Felly rhaid i ni chwilio ffordd arall. Ac mae e gyda ni yn yr Efengylau. Yr Iesu hwnnw a dyfodd i lefaru'n syml a heriol ac i weithredu'n uniongyrchol a mentrus. Yr Iesu hwnnw a oedd â'i weithredoedd a'i eiriau yn un. A phan adawn ni i'r Iesu hwnnw dyfu, efe fydd yr un a all herio'r byd ag arwyddocâd achubol ei weithredoedd.

Nid casgliad o ffeithiau i'w ticio bant fel pethau cywir yw gwirionedd, ond rhywbeth i'w wneud. Pan ysgarwch chi wirionedd a gweithredu, pan ysgarwch chi'r dweud a'r gwneud, yna fe allwch addoli Duw yn y bore a mynd mas i fomio Irac yn y prynhawn.

John Gwilym Jones

Cyfnod o ddistawrwydd i fyfyrio:

Emyn:
Y Fendith:
I'r eglwys, Arglwydd,
yn ein dyddiau ni
rho adnewyddiad ac adfywiad
fel y gallwn ni, dy bobl,
dy wasanaethu yn y byd. Amen.

SEREN DDISGLAIR Y BORE

Adnod agoriadol:
"Yr wyf fi, Iesu, wedi anfon fy angel i dystiolaethu am y pethau hyn i chwi ar gyfer yr eglwysi. Myfi yw Gwreiddyn a Hiliogaeth Dafydd, seren ddisglair y bore." (Datguddiad 22:16)

Gweddi agoriadol:
O Arglwydd a Gwneuthurwr pob dim,
drwy allu creadigol yr hwn y daeth y goleuni cyntaf, a'r hwn
a edrychaist ar fore cyntaf y byd ac a welaist mai da oedd,
molaf di am y goleuni sy'n llifo ataf drwy fy ffenestri yn awr
ac yn fy nihuno i fywyd diwrnod arall.
Molaf di am y bywyd sydd yn ennyn o'm mewn.
Molaf di am y byd cain a phrydferth yr af iddo.
Molaf di am dir a môr a ffurfafen,
am gwmwl a yrrir gan wynt ac am gân aderyn.
Molaf di am y gwaith a roddaist i mi i'w wneud.
Molaf di am ddiddordebau f'oriau hamdden.
Molaf di am fy nghyfeillion.
Molaf di am fiwsig a llyfrau
a chwmni da a phob pleser glân. Amen.

John Baillie

Cefndir i'r Emyn:
Duw ar waith yn ei greadigaeth ac yn ei ddatguddio'i hun i ni sydd y tu cefn i'r ddau bennill cyntaf o emyn David Charles yr Ieuengaf.

Pan ddown ni wyneb yn wyneb â phrydferthwch o unrhyw fath, ein hymateb yw un o edmygedd a rhyfeddod at allu'r un a roddodd fod iddo. Boed hynny yn waith dyn yn creu darlun, yn llunio darn persain o gerddoriaeth neu gampwaith pensaernïol, neu wrth edrych ar ryfeddod byd natur a'r greadigaeth o'n cwmpas. 'Y nefoedd sydd yn datgan gogoniant Duw; a'r ffurfafen sydd yn mynegi gwaith ei ddwylo ef' oedd ymateb Dafydd i harddwch y greadigaeth. (Salm 19:1 BWM)

Dywed Paul fod y datguddiad hwn o briodoleddau Duw yn y greadigaeth, sef ei ddaioni a'i allu a'i dduwdod, wrth gwrs, mor boenus o eglur fel ein bod ni'n gwbl ddiesgus os na dderbyniwn ni nhw fel tystiolaeth i'w fodolaeth: 'Oherwydd y mae'r hyn y gellir ei wybod am Dduw yn amlwg iddynt, a Duw sydd wedi ei amlygu iddynt. Yn wir, er pan greodd Duw y byd, y mae ei briodoleddau anweledig ef, ei dragwyddol allu a'i dduwdod, i'w gweld yn eglur gan y deall yn y pethau a greodd. Am hynny, y maent yn ddiesgus.' (Rhuf 1:19–20)

Ond y mae gan Dduw fwy eto i'w ddweud wrthym ni amdano'i hun, a dyna yw testun diolch pennaf David Charles amdano:

Diolchaf fwy am Un a fu
yn gwaedu ar y groes.

Dyma'r datguddiad sy'n fwy na'r datguddiad cyffredinol ym myd natur ac sy'n abl i roi inni wybodaeth o Dduw a'i ewyllys a all ein dwyn i berthynas iawn â'n Crëwr. Trwy ei Air, sef y Beibl, a'i Air a ddaeth yn gnawd, sef Iesu Grist, mae Duw wedi datguddio inni bopeth sydd ei angen arnom er ein hiachawdwriaeth ac i'n dwyn i berthynas ag ef ei hun, gan roi inni 'ddoniau sy'n oes oesoedd i barhau'.

Huw Powell Davies

Emyn: *Caneuon Ffydd* 64

Rhagymadrodd i'r darlleniad:
Mae'r adnod a glywsom ar ddechrau'r oedfa yn dod o lyfr olaf y Beibl, llyfr y Datguddiad. Dywedodd rhywun fod pwy bynnag sy'n darllen a deall y llyfr hwn naill ai yn athrylith neu'n ffŵl! Beth bynnag am hynny dowch i ni geisio gweld beth oedd pwrpas y llyfr hwn. Sgwennodd yr awdur, Ioan y Difinydd, ei lyfr i godi calon eglwys oedd yn wynebu erlid creulon a chas. Gan y byddai'n beryglus iddo ddweud ei neges yn agored a phlaen mae'n ceisio cyfathrebu mewn ffordd dywyll a fyddai'n gwbl annealladwy i'r awdurdodau ond yn gwbl ddealladwy i aelodau'r eglwys. Neges wedi'i chyflwyno ar ffurf côd yw llyfr y Datguddiad, ac i aelodau'r Eglwys Fore byddai'r côd hwn yn gwbl glir.

Darllen: Datguddiad 1:1–3 a Datguddiad 22:1-17

Cyfnod o ddistawrwydd i fyfyrio ar y darlleniadau:

Gweddi:

Arglwydd, oes raid i bethau fod mor anodd?
Fedri di ddim gwneud pethau'n fwy syml
a llai cymhleth?
Mae geiriau'r Beibl mor anodd ac astrus,
ar brydiau fedrwn ni ddim deall dim
wyt ti'n geisio'i ddweud wrthym trwy
dudalennau'r Beibl.
Rydyn ni'n deall yr iaith
ond mae'r syniadau mor anodd i'w hamgyffred.
Dyma ni, newydd wrando ar y geiriau o lyfr y Datguddiad;
mae'r syniadaeth tu hwnt i ni.
Wnei di ein helpu, heddiw, i ddeall y Beibl,
ac o'i ddeall ei fyw yn ein cymdeithas heddiw,
fel bo dy Air yn dod yn llewyrch i'n llwybr,
ac yn seren i'n goleuo ar y daith.
Mae'n rhaid i ni ddiolch,
am y rhai hynny ar hyd yr oesoedd
sydd wedi treulio'u bywydau
yn ceisio dehongli a deall dy Air,
a'i drosglwyddo i ni mewn ffordd ddealladwy.
Diolch am gyfieithwyr y Beibl ym mhob oes.
Diolch am esbonwyr y Beibl sy'n dal i lafurio
i daflu goleuni newydd ar dy genadwri.
Gan obeithio y byddwn ninnau, yn yr oedfa hon
yn cael cipolwg newydd ar dy fawredd di,
drwy'r Gair. Amen.

Emyn: *Caneuon Ffydd* 198

Anerchiad:

Cyn mynd ati i drafod nodweddion 'seren y bore' mae'n werth olrhain arwyddocâd y seren mewn llenyddiaeth Iddewig. I'r Iddewon, heb os,

211

roedd y Seren yn deitl Meseianaidd. Ym mhroffwydoliaeth Balaam cawn gyfeiriad at y seren a ddaw allan o Jacob, "Fe'i gwelaf ef, ond nid yn awr, edrychaf arno, ond nid yw'n agos. Daw seren allan o Jacob." (Numeri 24:17) Dwywaith yn Nhestament y Deuddeg Partriarch, un o'r llyfrau rhwng y ddau Destament, mae'r Meseia yn cael ei ddisgrifio fel seren. Yn ôl efengyl Mathew ymddangosodd seren yn y dwyrain, seren fuasai'n tywys y sêr ddewiniaid o'r Dwyrain at grud y baban Iesu. I Mathew, yr awdur Iddewig, roedd y seren hon yn arwydd bod y Meseia ar ddod i'r byd yn Iesu Grist.

Yn llyfr y Datguddiad cawn yr unig gyfeiriad at "seren ddisglair y bore". Beth sydd gan y teitl i'w ddweud wrthym am Iesu? Mae gan bob seren oleuni ynddi'i hun. Planed ydi'r ddaear. Does gan y planedau ddim goleuni ynddyn nhw eu hunain. Rydym ni'n dibynnu ar oleuni'r haul. Oni bai am oleuni'r haul ni fyddai unrhyw fath o fywyd ar y ddaear. Seren ydi'n haul ni ac fel pob seren arall mae'n cynhyrchu goleuni. Adlewyrchu goleuni'r haul mae'r ddaear a'r planedau eraill yng nghysawd yr haul.

Ydych chi wedi edrych i fyny i'r awyr ar noson dywyll, serog? Mae'n olygfa sy'n mynd â'n gwynt ni! Heuliau, tebyg i'n haul ni, yw'r holl sêr sydd i'w gweld. Gellir gweld yr holl blanedau, sy'n troelli o gwmpas yr haul, o'n daear ni. Mae angen telesgop i weld y rhai pellaf, Wranus, Neifion a Pluto, er bod Pluto erbyn hyn wedi ei dynodi fel is-blaned. Mae dwy ffactor amlwg sy'n gwahaniaethu'r planedau oddi wrth y sêr. Mae'r planedau'n newid eu safle yn yr awyr a hynny'n dibynnu ar y modd y maen nhw'n troelli o gwmpas yr haul. A'r ffactor arall yw bod eu goleuni'n amrywio a hynny'n dibynnu ar eu safle a'u horbid o gwmpas yr haul. Mae'n rhaid cofio hefyd bod y planedau yn nes o lawer atom na'r sêr. Dyma ffaith i chi feddwl amdani – y seren agosaf at ein daear ni, heblaw'r haul, yw seren o'r enw Proxima Centauri, ac mae'r seren hon, yn ôl y seryddwyr, dros 40 mil biliwn cilometr i ffwrdd! Ac un ffaith arall i'n syfrdanu. Wrth edrych i'r gofod trwy Delesgop Hubble mae seryddwyr yn credu bod o leiaf 50 biliwn o alaethau yn y bydysawd; mae rhai yn mynd cyn belled â dweud fod dros 100 triliwn ohonyn nhw! Dowch i ni ei roi fel hyn. Petai'r holl sêr sydd yn y bydysawd yn cael eu rhannu rhwng 6.5 biliwn o bobl (dyma'r amcangyfrif o boblogaeth y byd) yna byddai pob unigolyn yn cael 15 biliwn o sêr! Mae hyn i gyd tu hwnt i bob dirnadaeth, yn wir! Yn Iesu, mae goleuni Duw yn cael ei adlewyrchu i fywydau eraill. Mae goleuni Duw yn bodoli yn Iesu. O'r cychwyn cyntaf meddai Ioan, "Yr oedd y gwir oleuni, sy'n goleuo pawb, eisoes yn dod i'r byd." (Ioan 1:9)

Mae seren y bore yn rhagori ar y sêr eraill i gyd gan ei bod mor ysblennydd ac mor llachar. Hon yw'r seren sy'n disgleirio pan fo'r wawr ar dorri. O dro i dro byddwn yn cyfeirio at y blaned Gwener fel seren y bore, ond nid seren mohoni ond planed. Adlewyrchu goleuni'r haul mae hon ond mae gwir seren y bore yn cynhyrchu goleuni ynddi'i hun ac yn rhagori fel bo'r sêr eraill yn ymddangos yn welw a gwan. Felly'n wir mae athrawon ac arweinwyr yr oesau yn ymddangos mewn cymhariaeth â Iesu. Hwn, a hwn yn unig, sy'n gallu dweud: "Myfi a'r Tad, un ydym." "Y neb a'm gwelodd i a welodd y Tad." Mae'i ddysgeidiaeth yn troi o gwmpas un gair allweddol, "cariad". "Yr wyf yn rhoi i chwi orchymyn newydd: carwch eich gilydd. Fel y cerais i chwi, felly yr ydych chwithau i garu'ch gilydd." (Ioan 13:34)

Mae seren y bore hefyd yn dangos fod y wawr ar fin torri. Pan fo'r seren hon yn codi, dydi'r diwrnod a'i holl bosibiliadau ddim ymhell. Dyma ddigwyddodd pan ddaeth Iesu i'r byd. Byd o dywyllwch a phobl yn crafangu i chwilio am y gwirionedd oedd y byd, ond yn Iesu datgelwyd y gwirionedd i gyd oherwydd "ynddo ef yr oedd bywyd a'r bywyd, goleuni dynion ydoedd." (Ioan 1:4)

Cyfnod o ddistawrwydd i fyfyrio ar gynnwys yr anerchiad:

Emyn: *Caneuon Ffydd* 772

Cwestiynau i'w trafod:

1. Pan fyddwch chi'n edrych ar y sêr a'r planedau ar noson glir beth fydd yn mynd drwy'ch meddwl? Byddai un o arlywyddion America, bob nos cyn mynd i'w wely, yn mynd i ddrws y Tŷ Gwyn ac ar ôl edrych ar y sêr byddai'n dweud wrth ei wraig, "Mi awn i'r gwely, dyna ni'n gwybod yn awr pa mor ddi-ddim ydym." Ai dyna eich teimlad chi?

2. O'ch adnabyddiaeth chi o lyfr y Datguddiad a ddylid ei gynnwys yn y Beibl? Tybed ydi llyfr fel hyn yn gwneud mwy o ddrwg nag o les i bobl

sy'n ceisio deall a dirnad neges y Beibl yn ein hoes wyddonol, dechnolegol ni?

3. Trafodwch y cysyniad o 'oleuni' sy'n dod i'r byd trwy fywyd Iesu. Beth oedd arwyddocâd hyn i'w wrandawyr yn ystod dyddiau'i gnawd? Beth, felly, oedd eu gwrthwynebiad iddo?

4. O gofio fod Iesu wedi honni, 'Myfi a'r Tad un ydym', sut mae dehongli gwerth crefyddau eraill y byd yng ngoleuni hyn? Oes gan Gristnogaeth hawl i ddweud mai hi yw'r 'wir grefydd' sydd uwchlaw pob crefydd arall?

5. Sut fyddech chi'n pwyso a mesur arwyddocâd y teitl hwn am Iesu? A ddylem ei arfer yn amlach?

Munud i feddwl:
Harddwch y goleuadau disglair, haul a lleuad yr haul i fod yn olau liw dydd, a'r lleuad i fod yn olau liw nos. Yn trechu'r tywyllwch, gan hybu tyfiant naturiol, yn llewyrchu ar ein llwybr. Pan fyddaf yn edrych i fyny ar awyr y nos ac yn gweld goleuadau disglair yr Arth Mawr, ysblander y Llwybr Llaethog neu ddisgleirdeb arbennig seren newydd, caf fy llenwi ag ymdeimlad o dangnefedd, o wybod mai'r Duw a greodd y cyfanfyd eang yn ei harddwch, a luniodd blanedau nad adwaenir mohonynt, mewn hyfrydwch heb ei ddarganfod, a'n creodd ninnau hefyd a'n hadnabod, gan ein dal yng nghledr ei law a dyheu am inni gael iechyd a daioni, ac mewn cymundeb dwfn ag ef y caffom ein tangnefedd.

Gweddïau:
Greawdwr doeth a chariadlon,
rhown i ti foliant a diolch am oleuni ein llygaid,
am yr haul tanbaid ganol dydd,
am dynerwch golau lleuad ganol nos,
am lewyrch sêr mewn awyr dywyll, felfed,
am gynnwrf godidog lliwiau'r machlud
a gogoniant euraidd y wawr.
Cyffeswn inni'n rhy aml gymryd hyn oll yn ganiataol
gan fethu gweld y fraint fawr sy'n eiddo i ni
yn rhodd goleuni.
Atgoffa ni'n barhaus o'th gariad.

Boed inni fynegi'n diolchgarwch
mewn bywydau wedi eu hoffrymu yn dy wasanaeth.

Arglwydd,
dal ein bywyd yn dy fywyd di.
Tywys ni yn dy ffordd,
nid yn ôl ein chwantau ni ond yn ôl dy ewyllys di,
nid yn ôl ein gwendid ni ond yn ôl dy gryfder di.
Boed i'n pererindod gyrraedd ei nod
yn dy bresenoldeb, er dy ogoniant.

Arglwydd y ddeilen, Dduw'r sêr,
Roddwr dŵr, Greawdwr moroedd,
Dad trugareddau, Waredwr mewn cariad,
Ysbryd heddwch, Drindod sanctaidd, aros gyda ni'n
wastadol. Amen.

John Johansen-Berg, addas Glyn Tudwal Jones

Emyn: *Caneuon Ffydd* 432

Y Fendith:
Boed yn awr, i'r hwn sy'n abl i'n cadw rhag syrthio,
ein codi o ddyffryn tywyll, du anobaith
i gopa mynydd disglair gobaith
o ganol y nos dywyllaf
i wawr y llawenydd disgleiriaf;
iddo ef y bo'r gallu a'r gogoniant
yn oes oesoedd.   Amen.

YR AMEN

Gweddi agoriadol:

"Ti a'n creaist ni i Ti dy Hun, ac anniddig yw ein calon hyd oni orffwyso ynot Ti. Amen.   *Awstin Sant*

Adnod agoriadol:

"Ac at angel yr eglwys yn Laodicea, ysgrifenna: Dyma y mae'r Amen, y tyst ffyddlon a gwir, a dechreuad creadigaeth Duw, yn ei ddweud..." (Datguddiad 3:14)

Yn llyfr y Datguddiad, yn y llythyrau at y saith eglwys, sef eglwysi Effesus, Smyrna, Pergamus, Thyatira, Sardis, Philadelffia a Laodicea, ceir cyfeiriad yn y llythyr at eglwys Laodicea at yr Amen. Mae hwn yn ymddangos yn deitl od ar Iesu. Ond y tu ôl i'r gair mae cyfoeth o ystyron. Yn yr oedfa hon dowch i ni geisio olrhain ystyr y gair. Ystyr Amen, sy'n gysylltiedig â'r ferf Hebraeg *aman*, yw cadarnhau, sefydlu, cefnogi. Ar ddiwedd gweddi pan fyddwn yn dweud Amen, gofynnwn i Iesu gadarnhau a chefnogi'r cyfan a ddeisyfwn ac a ofynnwn amdano.

Emyn: *Caneuon Ffydd* 700

Darlleniad: Datguddiad 3:14–22

Cyfnod o ddistawrwydd i fyfyrio:

Gweddi:

O Dduw, ein Tad a'n gwaredwr,
yr wyt ti yn bresennol ym mhob man
yn llond pob lle ac yn diwallu pob peth byw.
Amlyga dy hun i ni
a chymorth ni i agor pob rhan o'n bywyd
i rin a grym dy bresenoldeb.

Cymorth ni i agor ein llygaid,
i weld gwaith dy ddwylo yn y byd o'n cwmpas,
yng ngogoniant dy gread
ac yng nghariad a charedigrwydd cyd-ddyn.
Cymorth ni i agor ein clustiau,
i ymglywed â'th lais yng ngwirioneddau dy Air,
yn nhawelwch ein gweddïau
ac yn awyrgylch dy dŷ.
Cymorth ni i agor ein meddyliau,
i fyfyrio yn dy wirionedd,
i ganfod dy ffyrdd,
ac i dderbyn pob gwybodaeth a gweledigaeth
yr wyt ti am eu cyfrannu i ni.
Cymorth ni i agor ein calonnau,
i brofi grym dy gariad yn Iesu Grist
ac i dderbyn gras i estyn ei gariad i'r byd.
Cymorth ni i agor ein heneidiau
i deimlo gwefr dy bresenoldeb
a llawenydd cymundeb â thi.
Cymorth ni i agor holl ddrysau ein bywyd led y pen
i ti gael dod i mewn,
i ti gael teyrnasu ynom
a'n gwneud yn eiddo llwyr i ti dy hun.

Cadw ni, Arglwydd, rhag cau drysau tosturi
ar helyntion y byd ac anghenion dy blant,
ond rho hyder i ni eu cyflwyno i ti:
y rhai sydd wedi eu llethu gan afiechyd
a'u llorio gan lesgedd a gwendid;
y rhai sydd mewn trallod a thristwch
ac unigrwydd yn cymylu eu calonnau;
y rhai sydd wedi eu chwerwi gan anghyfiawnder
a neb i godi llais drostynt;
y rhai sydd yng ngafael tlodi a newyn
ac yn araf nychu o brinder bwyd;
y rhai sydd yng nghanol rhyfel a therfysg

ac wedi colli cartrefi ac anwyliaid:
amlyga iddynt dy gariad a'th dangnefedd
a thywys ni oll i lwybrau cymod a gobaith.

Yn ein hanghenion a'n gofidiau ein hunain,
pwyswn ar dy agosrwydd a'th ras:
yn ein gwendid cynnal ni;
yn ein hunigrwydd amgylchyna ni;
yn ein hamheuon cadarnha ni;
yn ein pechodau pura ni â'th faddeuant.
Gad ni i aros ynot ti –
yng nghariad y Tad,
yng ngras ein gwaredwr Iesu Grist,
ac yng nghymdeithas dy Ysbryd Glân,
yn awr a hyd byth. Amen.

Elfed ap Nefydd Roberts

Cydadrodd neu gydganu Gweddi'r Arglwydd:

Myfyrdod ar 'Weddi':

Pethau nad ydyn nhw'n bwysig a phethau sy'n bwysig. Pan fyddwn yn gweddïo mae yna rai pethau nad ydyn nhw'n bwysig. Does dim rhaid dweud llawer. Nid hyd yr hyn sydd gennym i'w ddweud sy'n bwysig. Dywedodd Iesu ei hun, "Wrth weddïo, peidiwch â phentyrru geiriau." (Mathew 6:7) Dywedwch yr hyn sydd angen ei ddweud neu dywedwch rywbeth sy'n eich poeni. Woody Allen ddywedodd, "Mi gymerais i gwrs darllen brys ac mi ddarllenais i *War and Peace* mewn ugain munud. Sôn am Rwsia mae'r gyfrol." Mae gweddi yn ymwneud â bywyd, bywyd i gyd, ond does dim rhaid sôn amdano i gyd ar unwaith!

Does dim rhaid i ni siarad yn gywir, mewn Cymraeg da, a phob gair a chystrawen yn gymen a'r treigladau'n berffaith. Dilysrwydd sy'n bwysig. Sgwrs sy'n digwydd ac nid arholiad. Peidiwch â meddwl fod rhaid cael gradd mewn diwinyddiaeth i fedru siarad efo Duw. Dydych chi ddim angen gradd mewn meddygaeth i siarad â'ch meddyg! Ar gyfer amaturiaid mae gweddi, ac amaturiaid fyddwn ni i gyd, gydol ein bywydau. Ond mae rhai pethau sy'n bwysig. Ystyriwn ddau beth.

Byddwch yn naturiol. Byddwch yn chi eich hun. Siaradodd Moses â Duw, "fel y bydd rhywun yn siarad â'i gyfaill". (Exodus 33:11) Hwn ydi'r model ar ein cyfer. Siaradwch am unrhyw beth a phopeth, fel y byddwch chi'n siarad efo'ch ffrind, yn llawn o 'ym' a seibiau. Does dim rhaid gwisgo'r wisg orau i siarad efo Duw. Byddwch yn onest. Collodd merch ifanc, ffrind mewn damwain car. Y noson honno, pan glywodd y newydd dechreuodd felltithio Duw a'i regi. Pan ddeffrodd yn y bore aeth i weld ei hoffeiriad gan gyffesu ei bod wedi gwylltio efo Duw. "Ardderchog" oedd ateb yr offeiriad. Pam? Roedd hi'n onest. Mae llyfr y Salmau yn llawn o enghreifftiau o bobl onest yn mynegi'u teimladau tuag at Dduw. Mae Duw yn deall ac yn parchu gonestrwydd.

Cyfnod o ddistawrwydd i fyfyrio neu wrando ar gerddoriaeth ysgafn:

Myfyrdod:

Gweddi yw sgwrsio efo Duw, Os felly, pam nad ydych yn clywed fawr ddim o ben arall y sgwrs – ochr Duw. Mae'n rhaid dysgu gwrando. Beth yn union yw gwrando ar Dduw? Mae'n golygu bod yn agored i Dduw, sy'n barod i rannu ei gariad efo ni mewn mwy na geiriau. Efallai fod "gwrando" braidd yn gamarweiniol. Mae Duw yn cyfathrebu â ni trwy holl rwydwaith bywyd, ond byth yn ein llethu na chymryd ein rhyddid oddi arnom. Mae Duw yn dod tuag atom, bob eiliad, ymhob peth sy'n digwydd i ni. Ein tasg ni yw bod yn barod, ac i fod yn ddisgwylgar, parod a sylwgar. Dysgu gwrando rhwng y llinellau. Efallai ei fod yn Dduw cuddiedig ond dydio ddim yn cuddio! Mae Duw yn siarad â ni trwy eraill, rhywbeth mae rhywun arall wedi'i ddweud neu ei ddatguddio i ni. Digwyddiadau yn ymwneud â phobl eraill efallai. Gall siarad â ni trwy iaith y greadigaeth. Gall golygfa o fachlud haul neu ryfeddod adar yn mudo ein cyfareddu a'n gadael yn gegrwth. Mae natur yn gallu'n dyrchafu ac yn ein gwahodd i ymateb. Mae Duw yn cyfathrebu trwy feddyliau dyrchafol fydd yn dod i'n rhan o bryd i'w gilydd. Peidiwch â'u diystyru. Gwrandewch arnyn nhw, gadewch iddyn nhw frigo i'r wyneb. Ystyriwch nhw. Bydd y profiad yn siŵr o adael ei ôl. Gall cerddoriaeth, barddoniaeth, ffilm neu ddarllen llyfr gysylltu â digwyddiad neu brofiad yn ein bywydau. Trysorwch y cysylltiad. Efallai y bydd llinyn dwyfol yn eu cysylltu.

Emyn: *Caneuon Ffydd* 709

Gan ein bod yn ymdrin â gweddi yn yr oedfa hon, beth yn well na mynd at yr arbenigwr ei hun. Dowch i ni ofyn i Iesu.

Darllen: Mathew 6:9–13

Pan oedd prif swyddog yn y llynges yn gweddïo Gweddi'r Arglwydd, a'r llong yn oerfel Ynys yr Iâ, meddai un o'r swyddogion wrtho, "Gweddïwch hi'n araf, mae pob cymal yn pwyso tunnell." Edrychwn ar bob tunnell fesul un!

Ein Tad yn y nefoedd:
Gallai Iesu gyfeirio at Dduw, fel ei Dad ond y rhyfeddod yw ei fod yn dweud wrthym ninnau am wneud yr un peth. Y gair Aramaeg, sef iaith bob dydd Iesu, am 'dad' yw *Abba*. Teimlwn yr agosatrwydd sydd yma rhwng plentyn a'i dad.

Sancteiddier dy enw:
Boed i'th enw fod yn sanctaidd i bawb ym mhob rhyw le. Boed i'r byd sy'n canfod 'sancteiddrwydd' yn y lleoedd anghywir – trwy addoli arian, rhyw a phŵer, ganfod y gwir sancteiddrwydd. Boed i hyn ddechrau yn fy mywyd i.

Deled dy deyrnas, gwneler dy ewyllys, ar y ddaear fel yn y nef:
Cymal chwyldroadol! Mae hyn yn golygu ymosodiad beiddgar ar bopeth sy'n rhwystr i'w bwrpas cariadus a dyrchafol. Tybed a ydyn ni'n barod am y chwalfa, gan ddechrau heddiw yn ein bywydau ni?

Dyro i ni heddiw ein bara beunyddiol:
Pan fydd Duw yn teyrnasu bydd pob un yn cael ei ddogn beunyddiol. Gallwn weddïo am 'fara' o unrhyw fath ond ni allwn weddïo am fara

heb ddod â'r rhai hynny sy'n llwgu, efo ni at y bwrdd. Beth fedrwn ni ei wneud i liniaru anghenion y byd?

A maddau i ni ein troseddau, fel yr ŷm ni wedi maddau i'r rhai a droseddodd yn ein herbyn:
Calon neges Iesu oedd maddeuant. Nid y math o oddefgarwch mae'n cyfnod ni yn sôn amdano ond y maddeuant anodd, di-flewyn-ar-dafod, rhyfygus, ysgytwol mae Duw yn ei roi. Mae'n biti na fuasen ni'n gwybod am hyn!! Y gwahaniaeth y byddai'n ei wneud. Ond wnawn ni byth amgyffred y maddeuant hwn heb i ni'n gyntaf ddysgu maddau i'n gilydd.

A phaid â'n dwyn i brawf, ond gwared ni rhag drwg:
Fel petai, Duw o bawb yn mynd i wneud hynny! Nid sôn am bechod dirgel syml mae Iesu. Mae hwn yn llawer mwy ysgytwol. Mae angen Duw i'n dwyn o bob drwg sy'n gwanio a darnio ei greadigaeth ef. Mae'n rhaid i ddrygioni gael ei wynebu a nerth y groes, ac yno mae'n rhaid i ni sefyll os ydyn ni am ddod i'r afael â drygioni'r byd.

Diolch a chan mil diolch, mae'r canlyniadau yn gadarnhaol gan fod Iesu ei hun yn cadarnhau pob gair ddaw allan o enau Duw. Gofynnwn hyn, meddwn, trwy Iesu Grist ein Harglwydd, Amen. Mae Iesu'n dweud "Ie" i holl addewidion Duw, ac oherwydd hynny gallwn ninnau ddweud "Amen" – boed felly.

Cyfle i fyfyrio neu wrando ar gerddoriaeth:

Myfyrdod:
Sut fyddwch chi'n gweddïo? Un ffordd yw trwy fyfyrio. Mewn myfyrdod mae camau a datblygiad. Gall y myfyrdod i ddechrau ganoli ar un syniad pendant. Y syniad o Dduw neu berson Iesu neu nerth yr Ysbryd Glân. Yna mae'r meddwl yn symud yn araf, gam wrth gam, wrth feddwl am agweddau eraill o'r syniad cychwynnol. Wrth feddwl am Dduw gall y meddwl dreiddio i feddwl am fawredd, sancteiddrwydd, cariad a gras. Gall un adnod o'r Beibl neu linell o emyn, neu gwpled o farddoniaeth fod yn fan cychwyn i fyfyrdod a'r syniad yn cael ei ddatblygu a'i ehangu. Ffordd arall yw trwy ganolbwyntio'n llwyr a myfyrio ar un agwedd

benodol. Gellir gwneud hyn trwy bethau allanol fel gosod tusw o flodau neu gynnau cannwyll a meddwl am brydferthwch a goleuni Duw neu gellir meddwl am agweddau mwy haniaethol fel dioddefaint y groes neu un gair amlwg yn y ffydd Gristnogol fel bod y gwirionedd yn llwyr feddiannu'r meddwl ac o'i feddiannu ein codi i dir aruchel i gymundeb dwfn â Duw fel bo ei feddwl Ef yn y pen draw yn treiddio a llwyr feddiannu meddyliau'r gweddïwr.

Emyn: *Caneuon Ffydd* 717

Cwestiynau i'w trafod:
1. Yn nyddiau'r 'neges destun' beth feddyliech chi o hyn? Duw@ y nefoedd.org ti'n sy'n rheoli, i fyny ac i lawr, angen bwyd a maddeuant, dim drwg, rheola am byth Amen. Ydi'r testun hwn yn cyfleu neges Gweddi'r Arglwydd?
2. Roedd gan ein cyndadau ddywediad, *'laborare est orare,'* gwaith ydi gweddi. Pa mor wir ydi hyn? Beth sydd yn ymhlyg yn y geiriau hyn?
3. Beth fyddech chi'n ei ddweud yw'r ffordd orau i gysylltu â Duw yn ystod diwrnod prysur? Pa mor bwysig yw llonyddu yn y broses hon?
4. Beth yw gwerth 'saeth weddi' – gweddi sy'n dod yn syth o'r galon, e.e. pan fôm yn wynebu perygl neu ofn, 'Arglwydd helpa fi.' Oes yna le i weddi argyfwng?
5. Beth yw nodweddion gweddi? Meddyliwch am y penawdau hyn – moliant, cyffes, diolch, ymbil, eiriolaeth, ymgysegriad.

Cyfle i fyfyrio:

Emyn: *Caneuon Ffydd* 691

Y Fendith: Gweddi Geltaidd

Rwyt ti yn y lle hwn.
Mae dy bresenoldeb yn ei lenwi,
dy bresenoldeb ydi'r tangnefedd.
Rwyt ti, Arglwydd, yn fy mywyd i;
mae dy bresenoldeb yn ei lenwi,
dy bresenoldeb ydi'r tangnefedd.
Rwyt ti, Arglwydd, yn y storm;
mae dy bresenoldeb di yn ei llenwi,
dy bresenoldeb di ydi'r tangnefedd.   Amen.

Y RHAGREDEGYDD

Adnod agoriadol:

"Y mae'r gobaith hwn gennym fel angor bywyd, un diogel a chadarn, ac un sy'n mynd trwodd i'r tu mewn i'r llen, lle mae Iesu wedi mynd, yn rhagredegydd ar ein rhan..." (Hebreaid 6:19, 20)

Gweddi agoriadol:

Ti, Arglwydd sanctaidd,
wyt deilwng o'n moliant.
Rwyt ti wedi'n creu i fod mewn perthynas glös â Thi
ac rwyt ti wedi plannu rhyw awydd diflino i'th geisio.
Boed i'r awydd hwnnw
droi yn ymdrech
a'r ymdrech yn addoliad
fydd yn fendith i'n heneidiau.
Gofynnwn hyn yn enw ein Harglwydd, Iesu Grist.   Amen.

Emyn: *Caneuon Ffydd* 364

Cefndir:

Dim ond unwaith y cyfeirir at Iesu fel y rhagredegydd yn y Testament Newydd a hynny yn y llythyr at yr Hebreaid. Wrth i ni droi at y gair Groeg am ragredegydd, sef *prodromos* dyma fynd â ni i fyd militaraidd a byd y môr. Dyma'r gair a ddefnyddid am y milwyr oedd yn cael eu hanfon i ragbaratoi ac i bwyso a mesur y tirlun, sef y gymdogaeth a maes y frwydr cyn i weddill y bataliwn gyrraedd. Yn ôl pob golwg, roedd rhaid i'r milwyr hyn fod ar flaen y gad yn yr ystyr eu bod wedi'u hyfforddi ymhob agwedd o'r gwaith ac yn eithriadol o ystwyth a chryf. Roedd y gair yn cael ei ddefnyddio hefyd ym myd y llynges. Byddai llongau cyflym ac ysgafn yn cael eu hanfon, eto i arolygu, cyn i'r llynges gael ei hanfon i ddyfroedd y frwydr. Mae defnydd arall i'r gair hefyd. Yn ôl pob hanes roedd porthladd Alexandria yn anodd iawn i longau fynd i mewn iddo, felly anfonid llong beilot i dywys y llong ar hyd y sianel ac i mewn i'r porthladd. Yr enw ar y llong beilot hon oedd *prodromos*. Felly, ystyr y gair yw rhywun sy'n mynd gyntaf i baratoi'r ffordd ac i'w gwneud yn saff i eraill ddilyn.

Gweddi:

Trown atat, heddiw, gan wybod dy fod Ti
wedi cerdded taith bywyd o'n blaenau.
Rwyt ti wedi paratoi'r ffordd i ni
ac mae'r daith bellach yn saff
i ninnau ei cherdded.
Trown ein myfyrdod at Iesu, dy Fab,
gan edrych arno a rhyfeddu
wrth edrych ar ei daith drwy fywyd.
Y daith a gychwynnodd
ym Methlehem yn fabi bach,
yn Nasareth yn ŵr ifanc,
yn crwydro hyd a lled y wlad
efo'i ddisgyblion.
Yn marw ar Galfaria,
yn atgyfodi o'r bedd
ar fore'r trydydd dydd.
Ym mha gyflwr bynnag ydyn ni
mae'r Mab wedi bod yno o'n blaenau.
Yng ngwewyr esgor ei Fam,
ym mhoen ei rieni pan aeth ar goll,
yn y profiad o gael ei daflu allan o'r cysegr,
yn y wefr o wella'r cleifion
a phorthi'r miloedd,
yng ngwewyr meddwl Cesarea Philipi,
a meddyliau cymysg yr ymdaith i Jerwsalem,
yn chwys Gethsemane
ac ofn Calfaria,
yn llawenydd a goruchafiaeth
gardd y Bedd gwag.

Pob teimlad fydd yn eiddo i ni,
rwyt ti y rhagredegydd wedi
gwneud y siwrnai o'n blaenau.

Mae'r ffordd yn saff
ym muddugoliaeth yr Atgyfodiad.
Diolchwn am y sicrwydd. Amen.

Cydadrodd neu gydganu Gweddi'r Arglwydd:

Darllen: Luc 23:26–43
Marc 15:33–37

Emyn: *Caneuon Ffydd* 485

Anerchiad:
Ymhob byddin y *prodromoi* oedd y milwyr ymhlith y dewraf, cymwys a heini. Y milwyr hyn fyddai'r cyntaf i golli eu bywydau er mwyn ei gwneud hi'n saff i eraill. Rhoddodd Iesu ei fywyd er mwyn i ni gael mynediad i bresenoldeb Duw. Neges Duw i Moses oedd, "Ond ni chei weld fy wyneb, oherwydd ni chaiff neb fy ngweld a byw." (Exodus 33:20) Agorodd Iesu'r ffordd at Dduw i bawb yn ddiwahân. Ef yw'r rhagredegydd sy'n ei gwneud hi'n bosibl i eraill gael mynediad. Gwnaeth hyn trwy farw ar y Groes.

Beth yw ystyr y Groes?
I lawer, ystyr y Groes yw fod Iesu, trwy farw, wedi cymryd ein beichiau a'n pechodau ni. Ni oedd i fod i gario'r beichiau hyn, ni oedd i ysgwyddo'r baich am ein pechodau. Y syniad yw ein bod ni dan gondemniad Duw, a dyma Iesu yn dod ac yn dweud, 'Mi wna i gario'r beichiau i gyd' a thrwy hynny, yn cymryd y gosb yn ein lle. Bron nad yw'n dweud ei fod am gymryd y bai i gyd. Tybed a oes yna rywbeth sy'n eich taro'n rhyfedd ynglŷn â'r syniad hwn? Ydio ddim yn dweud fod rhywbeth a wnaeth Iesu wedi newid meddwl Duw? Dyna lle roedd Duw yn barod i daro ac yna, mae Iesu fel petai'n dweud, "Paid, mi wna i gymryd eu beichiau,

eu hanwireddau a'u pechodau i gyd." Oes yna brawf o hyn yn y Testament Newydd? Yr hyn a welwn ar dudalennau'r Testament Newydd yw cadarnhad dro ar ôl tro o gariad Duw. Adnod fwya'r Beibl i gyd, i rai, yw honno sy'n ymddangos yn efengyl Ioan, "Do, carodd Duw y byd gymaint nes iddo roi ei unig Fab, er mwyn i bob un sy'n credu ynddo ef beidio â mynd i ddistryw ond cael bywyd tragwyddol." (Ioan 3:16) Yn Iesu, mae Duw yn arddangos ei gariad, nid ei gondemniad. Mae holl ddrama Calfaria yn digwydd oddi mewn i fframwaith cariad Duw. Un fel hyn ydi Duw, meddai Iesu yn ystod ei fywyd. Un fel hyn ydi Duw, meddai Iesu, ar Galfaria hefyd. Yn Iesu, gwelwn Dduw ar ei orau – yn llawn cariad o'r dechrau. Fe gewch wneud fel y mynnwch â mi, cewch fy nghernodio, fy fflangellu, fy ngwisgo â choron ddrain, fy nghroeshoelio, ac mi fyddaf yn dal i'ch caru. Doedd neb erioed wedi meddwl am Dduw yn y ffordd hon cyn hyn. Wrth feddwl am Dduw rydym yn meddwl amdano fel y Creawdwr, y Brenin, y Barnwr sy'n mynd i'n cosbi. Ond mae Iesu, y rhagredegydd, yn dangos i ni wedd newydd ar gymeriad Duw, y cariad anorchfygol, tragwyddol.

Mae hanes am weinidog yn dweud stori am y ddau fab o efengyl Luc wrth griw o blant. Gofynnodd iddyn nhw, "Beth ddigwyddodd i'r mab ar ôl iddo ddychwelyd adref? Beth wnaeth y tad?" "Chwip din" oedd ateb un plentyn. Dyna'r ateb naturiol mae'n debyg. Ond nid dyna ateb Duw. Caru a charu yw ateb Duw.

Gweddi:

Crist yw'r Dyn Rhydd.
Fy enaid, edrych arno, ei noethni, ei waed, ei chwys.
Y Carcharor Tragwyddol!
Mae'r milwyr yn ei guro, dan regi a chwerthin yn feddw.
Ymhob cariad y mae dirmyg a thrachwant.
Onid meistri'r byw yw milwyr Rhufain?
Hyd yn oed yn ei ing a'i waradwydd y mae'r Crist yn tosturio
wrth y milwyr yn eu caethiwed.
Ef yw'r Dyn Rhydd; sylla arno, fy enaid.
A oes ganddo gyfoeth, gallu bydol, safle dylanwadol? Nac oes.
Nid oes dim ganddo ond corff yn awr, ac y mae'r milwyr yn trin
y corff hwnnw fel y mynnant.

Cnawd, gwaed, croen, esgyrn, gwallt -
y pethau hyn yn unig sydd ganddo yn awr.
Edrych arno, fy enaid.
Dyn rhydd ydyw: yr unig ddyn rhydd yn Jerwsalem.
Carchar yw ymerodraeth Peilat; carchar yw crefydd Caiaffas;
carchar yw breuddwyd Jwdas; carchar yw dryswch Pedr;
carchar yw uchelgais Herod.
Crist yn unig sy'n rhydd.
Fy enaid, saf gydag ef.
Y fan honno, wrth ei ochr, dan lach y milwyr,
y mae rhyddid i'w gael.   Amen.

Pennar Davies

Myfyrdod: Mesurau'r Groes:

Byddaf yn meddwl fod dynion wedi gwneud cam dybryd â'r Groes
wrth ei byrhau. Dywedir fod gwraig wedi cwyno wrth Whistler yr arlunydd
ryw dro ei bod hi wedi prynu un o'i ddarluniau ond na allai ei ffitio i
mewn i'w hystafell. Atebodd yntau na ddylai hi geisio ffitio'r darlun i'r
ystafell eithr yn hytrach geisio ffitio'r ystafell i'r darlun. Byddaf yn teimlo
mai rhywbeth felly y mae gwareiddiad yn ceisio ei wneud â Chroes y
Crist – sef, ei ffitio hi i fesurau'r 'byd gwareiddiedig'. Y mae'r Groes
wedi ei byrhau a'i chwtogi yn gymaint nes bod erbyn hyn yn fath o
wawdlun o'r Groes a oedd ar Galfaria Fryn. Rhaid inni, os ydym yn
chwennych byd Cristionogol, osod y Groes yn y canol, yn ei hyd a'i
lled a'i huchder a'i dyfnder, fel y dywed Paul, ac adeiladu'r byd o'i
hamgylch.

Y mae cariad Duw, fel Ef ei Hun, o dragwyddoldeb hyd
dragwyddoldeb, ac yn 'bresennol ym mhob man'. Eithr y mae'n rhaid
wrth ryw fannau arbennig i gymryd ei fesur, megis y mesurir curiad y
galon wrth y pyls. A'r man gorau oll yw'r Groes.

Beth yw lled y cariad a ddatguddir ar Galfaria? Y mae cyn lleted
ag angen dyn. 'The love-line that goes round the world' – felly y
disgrifiodd rhywun y Groes. Hi yw'r gyhydedd ysbrydol. Fe
groeshoeliwyd Iesu â'i freichiau ar led, ac ni ddônt byth at ei gilydd
mwy nes iddynt gofleidio'r holl fyd. 'A minnau os dyrchefir fi oddi ar y
ddaear, a dynnaf bawb ataf fy hun.' A pha faint yw ei hyd hi? Y mae,

etyb yr Apostol, cyhyd â phwrpas tragwyddol Duw i'r byd. 'Cyn llunio'r byd... fe drefnwyd ffordd...' Nid oedd dim ymhellach yn ôl nac ymhellach ymlaen na chariad Duw. A'i dyfnder hi? Y mae cyn ddyfned ag uffern: 'Os cyweiriaf fy ngwely yn uffern, wele Di yno.' Y mae cyn ddyfned â thrueni pechadur. A'i huchder hi? Y mae cyn uched â'r nef. 'It is the life-line that comes down from heaven,' meddai'r gŵr a'i galwodd hi'n 'love-line that goes round the world.'   *T. Glyn Thomas*

Cwestiynau i'w trafod:
1. Roedd y proffwyd yn ei ddydd yn ragredegydd, hynny yw yn cyhoeddi gair Duw i'w gyfnod. Ym mha ffordd oedd Iesu'n wahanol?
2. Sut fyddech chi'n mynd ati i geisio dehongli ystyr y groes? Onid neges ganolog y groes yw fod 'Duw yng Nghrist yn cymodi'r byd ag ef ei hun?'
3. Pa mor anodd oedd hi i'r Iddew ddygymod â'r syniad fod y Meseia'n marw fel drwgweithredwr ar y groes? Onid oedd y syniad hwn yn wrthun iddo?
4. 'Os Mab Duw wyt ti, tyrd i lawr oddi ar y groes.' Dyma sylw un o'r dyrfa. Petai Iesu wedi dod i lawr oni fyddai hyn wedi dangos nerth anhygoel? Onid hon fyddai'r wyrth fwyaf, tybed?
5. Fyddech chi'n dweud fod yr Eglwys heddiw yn rhoi mwy o bwyslais ar yr Aberth nag ar yr Atgyfodiad? Onid yr Atgyfodiad ydi sylfaen bodolaeth yr Eglwys Gristnogol?

Emyn: *Caneuon Ffydd* 502

Cerdd:
Y Groglith
Heddiw, bu gwŷr yn cario croes
drwy'r union dref yr aeth y Crist
drwyddi gynt i'w gur.
Ai hon yw'r union fan
lle rhoed y pren cyn pwyo'r
hoelion i'w ddwylo?
Nid yw o bwys – mae'r anthem
a'r ysgrythur yn tystio

229

i ugain canrif
fethu anghofio'r Gŵr.

Teledwyd heno
gôr o Gymru'n canu mawl
ar risiau'r Ardd
i gofio'r chwys a'r gwaed a'r weddi honno,
deirgwaith, at y Tad,
i'r cwpan fyned heibio.
Nid felly y bu, wrth gwrs.

Dywed Hanes am ei drechu, ond
dywed yr egwyl hon
nad gorchfygedig mohono.

"Nac wylwch," meddai gynt, "o'm plegid i..."
Mae galar yn ei gylch
yn ddianghenraid, 'does gan
holl felltith byd ddim siawns
i drechu Hwn, y Da sy'n trechu!
Pa eisiau'n dagrau ni sydd arno felly?
Gwall camgymryd ei wae
am wendid, ei gadernid
a ildiodd gynt
 i'r dur a'r dyrnu.
"Wylwch o'ch plegid eich hunain..."
y sawl nad yw'n deall sy'n destun galar!

Dywed y newyddion heno
y cofiwyd amdano â sacrament
yn Jerwsalem a Seville,
ac eisteddfod a noson lawen
yng Nghymru.

Rhydwen Williams

Munud i feddwl:

Yr oedd yn olygfa dorcalonnus,
yn gorfod gwylio'r un yr oeddem yn ei garu yn syrthio yn ei ing,
a gweld ein breuddwydion yn marw gydag ef.
Yn sydyn yr oedd ein byd ar chwâl,
oherwydd yr oedd yn amhosibl peidio ag edrych yn ôl
a chofio ei eiriau mewn dyddiau gwell,
geiriau oedd yn llawn addewid ar y pryd.
'Dewch ataf fi,' meddai, 'bawb sy'n flinedig ac yn llwythog
ac fe gewch orffwys i'ch eneidiau.
Cymerwch fy iau arnoch, a dysgwch gennyf;
oherwydd yr wyf fi'n addfwyn ac yn ostyngedig o galon.
Y mae fy iau yn hawdd
a'm baich yn ysgafn.'
Ond beth oeddem i feddwl bellach
wrth ei wylio yn plygu dan bwysau'r groes,
y baich yn drech nag ef,
ac yn methu â'i gario gam ymhellach?
Heriwyd popeth,
popeth a welsom ac a glywsom,
popeth y daethom i'w gredu,
oherwydd sut y gallai hyn fod –
y dyn a iachaodd y cleifion,
yr un a faddeuodd bechodau,
y Meseia a addawodd fywyd,
yn wynebu tywyllwch a marwolaeth?
Safasom yno mewn arswyd,
yn methu gwneud synnwyr o'r hyn oedd yn digwydd.
'Pam na wnaiff ef rywbeth?' oedd y cwestiwn mawr.
'Mae ganddo rym, pam nad yw'n ei ddefnyddio?'
Yr oedd yr amser hwn, does bosib,
yn galw am un o'i arwyddion a'i ryfeddodau,
un arall o'r gwyrthiau
a gyfareddodd y tyrfaoedd ar hyd ei weinidogaeth.
Pam yr oedi?
Ni allem yn ein byw â deall.

Yna trodd ac edrychodd arnom.
Yr oedd gwên araf, drist ar ei wyneb,
a gallwn weld bod ei ofid, nid amdano ef ei hun,
ond amdanom ni –
y boen yr oedd yn rhaid i ni ei goddef,
y tristwch y byddai'n rhaid i ni eto ei brofi
fel rhan o fyd briwedig,
byd y daeth ef i'w iacháu yn ei farwolaeth.
Er hynny, yr oedd yn olygfa dorcalonnus;
nid oes geiriau i'w ddisgrifio,
ond nid oedd yn ddirgelwch i mi bellach.
Gallai fod wedi dianc fel y gobeithiwn,
gan osgoi'r ing a'r cywilydd,
ond ni wnaeth.
Cododd y groes,
cymerodd ein beichiau,
dioddefodd y tywyllwch,
a sylweddolais ei fod wedi cyflawni gwyrth wedi'r cyfan –
yr arwydd a'r rhyfeddod mwyaf erioed!

Gweddi:

O! Dduw Hollalluog,
ni allwn bob amser wneud synnwyr o'th bwrpas,
ond nid yw hynny'n golygu dy fod yn segur.
Gall fod y ffordd yn guddiedig a'r llwybr yn dywyll,
ond yr wyt ti yn parhau i weithio.
Yr wyt yn defnyddio'r drwg er mwyn y da.
Yr wyt yn trawsnewid anobaith
yn ddechrau newydd yn llawn addewid.
Yr wyt yn troi tristwch yn llawenydd, gwendid yn gryfder,
tywyllwch yn oleuni a marwolaeth yn fywyd.
Dysg ni felly i beidio anobeithio fyth,
ac i sylweddoli nad oes dim yn y nef nac ar y ddaear
y tu hwnt i'th allu di.
I ti y byddo'r clod a'r mawl, nawr a hyd byth.

Nick Fawcett addas Olaf Davies

Emyn: *Caneuon Ffydd* 493

Y Fendith:
O Dduw,
sy'n Dad, Mab ac Ysbryd Glân,
diolch
am y nerth a'n creodd,
am y gras sy'n ein cynnal,
am y cariad sy'n ein cadw
hyd byth.   Amen.

YR ALFFA AC OMEGA

Adnod agoriadol:

"Wele, yr wyf yn dod yn fuan, a'm gwobr gyda mi i'w rhoi i bob un yn ôl ei weithredoedd. Myfi yw Alffa ac Omega, y dechrau a'r diwedd." (Datguddiad 22:12, 13)

Yn llyfr y Datguddiad mae tri chyfeiriad at 'Alffa ac Omega'. Mae'r ddau gyntaf yn y bennod gyntaf a'r unfed bennod ar hugain, yn cyfeirio at Dduw:
"Myfi yw Alffa ac Omega", medd yr Arglwydd Dduw, yr hwn sydd   a'r hwn oedd a'r hwn sydd i ddod, yr Hollalluog." (Datguddiad 1:8)
" A dywedodd wrthyf, "Ymae'r cwbl ar ben! Myfi yw Alffa ac Omega, y dechrau a'r diwedd." (Datguddiad 21:6)
Ond y mae'r trydydd cyfeiriad, yn yr adnod agoriadol, yn cyfeirio at Iesu Grist. Mae'n ddiddorol sylwi fod y teitl a ddefnyddiwyd am Dduw yn cael ei ddefnyddio hefyd am Iesu. I Ioan y Difinydd, awdur llyfr y Datguddiad, mae'r un rhagorfraint oedd yn eiddo Duw yn perthyn hefyd i Iesu.

Gweddi agoriadol:

Grist Iesu,
rydym oll yn dyheu am dy bresenoldeb di.
Felly, er mwyn dirnad dymuniad dy gariad di, a dim arall,
ceisiwn mewn distawrwydd a thangnefedd calon ein rhoi ein hunain yn llwyr i ti ym mhob symlrwydd.
Bendigedig yw'r rhai sy'n dod atat ti a'u calon yn ymddiried ynot, am mai ohonot ti y tardd eu llawenydd a'u mawl. Amen.

Y Brawd Rhosier

Emyn: *Caneuon Ffydd* 53

Myfyrdod:

Efallai fod y ddau air 'Alffa ac Omega' yn eiriau dieithr ond i'r rhai sydd wedi ymgodymu â'r iaith Roeg y rhain yw y llythyren gyntaf a'r llythyren olaf yn yr iaith honno. Felly, yr ystyr yn llyfr y Datguddiad yw 'y dechrau a'r diwedd'. Mae llyfr y Datguddiad yn gorffen yn union fel y dechreuodd gyda Iesu yn y canol. Ef bellach yw'r Alffa a'r Omega, yn ddechrau ac yn ddiwedd. Ef, meddai'r bennod olaf, yw Gwreiddyn a Hiliogaeth Dafydd, sef y Meseia hir ddisgwyliedig; ef hefyd yw Seren ddisglair y bore, y rhagredegydd oddi wrth Dduw. Neges fawr y diweddglo hwn yw'r gwahoddiad, "Tyrd" (adn 17) medd Crist wrth y byd. "Tyrd" yw neges yr Eglwys, sef ei Briodferch i'r byd, a 'thyrd' yw tystiolaeth y Cristion yn y byd. Ac i'r hwn sy'n ymateb i'r 'tyrd' fe gaiff ei ddiwallu a'i ddisychedu. Yma y gorffwys holl obeithion y ddynoliaeth, y diwellir ei newyn a'i syched, ac y sylweddolir pob dyhead dyrchafol a phryd hynny y troir delfrydau yn ffeithiau, 'yn wir, tyred, Arglwydd Iesu'.

Gweddi:
O Arglwydd Iesu Grist, clyw ein gweddi ni:
ti sydd wedi camu o'r bedd yn fyw;
ti sy'n gwasgaru'r cysgodion i gyd
gan ymlid brenin braw:
yn rhydd y daethost ar y trydydd dydd.
O Arglwydd,
ti sy'n eu cyfarch ar daith bywyd,
yn cwmnïa â ni,
ti, yr heliwr, sy'n bwrw dy rwyd amdanom;
ti, yr hawliwr, sydd â'th freichiau ar led i'n calonnau,
mynnwn dy adnabod di.
Yn yr ystafell ddirgel,
yng nghwmni dy bobl,
mewn diferion dŵr,
ac ar doriad y bara,
rho i ni dy adnabod.   Amen.

John H. Tudor.

Cydadrodd neu gydganu Gweddi'r Arglwydd:

Darllen: Ioan 21:1–14

Cyfnod o ddistawrwydd neu wrando ar offeryn yn chwarae'n dawel:

Darllen: Ioan 21:15–17

Cyfnod o ddistawrwydd neu wrando ar offeryn yn chwarae'n dawel:

Emyn: *Caneuon Ffydd* 550

Anerchiad:
'Mi fuaswn i'n hoffi credu ond...' Faint o weithiau ydych chi wedi clywed y geiriau yna? A'r adran o'r gred Gristnogol sy'n peri mwy o benbleth na dim i bobl, ydi'r gred yn yr Atgyfodiad. I'r Cristion mae credu yn yr Atgyfodiad yn anhepgor. Mae bodolaeth yr Eglwys Gristnogol wedi'i sylfaenu ar Atgyfodiad Iesu Grist. Heblaw am yr Atgyfodiad ni fydden ni yma heddiw yn addoli. Go brin y byddai Testament Newydd ac yn sicr ni fyddai sôn am yr Eglwys. Ydych chi'n cael trafferth i gredu yn yr Atgyfodiad? Beth sy'n eich poeni? Dowch i ni geisio mynd i'r afael â'r dadleuon yn erbyn credu yn yr Atgyfodiad.
    Gwahaniaethau yn yr Efengylau. Oes mae yna wahaniaethau pan edrychwn ar y pedair Efengyl. Ym Mathew mae ymddangosiadau'r Crist Byw yn digwydd yng Ngalilea ond yn Luc ymddangosiadau yng nghyffiniau Jerwsalem ydyn nhw ac yn Ioan mae'n ymddangos yn y ddau le. Mae'r gwahaniaethau yma'n ddigon i rai beidio â chredu. Glywsoch chi am y tri a aeth i weld gêm bêl-droed? Roedd un yn cefnogi un tîm ac yn credu mai'i dîm ef oedd y gorau a'r llall yn credu mai'i dîm ef oedd y gorau ac ym marn y trydydd roedd y dyfarnwr yn drychinebus. Ond ym marn y cyntaf, hwn oedd y dyfarnwr gorau a welodd erioed. Ymlaen yr âi'r dadlau ond un peth oedd yn aros yr un fath – y sgôr terfynol. Felly, gallwn ddadlau ymhle y bu'r ymddangosiadau, ond un ffaith sy'n rhedeg fel llinyn arian drwy'r cyfan yw'r ffaith fod Iesu wedi ymddangos ar ôl ei atgyfodi. Yn ddiweddar bu un o arbenigwyr byd-

eang yn trafod ffug ysgrifen ac yn ei farn ef petai dau lofnod yn cyd-
fynd yn union yr un fath bryd hynny byddai'n rhaid bod yn wyliadwrus.
Does yna r'un ohonon ni'n arwyddo'n henwau yn union ru'n fath bob
tro. Felly, ni ddylai'r gwahaniaethau beri tramgwydd i ni.

Llewygu a wnaeth Iesu ar y groes nid marw. Dowch i ni edrych
beth a ddigwyddodd i Iesu ar y Groes. Cafodd ei fflangellu, trywanwyd
ef a daeth dŵr a gwaed o'i ystlys, arwydd clir ei fod wedi marw. Ar ôl ei
dynnu oddi ar y Groes cafodd ei lapio mewn dillad claddu oedd fel
stribed ar ôl stribed o gadachau. Yna rholiwyd maen ar geg y bedd;
byddai angen oddeutu ugain o ddynion cyhyrog i rolio'r maen hwn ar
geg y bedd. Os daeth ato'i hun sut yn y byd y gallodd symud y maen ar
ei ben ei hun?

Yr Iddewon yn dwyn y corff. Y gred oedd y byddai'r bedd yn dod
yn fangre pererinion ac y byddai'r bobl yn tyrru yno i addoli corff y
merthyr. Yn llyfr yr Actau, mae pob pregeth a geir o fewn y cloriau wedi
ei sylfaenu ar Atgyfodiad Iesu. Os oedd yr Iddewon am roi taw ar yr
apostolion yr unig beth y byddai'n rhaid ei wneud fyddai dangos y corff
a dyna fyddai'r diwedd ar Gristnogaeth.

Y disgyblion yn dwyn y corff. Meddyliwch am funud! Erbyn y
flwyddyn 70 OC roedd pob un o'r disgyblion, heblaw Ioan, wedi'u lladd,
a phob un ohonyn nhw wedi dioddef marwolaeth erchyll a chreulon
trwy eu croeshoelio, eu llosgi neu eu darnio gan anifeiliaid rheibus.
Ydych chi'n credu o ddifri y byddai'r dynion hyn wedi marw dros gelwydd
noeth?

Sut mae dehongli'r Atgyfodiad? Edrychwn ar yr Eglwys a'r
Testament Newydd. Eglwys y Crist Atgyfodedig yw'r Eglwys. Ar sail yr
hyn a ddigwyddodd ar fore'r Trydydd Dydd y mae'r Eglwys Gristnogol
wedi bodoli am ddwy fil o flynyddoedd. Cynulliad o bobl yw'r eglwys
wedi eu galw gan Dduw i wrando arno, ac i wrando ar y gair, a'i
weithredu yn y byd. Mae'r Testament Newydd drwyddo yn dystiolaeth
o rym yr Atgyfodiad. Pwy fyddai'n mynd i'r drafferth o sgwennu hanes
bywyd rhywun wedi'i ladd ar groes. Mae'r llyfrau'r Testament Newydd
wedi eu sgwennu i dystiolaethu ac esbonio'r ffydd. Ffydd ym mhwy?
Ffydd yn y Crist Byw, Atgyfodedig.

Cyfnod o ddistawrwydd i fyfyrio:

Cwestiynau i'w trafod:

1. Fyddech chi'n dweud fod 'alffa ac omega' yn cyfleu'r syniad o ddilyniant ym mywyd, ac yn nerth Iesu? Oni ellir crynhoi hyn yn yr adnod, "Iesu Grist yr un ydyw ddoe, a heddiw ac am byth?" (Hebreaid 13:8)

2. Tybed a oes yna wirionedd arall yn amlygu'i hun yn y geiriau hyn, sef bod cymorth a chynhaliaeth Iesu i'w bobl yn digwydd o'r crud i'r bedd a thu hwnt?

3. Sut ydych chi'n mynd ati i ddehongli'r Atgyfodiad? Fyddech chi'n dweud fod Atgyfodiad Iesu Grist yn rhoi cysur a gobaith i'r credadun?

4. Ai diweddglo hapus i fywyd Iesu Grist yw'r Atgyfodiad ynteu a oedd y digwyddiad yn rhywbeth llawer mwy chwyldroadol a sylfaenol?

5. Ydych chi wedi cael profiad o'r Crist byw? Os ydych rhannwch eich profiadau â gweddill y gynulleidfa. Mae'n hollbwysig fod Cristnogion yn rhannu'u profiadau â phobl eraill. Wedi'r cyfan y profiadau sy'n siarad orau bob amser.

Cyfle i fyfyrio ar y drafodaeth:

Emyn: *Caneuon Ffydd* 566

Gweddi:

Mae'n rhaid i ni gydnabod yn hollol onest, Arglwydd,
nad ydym ni yn deilwng o addewidion rhyfeddol y Trydydd Dydd.
Fel y disgyblion, ar y cychwyn, rydym ninnau hefyd
yn bur amheus a hwyrfrydig i gredu'r dystiolaeth fod y bedd yn wag.
Fel Mair, gweld y garddwr ydym ninnau pob cyfle.
Fel y ddau ar y ffordd i Emaus, y mae'n calonnau
ninnau yn araf i gredu'r cwbl a lefarwyd gan y proffwydi.
Fel Thomas, mynnu gweld ôl yr hoelion rydyn ninnau.
Felly, Arglwydd, wnei di'n codi o'n hamheuon a'n digalondid
i lawenydd a gorfoledd
y bywyd newydd
sydd yn Atgyfodiad Dy Fab, Iesu Grist.   Amen.

Munud i feddwl:

Y mae Ioan, yn ei efengyl, yn awyddus i bwysleisio bod gan Iesu gorff yn dilyn ei atgyfodiad, h.y. nid ysbryd mohono, ond yr oedd yn gorff a oedd wedi ei ogoneddu. Y mae Paul yn ei lythyr cyntaf at yr Eglwys yng Nghorinth yn cyferbynnu rhwng y corff anianol a'r corff ysbrydol. "Heuir mewn gwaradwydd, cyfodir mewn gogoniant. Heuir mewn gwendid, cyfodir mewn nerth. Yn gorff anianol yr heuir ef, yn gorff ysbrydol y cyfodir ef." (1 Corinthiaid 15:43, 44)

Myfyrdod:

Ni allaf fynegi yr hyn a deimlais,
wedi'r arswyd a'r galar,
y tywyllwch a'r anobaith;
cael clywed y newydd syfrdanol –
fod Iesu'n fyw!
Bûm mewn dryswch llwyr tan hynny,
yn methu dychmygu'r boen a ddioddefodd,
a hynny gyda'r fath urddas a gwroldeb.
Fe'n rhybuddiodd i ddisgwyl y gwaethaf,
a gwyddem yn ein calonnau beth oedd ar y gorwel,
ond roeddem yn gwrthod ei dderbyn,
yn gobeithio y deuai ffordd arall,
ffordd llai costus y gallai ei dilyn.
Ond wrth gerdded at y bedd y bore hwnnw,
yr oedd y gobeithion hynny wedi eu chwalu,
wedi eu claddu gyda'n Harglwydd.
Yr oeddem yn ddall i bopeth ond ein galar,
ond wedi cyrraedd y fan a gweld y maen wedi ei dreiglo,
ni wyddem beth i'w wneud na'i ddweud.
Dyna'r pryd y torrodd y newydd arnom:
'Nid yw ef yma.
Y mae wedi cyfodi.
Dewch i weld lle bu'n gorwedd.'
Gan ofni mai breuddwyd ydoedd, yr oeddem yn gyndyn i edrych,
ond o'r diwedd magwyd digon o ddewrder i fentro,
ac, yn wir i chi,

yr oedd wedi mynd! -
dim ond y llieiniau a adawyd yn nodi'r fan lle bu'n gorwedd.
Gallwch ddychmygu ein teimladau,
ein calonnau yn llamu o gyffro;
ond yr oedd mwy i ddod,
rhywbeth llawer mwy rhyfeddol,
oherwydd wrth i ni redeg i rannu'r newyddion,
gwelsom ef o'n blaenau,
a'i freichiau ar led i'n croesawu,
yn disgwyl i'n cyfarch yn ei ffordd arferol.
Yr oedd wedi cyfodi, fel y dywedodd wrthym;
ni allodd angau ei gaethiwo!
Ond y mae'n bwysig i chi wybod
nad Iesu yn unig a gyfododd y diwrnod hwnnw,
ond pawb ohonom;
oherwydd yno, yn yr ardd, dechreuodd bywyd o'r newydd,
y bywyd yr oeddem yn credu a fu farw ynom am byth –
gobaith wedi ei aileni,
ffydd wedi ei adnewyddu,
cariad wedi ei ailgynnau,
llawenydd wedi ei adfer –
a gwyddem bellach na ellid ein dinistrio mwyach,
oherwydd yr oedd y prawf
yn sefyll yn ein hymyl!

Cyfnod o ddistawrwydd:

Er ei gyfarfod ar ffordd Emaus,
nid oeddem wedi deall –
allwch chi gredu hynny?
Er gwaethaf tystiolaeth y gwragedd a'r apostolion,
y bedd gwag,
yr angylion,
ni allem dderbyn!
Mae'n debyg ein bod yn benderfynol fod y cyfan ar ben,
a derbyniwyd y ffaith fod ein breuddwydion wedi eu chwalu.

nid oedd yn bosibl i ni feddwl yn wahanol,
rhag ofn i ni gael ein siomi eto.
Gallwch ein condemnio os mynnwch,
ond cofiwch hyn:
fe'i gwelsom yn hongian ar y groes,
yr oeddem wedi ei wylio yn tynnu ei anadl olaf,
ac yr oeddem yno yn ein dagrau
pan dynnwyd ef i lawr a'i gladdu yn y bedd.
Nid yn hawdd y mae rhywun yn anghofio hynny.
Felly, pan ymddangosodd y dieithryn hwn
ni welsom ddim byd anarferol –
pam y dylem ni?
Roedd y posibilrwydd mai Iesu ydoedd yn bell o'n meddyliau.
Hyd yn oed wrth iddo ddehongli'r ysgrythurau i ni,
gan egluro pam fod rhaid i'r Meseia ddioddef a marw,
nid oeddem yn amau dim –
er bod ein calonnau'n llosgi o lawenydd ynom.
Ond wrth eistedd gyda'n gilydd wrth y bwrdd,
cymerodd fara a'i dorri;
nid oedd yn bosibl hyd yn oed i ni beidio â gweld
y gwirionedd anhygoel mai hwn oedd Iesu.
Yr oedd y Crist croeshoeliedig, atgyfodedig
yno gyda ni!
Yr oeddem yn credu fod yr anturiaeth ar ben,
ond nid oedd ond megis dechrau.
Yr oeddem yn credu nad oedd dim ond atgofion ar ôl,
ond yn sydyn roedd y dyfodol yn galw yn llawn addewid.
Yr oedd y nos yn dod i ben,
a'r dydd yn gwawrio.
Yr oedd bywyd yn dechrau eto –
ac yno y safasom yn rhyfeddu at ei ras,
oherwydd nid ni a gyfarfu ag ef y diwrnod hwnnw;
ef a ddaeth i'n cyfarfod ni!

Nick Fawcett addas Olaf Davies.

Emyn: *Caneuon Ffydd* 562

Y Fendith:

Iesu Atgyfodedig, diolchwn i ti
fod daioni yn gryfach na drygioni;
fod cariad yn gryfach na chasineb;
fod goleuni yn gryfach na thywyllwch;
fod bywyd yn gryfach na marwolaeth,
a bod buddugoliaeth yn eiddo i ni
drwy'r hwn sydd yn ein caru.   Amen.

Desmond Tutu